融媒体影视传媒系列教材

当代电视播音与主持

徐川　晁骞 / 主编　张莹莹　张琦 / 副主编

DANGDAI DIANSHI
BOYIN YU ZHUCHI

西南大学出版社
国家一级出版社　全国百佳图书出版单位

图书在版编目(CIP)数据

当代电视播音与主持/徐川,晁骞主编;张莹莹,张琦副主编. -- 重庆:西南大学出版社,2023.8
融媒体影视传媒系列教材
ISBN 978-7-5697-1914-7

Ⅰ.①当… Ⅱ.①徐… ②晁… ③张… ④张… Ⅲ.①电视节目—播音—教材②电视节目—节目主持人—教材 Ⅳ.①G222.2

中国国家版本馆CIP数据核字(2023)第134060号

当代电视播音与主持
DANGDAI DIANSHI BOYIN YU ZHUCHI

徐川　晁骞　主编
张莹莹　张琦　副主编

责任编辑：万劲松
责任校对：李相勇
装帧设计：闻江文化
排　　版：杨建华
出版发行：西南大学出版社(原西南师范大学出版社)
　　　　　地址：重庆市北碚区天生路2号
　　　　　邮编：400715　市场营销部电话：023-68868624
　　　　　http://www.xdcbs.com
印　　刷：重庆市国丰印务有限责任公司
幅面尺寸：170 mm×240 mm
印　　张：15.5
字　　数：321千字
版　　次：2023年8月　第1版
印　　次：2023年8月　第1次印刷
书　　号：ISBN 978-7-5697-1914-7

定　　价：48.00元

前言

随着社会经济和互联网技术进一步发展,电视传媒行业正面临新的挑战。在这个新环境下,我国的播音主持业务也在不断发展。随着民众口味和业务需求的变化,对于播音员和主持人的外貌、气质、普通话水平、表达能力、反应速度以及控场能力等方面,都提出了全新的要求。同时,播音主持的业务范围也在不断地扩大,并呈现出多元化的发展趋势。高校作为电视播音人才的输送基地,自然也需要跟上变革的步伐,培养出更符合社会、时代需求的播音人才。本书在传统播音教材的基础上整理添加了当前电视行业的新形态,以及对播音主持人的新要求,以便读者可以根据本书引导进行针对性学习和训练。

本书共十章,选取了五类传统电视节目(新闻节目、电视纪录片、电视访谈、电视社会生活类节目和电视娱乐类节目),以及新媒体视频节目作为样本,细致分析不同节目中播音员、主持人的特征,配以正面案例引导、负面案例警示。其中新闻节目又细致区分了出镜播音、新闻片配音、演播室主持、现场报道的不同。读者在阅读过程中既可以知道节目特征、流变过程,还可以通过范例文本及视频直观感受、形象分析,也可以使用训练材料及时练习。

本书四位编者分别是:重庆大学美视电影学院播音与主持艺术专业教师徐川副教授,重庆外语外事学院视听传播教研室主任晁骞讲师,重庆对外经贸学院播音系主任张莹莹副教授,重庆对外经贸学院影视融媒体学院副院长张琦副教授。四位编者来自三所不同的高校,长期致力于电视播音主持相关课程的教学和研究。在教学过程中,编者发现高校播音专业学生学习过程中呈现出实践经验不足、与社会期待脱节等问题。因此,本书借鉴了传统播音理论,分析了众多典型案例,结合一线教学实践经验,希望能够帮助读者更好地理解电视播音主持的实践技能。

近年来,电视播音主持业务一直处于持续繁荣发展的状态,尤其是传媒高校的建立与传播学科体制的创设和发展,成为电视播音主持业务的坚强后盾。希望本书能够给学生学习、高校发展乃至电视播音主持事业发展持续助力。

编　者
2023年6月3日

目录

第一章　电视新闻出镜播音

第一节　电视新闻出镜播音概说　　　　　／001

第二节　电视新闻出镜播音创作　　　　　／004

第三节　电视新闻出镜播音要求　　　　　／015

第四节　电视新闻出镜播音体态语　　　　／023

第五节　电视新闻出镜播音实例分析　　　／026

第二章　电视新闻片配音

第一节　电视新闻片配音概说　　　　　　／034

第二节　电视新闻片配音实例分析　　　　／039

第三章　电视新闻演播室主持

第一节　电视新闻演播室主持概说　　　　／043

第二节　电视新闻消息主持　　　　　　　／046

第三节　电视新闻演播室连线主持　　　　／049

第四节　电视新闻演播室对话　　　　　　／053

第五节　电视新闻演播室主持实例分析　　／055

第四章　电视新闻现场报道

第一节	电视新闻现场报道概说	/ 061
第二节	电视新闻现场报道方式与种类	/ 066
第三节	电视新闻现场报道的原则	/ 069
第四节	电视新闻现场报道的要求	/ 071
第五节	电视新闻现场报道实例分析	/ 078

第五章　电视新闻主持人言论

第一节	电视新闻主持人言论概说	/ 090
第二节	电视新闻主持人的"简短点评"	/ 093
第三节	电视新闻主持人的"相对完整议论"	/ 095
第四节	电视新闻脱口秀	/ 101
第五节	电视新闻主持人言论实例分析	/ 104

第六章　电视纪录片解说

第一节	电视纪录片概说	/ 110
第二节	电视纪录片解说创作	/ 113
第三节	电视纪录片解说要求	/ 122
第四节	电视纪录片解说实例分析	/ 127

第七章　电视访谈主持

第一节	电视访谈概说	/ 138
第二节	电视访谈主持人要求	/ 142
第三节	电视访谈主持人的驾驭方式	/ 147
第四节	电视访谈主持实例分析	/ 152

第八章　电视社会生活类节目主持

第一节　电视社会生活类节目概说　/ 157
第二节　电视社会生活类节目主持创作　/ 162
第三节　电视社会生活类节目主持要求　/ 168
第四节　电视社会生活类节目的策划与创新　/ 171
第五节　电视社会生活类节目实例分析　/ 174

第九章　电视娱乐类节目主持

第一节　电视娱乐类节目概说　/ 186
第二节　电视娱乐类节目创作　/ 190
第三节　电视娱乐类节目主持要求　/ 194
第四节　电视娱乐类节目主持实例分析　/ 201

第十章　新媒体视频节目主持

第一节　新媒体视频节目概说　/ 207
第二节　新媒体视频节目创作　/ 215
第三节　新媒体视频节目主持要求　/ 225
第四节　新媒体视频节目实例分析　/ 231

后　记　/ 237

第一章

电视新闻出镜播音

▶ **内容提要**

本章所探讨的是电视新闻演播室出镜播音。当前,电视新闻类节目播音主持形式呈现多样化态势,但传统的电视新闻出镜播音形式依然存在,并占有一定的比例。它的特点是新闻稿件由记者、编辑采编,经各级领导严格审查后方可播音,电视新闻主播不能修改稿件,只可做少量语言润色,体现出有稿播音的复现性语言传播特征。

第一节 电视新闻出镜播音概说

电视新闻出镜播音,即由电视新闻主播在电视屏幕上出示图像播报新闻稿件、传达新闻信息的创作活动。它具有可视性,以有声语言作为传达新闻信息的主要手段,同时,辅以体态语。

电视新闻出镜播音是电视新闻播音主持的重要形式,要求主播应具有较高的政治水平,较强的语言表达能力,大气端庄的形象,较好的心理素质,积极从容的体态,并有新稿快播的适应力和应对突发事件的能力。

一、电视新闻出镜播音表达特点

(1)电视新闻出镜播音的用声力度,通常强于电视新闻片配音,弱于广播新闻播音。

(2)电视新闻出镜播音的咬字力度,一般稍强于电视新闻片配音,弱于广播新闻播音。

(3)电视新闻出镜播音的语速,通常稍慢于电视新闻片配音,快于广播新闻播音。

(4)电视新闻出镜播音的语流幅度(曲线),一般大于电视新闻片配音,小于广播新闻播音。

(5)电视新闻出镜播音的语言停顿,通常多于电视新闻片配音,少于广播新闻播音。

（6）电视新闻出镜播音的语言重音，一般多于电视新闻片配音，少于广播新闻播音。

电视新闻出镜播音有其自身特性，既不同于广播新闻播音，也不同于电视新闻片配音。它们之间既有共性，也有个性，诸多特点都见诸细微之处。把握住这些特点，有利于我们做好电视新闻出镜播音工作。

二、电视新闻出镜播音意识

电视新闻出镜播音是在镜头前进行的新闻宣传、大众传播工作，不是在镜头前表演新闻播音。正确的播出意识应是认真传达新闻信息、热情服务电视观众，表现出质朴、大气的新闻工作者气质。

在电视播音主持工作中，语言表达分为几种情况：第一种是"有稿播音"，完全播报别人写好的稿件；第二种是"半稿播音"，依据稿件材料，由自己修改、加工而成；第三种是"即兴表达"，没有稿件，只依据思路、意图或腹稿来进行播音主持创作活动。在电视新闻播音主持中，这三种方式都会出现，"有稿播音"是电视新闻出镜播音工作的主要传达方式。

应当看到，有稿播音不一定比即兴表达简单容易，作为传播主体，播音主持人对稿件信息的解码、再编码、再发码的能力必须强于一般人。实践证明，思想政治水平较高的传播主体能更准确地理解、感受稿件内容，正确判断并破译稿件"一度创作"的全部信息，在文化知识丰富、专业技能过硬的基础上，对语言表达、信息传播进行快速准确的"二度创作"，甚至运用有声语言和非语言表现手段使原有信息增值，从而更有效地转换"一度创作"的信息，便于受众理解和接受。

通俗地讲，播别人写好的稿件没有播自己写的稿件那么容易让人听之既清楚、畅达，又舒服、有内涵，其中有多种创作元素与生理、心理功能在发挥作用。如对稿件内容的认知与体悟，语言的内编码与外化；思维感受方面的感性、理性、情感、逻辑；生理方面的咬字、发声肌肉群的运动与记忆；语言表达方面的定向性、主次性、自如性等。这一系列的语言再创造能力，不经过一定时间的严格训练是根本不能掌握的。即兴表达过程符合人的自然生理机制"一体化""自动化"的特点，而有稿播音，往往要打破自身想与说的生理、心理常态，去适应他人的思维及语言表达方式。因此，可以说，"有稿播音"与"即兴表达"不应作为衡量播音主体创作水平高低的标准，只是创作方式各有侧重而已。另外，电视主播除了具备娴熟的专业技能和认真负责的工作态度外，还应在平时多积累应对意外的经验,以保证播出工作的顺利进行。

在电视屏幕上,我们经常看到状态不佳的电视新闻出镜播音者,这里列举几种情况,以便我们在工作中杜绝此类情况的出现。

第一,严肃端架,客观淡化。在一线实践中,我们看到有的新闻主播在出镜播音时,不论播什么内容总喜欢端架压嗓,呈现为"严肃端架式"播音。这种情况,一般男播音员较多。这种播音方式,会与受众产生很大的心理距离。

出现这种情况的原因主要有两个:一是工作认知片面(主播自认为是党和政府的窗口,所以表现严肃、沉稳);二是用这种方式给人庄重、成熟之感。但是电视新闻主播不仅是党和政府的宣传窗口,也是人民群众的朋友和服务者,应当满腔热情地为其服务,反映他们的心声,传递他们所需的各种信息,这样才会受到观众的认可和喜爱。

在一线实践中,我们还看到有的新闻主播在出镜播音时,无论播什么内容或感情的稿件,都采取中性态度,淡化处理,呈现为"客观淡化式"。这种情况其实是对新闻播音认识不当的表现,也是不可取的。虽然新闻播音不像文艺播音需要浓烈的情感投入,但也不能没有态度与情感。毋庸置疑,新闻是客观的,但作为新闻事实的讲述者,面对各种触动人心的新闻事实,应在语言表达中流露一定的情感。如在汶川地震报道中,新闻主播们面对一个个逝去的生命,不止一人流下了泪水,我们对他们充满了敬意与理解,这样的新闻主播才是与时代共进、与人民同心的媒体人。

第二,自我表现,取悦于人。这种情况主要表现在女播音员身上,这是对出镜播音另一种不正确的认识:把自己当作了电视明星,认为每一次出镜播音都是在展现自己的形象魅力,似在表演新闻播音。

还有的新闻主播在播音时,总是笑眯眯的,有种"取悦于人"之感,主播的表情应当依据节目内容、信息性质而适当流露,不能不顾新闻内容和信息性质而脸上始终挂着笑容。吸引受众的耳朵与心灵比吸引其眼球更重要,专注传达新闻信息的状态才是最美的。

第三,表面有神,缺乏内涵。有些新闻主播出镜播音表面上看起来很积极、很有精气神,实际却是在"拔新鲜感""提状态",即声音较高、较强,语速较快,表情单一。究其原因,他们以为这样就有新鲜感和表现力,这也是新闻出镜播音认识上的偏差,一些初学者尤其容易出现这类问题。

"新鲜感"不仅仅表现在声音高、强、快的物理属性上,还应是物理性、心理性、生理性相结合的产物。若新闻主播具备较高的思想政治水平和扎实的语言基本功,就能够看出每条新闻发布的目的、意义,充分理解是时间新、事实新、政策新还是角度新,在这一基础上,生成个体的认知,才能表达出有内涵且准确的"新鲜感"。

播音的"新鲜感"表现为语言表达积极、明快,表情有神气,内心有支撑,情感随所播内容而变。因此,电视新闻主播应当加强自身新闻素质,充实自己的内涵,方可生成真正的"新鲜感"。当然,只有正确的意识,缺乏一定的语音、用声、用气、咬字及语言表达基本功,也播不出有新鲜感、有内涵的好新闻来。

第四,松塌懈怠,例行公事。在一线电视新闻播音实践中,有的新闻播音存在一种懈、塌的倾向,有种"懈怠、例行公事感",这也是源于其不正确的播音意识。要想改变这种状态,首先,要改变工作意识,增强社会责任感。其次,要在政策、背景基础之上加强备稿能力,找出每条新闻的新鲜点、连续性与价值点,进行分析、思考、对比,唤起自己内心的真情实感和工作热情,获得积极的播音心理与播出状态。

第二节　电视新闻出镜播音创作

一、电视新闻出镜播音的表达

电视新闻出镜播音,分为导语、串联语表达,完整稿件播音及电视新闻"一体播"。

(一)导语、串联语表达

电视新闻中的导语,是指一条电视新闻的开头部分。串联语,是指内容、性质相近或反差较大的电视新闻之间的串联部分(也叫插语)。

导语表达是电视新闻出镜播音的主要任务。导语,往往概括出一条消息的主要内容或提出该条消息的重点、新鲜点、价值点,引出下面的主体内容。导语是一条消息的脸面,它的写作多用简单句,句式多样,其写作要求大致有几个要点:概括实质、突出重点、显示特点、寻找兴趣点。美国威尔逊大学教授特·米尔纳曾说:导语是一种提示、摘要、高潮,一种包在小包裹里的要点或者是新闻预告的总和。简明精练、重点突出、引发兴趣、生动活泼的导语,有利于揭示新闻实质,有助于吸引受众关注。

电视新闻导语和串联语的播音应突出说、讲、活、变。说,即语言畅达、自然、松紧自如,交流感强;讲,即耐心讲解;活,即依据稿件写法和思想感情色彩,语言表达形式丰富多彩;变,即无论是何种思想感情色彩,还是叙述、说明、议论等不同语言样态,都依据稿件写法和表达需要在新闻语体制约下对其进行相应调整,表达准确到位。

从电视新闻导语的不同写法与作用来看,可将其细化为以下十二种形式。这里所涉及的电视新闻导语,不仅就消息而言,新闻综述、新闻特写等形式导语也包括在内。

1. 点指式

点指式导语,通常点出该条新闻的新鲜点、价值或重点。播这种导语,表达中重音要准确,重点处可稍放慢、提起凸现,以引起注意。

2. 结果式

结果式导语,一般将某一事情的结果先给出,使人一目了然,这种导语似一条简明新闻,内容相对完整。播这种导语,既要播出结果意味,还要有概括而言之感,给人"欲知详情请看下面具体报道"的承送感。

3. 悬念式

悬念式导语,往往结合新闻主题找到一个切入口,以悬念的方式提出问题以达到平中出奇的效果,更好地引起受众关注。表达中,应有悬疑感,但语气不应过于夸张,否则会适得其反,削弱悬念的魅力。

4. 提问式

提问式导语,往往以提问的方式作为导语,实际上是通过这种方式引起人们的注意,强调报道内容的重要性,由此引出思考的结论和意义。播这种导语,首先要有全局在胸的态度指向;其次要有深刻、准确的语气表达,应当开口就有鲜明的态度及富有导向的语气,表达既要有力度,又不失分寸。语速不宜太快,不能匆匆而过,应当出语稳实、有主次,重点落在结尾的问语上。

5. 引入式

引入式导语,往往以某一兴趣点为引入口,引发人们的好奇心,达到很好地引入下面新闻片内容及画面的目的,发挥其自然、生动的过渡作用。播这种导语,也应顺其写法,播得生动一些,与片子内容、情绪、画面相和谐。播这种导语,应当积极、热情、有兴趣,不能死板,也不能态度中性。尤其注意,导语结尾不应处理成结束感,应有延伸感。

6. 引言式

引言式导语,一般在导语的中间或结尾处引用某人的话或格言、俚语等,来凸显此条新闻的主题。播这种导语,首先,应抓住引言的实质,予以凸显。其次,应把握好引言的情感态度的分寸,不能播成别的语体,要做到不欠、不陷、不错位。尤其注意不要将引言播成抒情性散文或人物语言。应遵循新闻播报叙述性语体的创作原则,用转述口吻播出,但也不能毫无感情地播出。还应注意,播这种导语,语言要自然、具体、生动,情感稍浓于其他新闻导语。

7. 概括式

概括式导语,是将新闻的内容先做简要介绍,使受众获得初步印象,以期全面、深入地了解新闻事实。播这种导语,应加强新鲜感与韵味,语言应明快,随内容而变化。这种导语与结果式导语极为相似,区别在于一个重在结果,一个重在概括。

8. 背景式

背景式导语,是将新闻发生的时间、地点、环境、氛围等各种相关因素作为导语的内容,便于人们更好地了解这条新闻,把握新闻的实质、意义。播这种导语,应有解释感、主次感,语言相对平和。

9. 转折式

转折式导语,是借用转折手法将导语分为两部分,通常,后半部才是本条新闻要表达的主要问题,前半部分仅为铺垫、对比。这种导语写法较活,如不认真背稿,仔细揣摩,见字生情,有时候会本末倒置,甚至闹出笑话。播这种导语,应把握主次重点,语气对比明显,基调准确,统一当中有变化。

10. 议论式

议论式导语,是将新闻的内容以议论的方式写成导语,具有权威性、庄重性。播这种导语,应庄重、大气,带有议论的韵味,语言饱满、坚实、有一定力度。还应注意,这是新闻中的议论,不同于真正的评论播音,二者尚有区别,应把握语体和分寸,不突破新闻语体的制约。

11. 抒描式

抒描式导语,是指导语中带有抒情、描绘的语句。这种导语虽不多见,但在当前的新闻报道中是的确存在的。抒描式导语,往往是对某一新闻场景进行描绘，就某一新闻事实抒发记者的感悟，将具体情感切入所报道的新闻，从而感染受众，引起共鸣。这种导语写法较活，与之后的新闻内容有较好的呼应，给人以自然、生动、和谐之感。播这种导语，用声不宜过强，音色较柔，语言自如，略带抒情的语气，但又要把握分寸，不突破新闻语体的制约。

12.补充式

为了显现新闻事实的新鲜、醒目与价值，往往在导语中加入一些与本条新闻相关的补充资料，以凸显此条新闻的重要性和新意，这就是补充式导语。播这种导语，要自然、有主次感。一般播前半部分与新闻相关的补充材料时，应播得清楚，形成铺垫；播后半部分涉及此新闻的内容时，应强调、醒目。前后有机结合，浑然一体。

导语的写法多种多样，其作用归纳起来主要有两点：一是提示重点、概括全篇，二是引起兴趣、引入主体。

电视新闻导语多样化的成因：

第一，电视新闻导语可以与之后的新闻多方面连接，既可以与新闻配音的有声语言连接，也可以与新闻的镜头画面连接，还可以与新闻的同期声连接。所以，电视新闻导语的写法可以更活、丰富多样。

第二，电视新闻导语，不仅可以是本条新闻的内容之一，也可以是编者对一条新闻的评价或为引起受众的兴趣和关注而加入的补充材料，手段丰富、形式多样。

如何将电视新闻导语播好呢？首先，要把握好基调、重音，将每条导语都播得清楚、准确；其次，要注重变化，播出每条导语应有的作用；最后，根据写法，播出每条导语的特点与风格：有庄重、大气的，有轻松、活泼的，有亲切、自然的，也有幽默、风趣的。电视新闻导语的播音要依据整条新闻的内容及新闻的承接关系采用相应的表达处理方式，不能只限于导语自身。

如果说导语是就本条新闻而言，那么，串联语则是在两条新闻之间发挥作用，它具有承上启下的过渡、对比、转换作用。通常，前后两条消息，有的内容性质相同或相近，有的内容性质相反，于是，编辑就会在这两者之间写出"同向"或"异向"的串联语。如有两条消息都是报道两所大学教育的：一个是"改革创新、与时俱进"，另一个是"因循守旧、不思进取"，虽然它们表现的"内容"相同，都是大学教育，但体现的"实质"却不相同，需要"异向串联语"。然而，假设两条消息同样是报道两所大学教育的：一个是"改革创新、与时俱进"，另一个是"调整专业、因材施教"，这两所大学都在紧跟形势、积极进取，在这两条消息之间加的串联语,就应该是"同向串联语"。因此,播串联语,首先,要了解前后两条消息的具体内容,分析是同向的"过渡"作用,还是异向的"对比"作用,并产生自己的认识与感受。同时,要语气鲜明,分寸得当,具有承上启下之感,运用语气、重音等语言表达技巧将串联语的实质揭示出来。

总之,电视新闻导语和串联语是电视新闻出镜播音的重要内容,它们既可概括一条新闻的主要内容、指出要点,又可引起人们的兴趣与关注,引出新闻主体;它们不但在一组新闻中起到区分、转换作用,更有画龙点睛和向导作用。因而,我们应当重视电视新闻导语和串联语的播音,不但要结合背景,了解整条新闻的内容,还要分析导语和串联语本身,抓住特点,灵活处理,播好每一条导语和串联语,让其发挥应有的作用。

(二)完整稿件播音

在电视新闻出镜播音中,除导语、串联语外,还有完整稿件播音,主要类别有:快讯类、公文类、背景知识类、新闻评论类。

1.快讯类播音

快讯类播音,指具有很强时效性和较高报道价值的消息,由于种种原因不能马上得到图像,便采用出镜快播的方式先将消息播出。这样,既可满足受众的需求,又保证了新闻的时效性。

随着电视传媒技术的发展,目前,有许多快讯是通过屏幕下方的滚动字幕发布的。但无论技术手段多么先进,也不能取代快讯播音,播报快讯的能力是每一名电视新闻主播所必备的。快讯往往是拿到稿件就播出,几乎或根本就没有备稿时间。新闻主播只有具备熟练的业务能力,才能将快讯准确无误地播出。

快讯大都是突发事件,是人们极其想知道的内容。通常播报快讯,播报者要有消息获得者、知情人之感,须状态积极,情绪饱满,语言明快,凸显新鲜感。语速不可过快,因为语速过快势必会播不清,也显得慌乱,缺乏从容镇定感。用声大多稍高于一般新闻播音,以凸显及时性。

2.公文类播音

公文类播音,指各种重要的会议公报、决议、政令、中外领导人致电、外交照会、通知、新闻发布稿的播音。

播公文类稿件,应当有政府、媒体代言人的身份感;播音气质应当庄重、大气、沉稳;表达应具有发布和讲解相融合的双重语气,语言样态多用宣读式或宣读加播讲式。具体来讲,公文类稿件的播音方式要随所播内容的变化而变化,不可板着脸从头到尾一种语气、一种音量、一种音高。播这类稿件,应当用声稳实、不虚、不拔、不压;吐字饱满、立得住,咬字较紧;气息较强,支撑稳劲;语速相对一般电视新闻播音稍慢,用声也相对高于、强于一般电视新闻播音,以显示其重要作用;表达以庄重为主,根据所播内容又不失热情与亲切。

3.背景知识类播音

背景知识类播音,所播内容是为受众更好地理解一些新闻的内容、意义而配发的相关资料(有历史的、地理的、人物的、事件的,等等)。

播这类内容,应增强服务意识,热情、耐心地介绍;语言平和,语速相对稍慢。值得提及的是,在背景知识类播音中,有时会随所播内容配发一些相关的照片、图表、画面,但这只是适应电视特性的辅助内容,还是以出镜播音为主。

4.新闻评论类播音

新闻评论类播音,所播内容是新闻消息后面的编后语、电视评论、报刊评论等。电视新闻评论因事而议,它的作用是以某一新闻事实、事件或政策为对象,进行有针对性的议论,表明党和国家的鲜明态度。评论有不同内容和写法,有的义正词严、揭露批判,有的严肃分析、提出要求,有的饱含深情、热情赞扬,还有的幽默犀利、灵活诱导。总之,电视新闻评论播音,依内容、写法不同,播音方式、语言色彩、处理分寸也不相同。播这类内容,应有评论的心态,议论的语体,态度鲜明、情感较浓,吐字饱满、发声、气息力度较强,语速不宜太快,要紧扣具体内容而议,才能有的放矢。

(三)电视新闻"一体播"

这里指电视新闻出镜播音的导语、串联语与电视新闻片的配音都由新闻主播在演播室播音时一人独立完成,这也是电视新闻播音的一种方式。以往,多数电视台的电视新闻主播要么值出镜班,要么值配音班,电视新闻出镜主播不给新闻片配音,新闻片配音是由他人完成的,因此,我们看到的电视新闻是由几道程序分别完成的。现在,越来越多的电视台在技术保障的前提下,为了充分发挥新闻快捷的特点,采用了电视新闻"一体播"的方式。电视新闻一体播要求新闻主播在播出时,要从出镜播音状态转换到新闻片配音状态(二者表达有所不同,参看第二章电视新闻片配音),然后再转回到出镜播音状态,环环相接。因此,电视新闻主播必须兼具两种播音表达要领与处理方法,否则,难以胜任此种播音任务。电视新闻一体播的表达要领和处理方式如下。

一是备稿时,掌握整条新闻(导语、串联语、主体)的内容、目的、新鲜点、价值、重点、结构、层次等。

二是播出时,要体现出两种不同形态播音的表达特点,心理和语言都要有相应变化。

三是播音时,要结合前后内容,把握出镜播音与配音的不同表达规律及其转换、承接方式,在音量、音高、语速等技巧上做细微、适体的处理。

四是播音时,电视新闻主播的体态始终要保持出镜状态,因为很有可能在你还没播完配音内容时,镜头就已切回到你的出镜画面了。

二、电视新闻出镜播音的方式

电视新闻出镜播音稿件的呈现方式有提示器呈现稿件和纸质呈现稿件两种。根据稿件呈现方式的不同,电视新闻出镜播音分为有提示器播音和无提示器播音两种,下面对二者展开讲解。

(一)有提示器播音

有提示器播音,即电视新闻主播在出镜播音时,依据提示器上的稿件文字进行的播音。提示器是一种可将稿件上的文字内容投放到屏幕上的设备。使用提示器,可让播音者在播音时眼睛始终看着摄像机镜头,给人以生活中自然对视交流之感,能够更好地实现与受众的交流,避免因低头看稿而缺乏交流感。

"提示器"不是"读字机"。有些初学者或工作责任心不强的播音者,错误地认为有了提示器,不用备稿也能应付工作,于是将大量播出前的时间用于做与播出无关的事。导致他们播出时过度依赖提示器,将播音变成了读字,这样的播音既无语义,也无逻辑,更无情感。

如何正确认识和使用提示器呢?首先,应当明确"提示器"不是"读字机"。因此,在非紧急情况下,播出前应认真备稿,在"广义备稿"的基础上认真做好"狭义备稿"。具体表现:将所要播出的稿件用心看后能复述出内容,并能结合整条新闻找到新鲜点、重点、特点、与新闻片的承送点;对于数字、术语、难读的外国人名等,在多看、强记、多上口的基础上,让稿件内容形成主体的"心理记忆"及咬字发声器官的"肌肉记忆"。这样在脑中对所播内容有了记忆,再看着提示器上的文字播音,就不是在读字辨义,提示器才能真正起到提示内容的作用。播音者在表达时也能做到心中有底、充满自信,语言形成清晰的语流曲线,呈现出连贯、有主次的语言链条,让受众听起来既清楚、连贯、又舒适。

纵然有提示器播音,还应注意设定适宜的字数。一般提示器上显示的文字最大时每行可有七个字,最小时每行可有十几个字。通常提示器上每行显示九至十一个字较合适。因为提示器上显示的每行字数太少,看的单位相对小,要看好几行才是一个"意思"(句群),视觉提前量太大,不宜与播音者的心理连接,也不利于表达语气的处理。任何事物只要运动就会有时间值,电视出镜播音从视觉变为心理反应,再到语音表达同样如此,加上电视新闻出镜播音一般语速较快,因此,看提示器播音,目力所及单位也应大些,以使意思完整,并有相对充足的时间来处理语气、应对意外。如果提示器上显示的每行字数太多,则文字既小又密,看不清楚,会引起播音者内心紧张,容易出错,影响播出质量。出镜播音,提示器上显示的每行字数设定多少,看似小事,但若处理不当,也会因小失大。当电视台里设备统一规定字数不能按播音者个人要求改变时,播音者应全力适应。把握的原则是:眼快看、心紧跟,有表达的提前量准备。

使用提示器时应注意:一是为符合人们的交流习惯,出镜播音中播音者的目光应集中在屏幕中部,目光从左到右幅度不大,眼神自然。二是当提示器出现问题时,可快速改用低头看稿的方式保证播音继续进行。所以,每一次播音时,播音者都应将所有播出的纸质稿件都带进演播室,以防万一。

(二)无提示器播音

无提示器播音,即电视新闻主播在出镜播音时,低头看播音台上的文字稿,需要时,抬头与观众进行交流的播音方式。

即使在有提示器的情况下,无提示器播音仍有存在的必要。原因一,提示器不能正常工作时,保证播音顺利播出。原因二,可以训练初学者的出镜播音技能。因为有提示器播音,使得有些播音者放松备稿,播不清内容,或以看字为主,缺乏交流感,表情呆板,目光凝滞。用无提示器播音这种形式训练初学者,可检验其对所播内容的语法关系、主次重点的把握,有益于对初学者进行思维、记忆、注意力的训练。除了无提示器播音的训练、检验意义,更主要的是它有很强的应急处理作用,一线播音需要这一能力的存在。同时也应当注意以下两方面要求。

(1)切忌头部或左、或右地动,或往一边歪脑袋,动作单一、小气。

(2)播出时,头部不要随着有声语言"打拍子"。

无提示器播音与有提示器播音的最大区别在于"抬头交流"。那么,为什么抬头？在什么地方抬头？抬头交流的问题及技巧有哪些？

1.抬头交流的问题

抬头交流指新闻主播在进行无提示器播音时在镜头前抬头与观众交流的动作,也包括其所伴随的面部表情。在抬头交流中通常存在以下问题。

一是抬头的盲目性:为了抬头而抬头,不与稿件内容联系,总想亮相给观众,抬头则语断,注意力多在抬头动作本身,不知究竟为何抬头。

二是抬头的程式化:存在一种抬头的模式,无论播什么消息、什么内容都在头、尾抬一下头,或是呈现一种抬头的平均值,播几句话抬一下头,机械而单一。

三是抬头的表演化:存在低头时紧张看稿,抬头时顿展笑容;或用表情诠释所播内容,显得肤浅而造作。

以上诸种,都是没有真正领会抬头的目的与作用的表现。那么,抬头究竟是为什么呢?

2.抬头交流的内涵

总的来说,抬头的目的与作用:一是与观众进行沟通交流,二是辅助有声语言表达。电视新闻主播在无提示器出镜播音时往往面对镜头低头念稿,如果播音者长时间只顾低头念稿,而不与观众进行视觉交流,对方便会觉得你心里没有他,影响观众的接受心理,所以,电视新闻主播在无提示器出镜播音时,要时时想到观众,并抬头用眼神、面部表情与观众进行交流,产生情感传递,增强传播效果。

在电视新闻出镜播音中,与受众进行交流不只是对他们的尊重,更重要的是将所传达的内容与之进行思想情感上的交流,引起共鸣。在表现是与非、肯定与否定的态度时,新闻主播也可用抬头动作和表情来表明自己的观点与态度。因此,抬头与观众进行交流,含有两重内涵:一是尊重对方,二是求得共鸣。由此可见,电视新闻出镜播音的抬头动作,既不是亮相展现播音者的容貌与表情,也不是只有抬头的形式而无具体内涵的随意动作,它有准确、具体的内涵。

3.抬头交流的位置

(1)表现目的处:目的是宣传的要旨,是稿件内容的价值所在。因此,一条新闻表现目的处,应当抬头给予指点。

(2)揭示关系处:关系与逻辑紧密相连,在电视新闻中,既有一组新闻间的关系,也有一条新闻内部的关系,它们的关系呈现为区分性、呼应性、转折性等,若在这些关系处抬头,便可辅助有声语言对语法、逻辑关系的体现,受众接收信息也会更加清楚。区分性抬头——可以显现相同事物的不同之处。呼应性抬头——可以显示新闻的结构所在，上下相承、首尾呼应，给人很强的整体感。转折性抬头——可以帮助有声语言显现新闻中的转折之意，引起人们的关注。

（3）强化重点处：重点是体现目的的关键节点，在新闻中的新鲜点、重要语句、数字处抬头，可以起到强化重点的作用，也可以增强对受众的刺激度，引起其注意，加深其印象。

（4）启发提示处：启发提示具有引导、提醒之意。在希望受众领悟、注意的地方给予点评，可以提醒他们关注，引发他们思考。启发性抬头是指在稿件的提问、设问以及总括性词语处的抬头，目的是产生导向，引起思考。

（5）提示性抬头处：提示性抬头指在连续报道中，就一件新闻事件的进展情况，利用抬头动作帮助有声语言表明新鲜点，引起回忆，关注现在。

（6）礼貌交流处：抬头动作还可在节目的礼貌用语处发挥作用，表示对观众的尊敬与重视。

通过以上诸点，我们可以看到在无提示器出镜播音中，应该抬头的"点"较多，但在具体实践中，还应当注意以下三点。

第一，抬头位置准确、合理。

第二，抬头点有机、自然。

第三，抬头位置灵活掌握。

具体来讲，选择抬头点要准确、合理，不能失当；在需要抬头的地方较多时，应在比较中加以取舍；当遇急稿或内容不熟、句子复杂的情况下，是抬头点的地方也可不抬头，以免播错或改变语意。毕竟，出镜播音是以有声语言表达为主，但也不能播音时从头到尾不抬头，可在容易播的地方适当抬头，这便需要灵活掌握。同时在做抬头动作时还要注意以下几点。

第一，低头看稿时，头不应过低，使得头顶正对镜头。

第二，抬头看镜头时，眼睛直视镜头中部，镜头与自己的视线保持同一水平。

第三，看稿件文字时，尽量用目光扫看文字，控制头的动作，从左向右，横向移动的幅度不要太大。

第四，头部动作幅度不要太大，以免显得轻浮，应视新闻内容、种类来把握其动作幅度。

总之，抬头点的选择与处理应是合理、有机、自然与灵活的结合。

4.抬头交流的技巧

在无提示器出镜播音中，我们看到有些初学者只要抬头就停止播音，待亮完相再低头接着播，给人机械、生硬之感，很大程度上是他们尚未掌握抬头的技巧。

何谓抬头技巧？主要有三个：记忆技巧、时间技巧、抬头技巧。

（1）记忆技巧。记忆技巧是指电视新闻主播在无提示器出镜播音时，利用人脑的"瞬时记忆"并结合"长时记忆"将稿件内容中"抬头点"后面的语句内容快速记住，以取得抬头的主动与基础。无提示器出镜播音的抬头交流与记忆技巧有着紧密联系，对稿件内容没有记忆就没有抬头的可能。因为，在电视新闻出镜播音时，不能是抬头就停播，很多时候是抬头还要继续播。这就需要主播在抬头前，迅速看清并记住后面的内容，再自然抬头播出。从表面看，抬头的主动权源于视觉的提前量，即人的"瞬时记忆"。这是一种短暂的记忆。它的特点是：每次能记住对象的数量有限，保持时间较短，容易受干扰。实际上，它的深层原因却在于人的"长时记忆"，即对时事背景的了解，各种知识的积累以及文化素养的积淀等。心理学家告诉我们：记忆过程与其他心理过程紧密相连。例如，记不住事物的联系和规律，就无法进行思考。也可以理解为，只有深入理解事物的内部联系与规律方可记忆得既快又准。一个人对自己不懂或不熟悉的内容是很难记住的，包括语法结构、词语搭配规律及各种术语、人名、地名等。因此，在电视新闻无提示器出镜播音时，绝不能只有"瞬时记忆"，必须以"长时记忆"的积累为基础，再与"瞬时记忆"相结合，才能构成完整意义的记忆技巧，并能较好地完成记忆任务。

（2）时间技巧。时间技巧是指电视新闻主播在无提示器出镜播音时，抬头交流时间的长与短的区别。电视新闻出镜播音抬头交流时，根据上下文内容联系紧密程度，播音语言停顿时间的"长"与"短"也有所不同。

（3）抬头技巧。抬头技巧是指电视新闻主播在无提示器出镜播音时，抬头交流的动作与播音语言同步与不同步的协调变化。具体有同步、不同步两种情况。

"不同步"，是指播音者抬头交流则播音停止，它一般用于播音内容的一个意思结束或需引起人们思考之处。

"同步"，是指播音者的抬头动作与有声语言同时进行，即边播边抬头，抬头时还在播音，它可使有声语言表达的意思不间断并显得有机自然。

综上所述，电视新闻无提示器出镜播音的抬头交流能较好地辅助有声语言表达，可呈现心理感觉、有声语言、抬头动作三位一体的准确、和谐的出镜播音。

以上我们着重探讨了电视新闻无提示器出镜播音抬头交流的内涵、位置与技巧。在正式播音时要依具体情况灵活把握。

在出镜播音时要注意避免出现以下问题。

（1）新闻意识不足：不了解政策与背景，找不到新闻的新鲜点、目的、针对性与重点。

(2)新闻语体不对:用声虚、飘、不实,用声偏低,缺乏鲜明感。

(3)新闻表达不当:无主旨、基调,主次不当,语言碎、语气平、摆句子、带调播音,缺乏对象感和身份感(播音主体不应是符号,而是有灵魂、有情感、有理性的个体)。

(4)语言基本功不扎实:用声噎、捏、挤、压,咬字不清,口腔欠控制,气息浮,句子散,语言不规范。

(5)体态语不佳:坐姿不直,缩脖、塌肩,头太低;无提示器播音时,不敢抬头交流,侧目瞟镜头,不敢深看镜头,目光无神,没内涵。

(6)未能发挥导语、串联语的作用:任务不清,承送不准,自成一体,语尾处理单一。

第三节　电视新闻出镜播音要求

电视新闻出镜播音不是为了表现创作主体,而是要传达有价值的新闻信息。因此,首先应关注所播的内容。电视新闻出镜播音的备稿与表达既有新闻播音表达的共性,也有本体的个性。

一、电视新闻出镜播音备稿要求

电视新闻出镜播音的备稿有广义备稿和狭义备稿之分。如果说电视新闻出镜播音的"广义备稿"是检验一名新闻主播的思想水平、文化结构和知识积累,那么,"狭义备稿"更多的是在检验一名新闻主播的专业素质、能力与工作责任心。当前,电视新闻出镜播音大多是直播,出稿时间较晚,还随时有可能加稿,主播出镜要化妆、着正装等,因而备稿时间有限,就更需主播的广义备稿发挥作用,因此,电视新闻主播要注重平时积累,了解时事、政策、科技、社会生活等的动向以及目前社会中的热点、焦点问题,多看报纸、听广播、看电视、浏览网络新闻,了解瞬息万变的各种信息,为自己的工作打下良好的基础。另外,对各种知识的积累也不容忽视,如对各种专业术语、人名、地名的了解与掌握。总之,"广义备稿"丰厚,可以使"狭义备稿"又快又准。"狭义备稿"是新闻主播在每一次出镜播音前对稿件的准备,具体需要做以下工作。

(一)完整备稿,整体把握

如前所述,电视新闻出镜播音既有导语、串联语,也有完整稿件的播音。完整稿件的备稿应注重其结构、层级、语法关系等。而导语的备稿需要结合主体内容做到完整备稿。所谓完整备稿,是指电视新闻出镜播音的备稿,不但要看导语,还要看新闻片的配音词和画面内容,做到从整体出发,准确把握自身播出任务,形成准确的播出基调、播出重点以及注意与下面新闻片内容的承送点等。同时,应遵循新闻播音创作规律,找出看似"老内容"的"新鲜处",以调动自己的播出愿望,明确自己的播出任务。

电视新闻导语与新闻片内容的关系可分为"确定性"与"不确定性"两种。确定性是指电视新闻在导语中便已明确表现出对整条信息内容的肯定或否定态度。不确定性是指电视新闻在导语中没有明确表现出对整条信息内容的肯定或否定态度,需要主播自己从新闻片配音稿中得出。

(二)厘清关系,画出连线

电视新闻出镜播音前,在可能的情况下,将稿件内容标出段落层次、句子间的"停连关系"连线——并列关系、因果关系、转折关系、递进关系,以及哪些句子是一个句群,哪里有标点也不能停,哪里没有标点也需要停等。梳理好自己的表达语气,形成畅达的语流。

电视新闻播音的专业人士都了解画"连线"对新闻播出的作用。语句连线是表达的"逻辑关系图",它的存在,可以清楚地表明内容层次、语法关系等,最大程度避免播音时断错句或心中无底。我国中央电视台等媒体的新闻主播们都会对自己所播的新闻稿件进行停连划分、词语移动(将被上下两行拆散的一个词中的两个字,从上一行的末尾移至下一行中,使其在同一行中方便阅读)等,让自己所播的新闻语法关系、主次重点、语意句群等一目了然、清楚完整。在《美国播音技艺教程》中,也提到教学生如何画出"播音连线"。这说明,在稿件上画出"播音连线"是表达的"路标",是表达成功的基础工作之一,不容忽视。

(三)熟悉内容,画抬头点

电视新闻出镜播音前,如时间允许,应尽量对稿件内容多看、多思、多上口,形成大脑与咬字肌的记忆,摆脱对提示器的过度依赖。若对所播内容不熟悉,不但可能会播错内容,还会提着气,有种仓促感,难有好的播出状态。

另外，在电视新闻无提示器出镜播音前，初学者应当按照稿件的内容、目的、重点、新鲜点，适当、合理地画出"抬头点"，便于提示自己抬头，为正式播音做好准备，避免播出时内心无底、慌乱，导致抬头时机不当、抬头动作不协调，影响播出形象与质量。

（四）全面涉及，具体落实

（1）全面涉及。第一，抓准每条新闻的目的、针对性、新鲜点，导语不能自成一体，应参考新闻片及配音稿的内容，立足整体，以确认准确的基调、重点；如果是完整新闻稿件，要注意新闻的结构与编排处理。第二，厘清稿件内容，找准同新闻片的衔接点，把握导语的任务、位置与方式，如导语结尾的播音不能为同一语势、同一语气，可依据具体内容分为上扬式、下行式、平托式三种。第三，无提示器出镜播音时，应根据稿件内容、目的、重点、关系等，对抬头点的位置有所考虑。

（2）具体落实。第一，先"无声备稿"，重在理解感受。了解新闻的"整体脉络"，看"连续报道"的新进展，揣摩新闻的内容、生字、术语等，确定本次新闻播音的"主体基调"。第二，再"出声上口"练习，实现两种编码（内容序列、咬字肌记忆），注意语速不能太快，应"感觉拖着语言走"，看清内容，"脑子过滤"后再出口，争取不出错，否则会形成心理暗示和不正确的咬字肌记忆，导致在正式播出时也会在同一地方出错；另外，念新闻内容的次数不要太多，两遍为好，否则内容太熟在正式播出时会不经大脑。第三，对播出稿件产生具体处理方式，熟知导语下面新闻片的内容、基调、主次及承送点等；在允许的情况下，可根据需要对所播稿件稍做口语化润色，但重要稿件不能改一个字。第四，用自己的习惯快速"标注稿件"，如标示内容重点，移动稿件中被上下两行拆开的词，以免播出时不易看清而出错。有了以上处理，也为急稿快播打下良好基础。

二、电视新闻出镜播音表达要求

在电视新闻出镜播音中，虽有体态语相助，但有声语言表达还是第一位的。要想播出清楚、有新鲜感、有主次感，使人听着流畅、舒服的新闻来，一是要有正确的电视新闻播音意识，二是要有扎实的语言表达和用气、发声基本功，三是要懂得语言表达规律。具体从以下几个方面展开。

(一)播出背景、播出目的

在新闻播音中,不了解背景、没有目的性和针对性的播音,语言表达往往表现出感受浅、语言白、内容散、无主次的特点。好的新闻表达,张口就能让人听出新闻的内涵、分量、针对性与深度。因此,电视新闻主播首先要对党和国家的各种方针政策有所了解,关心国内外时事,掌握每条新闻的背景,这样在具体播音时,才能明确每条消息的政策背景、指导意义和现实针对性,从而产生准确的目的性和针对性,形成正确的表达基调、表达重点;抓准新闻的新鲜点,可使播音处理整体清晰、内涵深刻、针对性强,表现出每条新闻的意义、目的、价值所在。综上,只有明确消息的播出背景和播出目的,播音主体才有可能呈现出高水平、有深度的新闻播音。

(二)播出态度、播出逻辑

有些初学者在播新闻时,态度客观,没有调整与所播内容相应的情感态度,或缺少语句之间的逻辑关系,语言散,这会影响新闻传播的引导作用与准确性。新闻播音不仅应当有主播情感态度的展露,还要体现出句子间的逻辑关系。准确把握适当的播出态度、播出逻辑,可使新闻播音解释清楚、引导到位。

(三)播出新鲜、播出价值

这是针对某些新闻播音缺乏新鲜感,表达不到位、语言平淡的问题。通常,播音主持初学者和已在电视媒体工作多年的新闻主播,较容易出现这个问题。究其原因,一是对新闻的新鲜之处不明了;二是工作时间较长,已将自己的工作看成熟练工种,不愿再为此多动脑筋。这两种原因导致表达者语言无重点,散落一片。

如何改变这一现状呢?首先,要牢记新闻新鲜感的内涵:时间新、事实新、政策新、角度新。拿到一条新闻后,必须在脑子里思考,判断其新鲜感所在。在比较中加深认识,在表达时要给足内心关注,有效支撑语言外化。这样,所表达的内容就不会没有新鲜感及主次感了。对于工作多年的新闻主播而言,除去以上提示,还应自我焕发出足够的工作热情,对得起自己的岗位,对得起电视受众。要知道,一条新闻的价值往往就在于它的新鲜之处。

(四)播出语势、播出语流

有些初学者对语言表达规律的掌握欠佳,语言表达单位小,以词句为单位,导致其语句碎、不抱团、表达平、无曲线、没有语言前推感和运动感,不能形成波澜起伏向前涌动的语流,体现不出新闻播音的畅达感。

电视新闻播音有了明确的播音意识、理解和感受还不够,还必须将其转化为外部声音形态,才能更好地达于受众。这就需要主播凭借表达技巧和用气、发声基本功,将其对具体新闻内容的认知、感悟通过相应的语流形式表现出来。使得新闻播音意思清楚、主次分明、语言自如、听之舒适,成为高水平的新闻播音。

(五)播出类别、播出基调

这是针对某些新闻播音,不区分内容、种类、基调,播什么新闻都"一个劲儿"的问题。在一组电视新闻中,既有不同内容、种类的新闻,也有不同基调的新闻,应在表达中有所区分。

(1)时政新闻:端庄大气,播讲稳实。
(2)社会新闻:自然清新,播说结合。
(3)科技新闻:讲解耐心,语速稍慢。
(4)国际新闻:基调客观,清楚为主。
(5)文体新闻:活泼热情,轻快畅达。

新闻播音应结合具体内容,有不同基调与分寸的把握,采用不同的语言色彩与播法,同时予以适当的体态语。

(六)播出语体、播出主次

这是针对某些新闻播音,语体表达不准,播不出主次、重点的问题。

新闻语体的特点是写作语言精练,播音新鲜、明快。但有些初学者将新闻播音混同于新闻专题或新闻评论的表达;有些新闻播音主次模糊,内容一片混乱。

要解决这些问题,首先,应把握新闻语体特点及表达规律。总体而言,新闻播音要求新鲜、明快,声音、气息下沉,句尾顿住,不拖、不飘。否则,就显得不像新闻播音,与其他语体相混。其次,表现新闻的主次应在播音时以较大幅度突出重点、拉开重音字的音程(或重点词语),以较快语速带过次要内容,同时,注意语流顺势而上、顺势而下的自如性,这样的新闻播音才会主次分明、意思清楚、自然舒展。

(七)播出任务,播出结构

这是针对一些播音者将电视新闻播音的导语播报、完整新闻播报或电视新闻"一体播"的处理混为一谈,也就是没有把握不同电视新闻节目应有的宗旨、特点的问题。有的电视新闻播音表达不出具体任务,如播导语,容易自成一体,缺少承送感;如完整新闻的播报不能播出新闻的结构,导语、主体、背景、结尾的处理没有区分;如电视新闻"一体播"时,听不出导语与电视新闻片配音处理的变化。有的主播说,在电视新闻"一体播"时不知道导播何时切进、切出自己的出镜画面,无法掌握导语与新闻片配音的转换。其实,只要真正掌握新闻结构的处理,表达不同部分是会基本贴合的。为此,新闻主播要掌握好新闻结构,在表达上体现微调与变化。

(八)播准内容、读准字音

这是针对新闻播音中读错字、念错音导致概念错误的问题。这是新闻播音的大敌。在一线工作中,我们可能看到这样的过失。

举例一:
正确:俄罗斯奥委会、中国政坛、监察委员会、人大代表、十分之一。
错误:俄罗斯奥运会、中央政坛、鉴察委员会、人民代表、千分之一。

举例二:
正确:模棱两可、参政议政、如火如荼、崇高。
错误:模凌两可、参政论证、如火如茶、崇高。

以上问题看似小事,只读错一个字或一个音,但轻则让人不知所云或弄出笑话,重则会出现概念、数字、政治、政策性错误,有的还会影响到国际关系。因此,这些错误在新闻播音主持中是决不允许出现的。因为,新闻大多是直播,无法挽回其影响,所以,新闻主播必须十分重视这个问题:一方面要增强自己的政治素质和责任心,平时多积累,播出前认真备稿;另一方面要经常查阅字典,尤其注意多音、多义字的搭配使用,确保自己的读音准确。此外,新闻主播在播报时,自己的"脑子"一定要管住"嘴",要过滤自己出口的所有语言,要让"思维"与感觉拖着"语言"走,绝不能倒置让"嘴"在"脑子"前工作。总之,电视新闻主播不能只有眼睛与嘴在快速工作,一定要让"注意力"和"脑子"成为新闻播报工作时的重要角色,以自己的整体素质和能力把好各种关。

三、电视新闻出镜播音心理要求

主播在进行电视新闻出镜播音时,不能只专注于新闻稿件与表达本身,还要顾及很多方面:体态语的合理运用、提示器的操作、导播的指示、急稿的应对、事故的处置等。那么,电视新闻主播应怎样进行心理分配呢?

(一)语言表达是重点

在电视新闻出镜播音中,有声语言表达是最重要的,因为,传达信息是电视新闻主播的首要任务,所以,应将大部分注意力关注于此。具体包括:对所播内容的理解及处理;与前后新闻片配音的"承"与"送";甚至应考虑到本条新闻导语结尾的"请看报道"的提示语的内涵与意味,不同基调与作用应有不同的处置,不可千篇一律,否则表现不出导语与新闻内容的"一体性"。

(二)适当关注体态语

体态语参与创作是电视新闻出镜播音的特征之一,人的体态语虽然有下意识成分,某些有经验的电视新闻主播几乎达到半自动化程度,但它毕竟不是人生活常态的自然体现。例如,生活当中人坐在椅子上,谁也不会一直挺直腰部端坐在那儿。因而,从心理学角度讲,电视新闻主播(尤其是初学者)在出镜播音时,对体态语仍要给予一定心理关注甚至对体态语有所设计。它是"有意为之"的行为。比如,有提示器出镜播音时,新闻主播一直是抬着头,面对镜头,当接连几条新闻都是出镜播音时,为了让受众对内容有所区分,主播往往在播完一条消息后,用低头看稿再抬头看镜头的动作以示区分。这就绝不是有声语言与体态语自动化的结果,而是有所设计,这需要主播有合理的心理关注与注意力分配。

(三)兼顾急稿与意外

实践告诉我们,每次电视新闻播出时,主播几乎都会面临应对急稿、处置意外的情况。原因是,电视新闻传播工作综合性强,工种较多,无论哪一个环节出现了问题,都会云集到最后一个环节——播出。所以,新闻主播会面临很多的考验,除了应对临时加进急稿、稿件播出顺序的调换,还要时时对其他工种的操作失误、技术故障进行补救。比如,提示器不显示了、稿件顺序排错了、录好的带子找不到了、稿件字迹太淡看不清等,这些需要主播在最短的时间内找到补救的办法,为此,电视新闻主播,尤其是初学者,平时应多向有经验的主播学习应对意外的经验及应对急稿的方法。此外,还应从细节入手,将播音的全部稿件(包括已经录音的稿件)都带进演播间,以防因突发原因而重播。平时重视"广义备稿",在播急稿时,就会心中有底。当然,这一切都离不开播出的心理关照。

电视新闻出镜播音的心理关照与注意力分配,不是一成不变的,它呈现为一种"变量状态",即使平时播出时心理分配少的方面,在正式出镜播音时也许因为某种原因就要加大分配比例。

(四)电视新闻播音的心理基础与条件

要想做好电视新闻出镜播音工作,除了树立正确的创作理念、掌握相应的创作技能外,在心理方面还须关注以下内容。

1.增强注意力

注意力对于电视新闻播音而言是非常重要的。若想在电视新闻出镜播音中不依赖提示器,就更需要增强"注意力"。注意,是指把心思、思想放到某一方面,又分为"有意注意"和"无意注意"。我们的播音主持工作需要"有意注意",它是一种自觉的、有预定目的的、有内在需要的、需要一定意志努力的注意。引起和保持"有意注意"的主要条件有:第一,明确活动目的;第二,有抗干扰的能力;第三,对活动有稳定的间接兴趣(对活动的最后结果的兴趣);第四,组织有关活动的能力。有了高度的注意,才会有较强的记忆,因此,在电视新闻播音的备稿中,需要运用"有意注意"来发挥作用。因此,注意力是电视新闻出镜播音的重要条件之一。

2.强化记忆力

记忆是指人脑对经历过的事物的反映。记忆与注意联系紧密,从心理学角度讲,人只有对极为关注的东西,才会留下较为深刻的印象,形成记忆。对记忆力的依赖,是电视播音主持工作的特点所在。电视新闻主播在出镜播音时大多需要对稿件内容有深刻的记忆,就连自己写的稿件,也需要以脱稿形式说出,即便是在对稿件有很强的依赖性的电视新闻出镜播音中,若能以脱稿形式说出,就更能适应工作的需要。因此,记忆力成为衡量从业者能力的标准之一。

电视播音主持从业者应重视注意力,强化记忆力。平时运用注意力用心记忆新闻消息的内容,然后再复述出来,就是锻炼记忆力的一个行之有效的方法。

3.排除紧张心理

紧张是人的一种心理现象,是人在重压之下所表现出来的精神状态,适度紧张可以激发人的潜能,而过度紧张则会给人带来生理、心理方面的严重问题。在电视新闻出镜播音时,过度紧张会造成心跳加快,气息不畅,嗓紧声哑,肌肉僵硬,大脑空白,结巴连篇,错误百出,稿件内容记不住,大脑指挥不了生理器官,陷入自我失控状态。这种状态不要说播急稿,就是准备过的稿件也播不好。对于以直播、快播为常态的电视新闻出镜播音来讲,不克服紧张心理,就不能做好这一项工作。对于初学者来说,这是一个需要关注的大问题,否则,即使专业基本功再好,稿件准备得再充分,也会因播出时的过度紧张让播出效果大打折扣。

那么,紧张的心理主要是什么原因造成的呢?如何克服呢?排除先天因素,主要原因有两点:一是播出时有"私心杂念",具体表现为总怕自己的播出表现不够好,影响自己的前途,这就需要正确看待名和利,用科学、务实的态度制造积极有效的心理暗示,放下沉重的思想包袱,改变不必要的担忧心理,引导自己进入认真工作的状态;二是播出前"准备不足",有些新闻主播不够敬业,备稿不认真,或专业能力有限,对急稿的处理能力欠佳,担心出错而紧张。

具体可用以下几种方法缓解紧张心理:

(1)心理诱导法:指运用"心理暗示"对主体心理与行为进行干预,使之产生积极的影响。

(2)生理调控法:指通过对生理器官的有效调控,缓解主体的紧张表现,如运用"深呼吸"的方法来调节紧张状态。

(3)模拟演练法:指运用"假想播出"方法,多进行急稿、快播的适应性练习,消除见稿就紧张的心理。

第四节 电视新闻出镜播音体态语

在人际交流与大众传播活动中,体态语的作用不亚于有声语言。如果说有声语言与人的意识相联系,那么,体态语则更多的是与人的潜意识相联系,它往往能下意识流露出人们内心的真情实感。因而,在电视新闻出镜播音中,体态语的作用不可小觑。把握好、运用好体态语也是做好电视新闻出镜播音工作的重要一环。在电视新闻出镜播音中,体态语的作用:一是传达态度与情绪,二是辅助有声语言表达,三是替代有声语言表达。

一、头部动作

在电视新闻出镜播音中,头部动作分为两种:一是无提示器播音的头部动作,二是有提示器播音的头部动作。在本章中已有较为详尽的介绍,要注意的是初学者平时应多对着镜子观察自己的播出形象,在镜子里重新认识自己,纠正自己的不良习惯,以适应出镜播音工作。值得提及的是,电视新闻主播的头部动作会在无形中透出播音者的性格、气质等,在使用头部动作时无一定之规,可依照播音者对所播内容的理解、感受及播音要求而定。

二、眼睛运用

眼睛在电视新闻出镜播音中具有生理、心理的双重功用,通过眼睛可以传递所播内容的要义与主体心态。

眼睛具有与受众进行交流、辅助有声语言表达的重要功用。如播庄重的内容时目光是严肃的,播灾害性的内容时目光是沉凝的,播轻松的内容时目光是活泼的,等等。这些目光的表现与变化,都是随着对所播内容的理解感受自动生成的,绝非人为表演。

具体而言,电视新闻出镜播音时,播音者的眼神应当是集中、热情、充实的。集中,是指播报时,播音者眼睛看着镜头却不把镜头当作"物",而是将镜头当作观众的眼睛,真诚地与之进行目光的交流,做到眼神集中、不散。只有心中有人、有事,才能使眼神集中。热情,是指播音者在播音时眼睛中透出热情的目光。这绝不是指表层的微笑状,而是目光中流露出一种真诚、热情、积极的神气,它蕴含着播音者积极向上的人生观、认真负责的工作态度,以及对所播内容的热衷态度。它不是播音者本人性格特点、个人爱好的心理反应,而是播音者站在新闻工作者、党和政府的宣传员位置上所表现出来的精神面貌。充实,是指播音者在对所播内容有了充分感悟的情况下,希望与受众产生心灵上的共鸣时所表现出的坚定、自信、有内涵的眼神。这种眼神透出的是人的成熟、深刻。眼神的运用应当注意以下几点:

(1)播出时,应尽量控制自己,不要密集地眨眼,否则,会给人内心紧张、不稳之感。

(2)无提示器播出时,抬头看镜头要真看,看到镜头深处,这样才会形成"目中有人"的眼神,不空泛。在出镜播音时,不可假看、眼神发虚、发飘、迷离不定;不可不敢看镜头,或眼睛匆匆一瞥,马上低头;或眼睛斜视镜头。这些都会让播音者表现得拘谨小气。应当根据需要,该看镜头时就大胆看,表现出沉稳、大方的气质。

(3)有提示器播出时,眼睛不应总死盯着屏幕上的文字看,眼神要自然,不要一个字一个字地看,要一句话一句话地扫。要做到这一点,就要非常认真地备稿,否则,心里没底、怕出错,只能死盯着显示器上的文字看,眼神难免发直、不自然。

三、嘴的动作

嘴是人脸上最具动感的器官,在电视新闻出镜播音中,既要有力地咬字,又要表现出优美的口形。为此,首先,咬字时应按正确的吐字发声要领做到提颧肌、撮嘴角、唇齿相依。其次,咬字时嘴的外部动作不能太大,口腔内部要打开,总体感觉脸上呈现出微笑状态,但不是嘴角向两边横展,而是颧肌向上提。最后,还要改变自己平时的小毛病,如说话时"舔唇""抿嘴""撇嘴"等,避免因小动作分散观众的注意力,而影响信息传播的效果。

四、身体姿态

一般来说,在电视新闻出镜播音中,主播的身姿应当挺拔,这既可使发声通道畅通,也可表现出新闻主播良好的精神面貌及屏幕形象。应当注意:

(1)坐姿——身直、腰挺、肩平,下颌与腹部微收,两臂自然弯曲,小臂平放在桌面;不能弯腰、缩脖、窝胸,胳膊左右外拉间距过大或随意晃动身子。

(2)站姿——身直、腿直,两腿(女)前后或(男)左右稍开,随着头与手臂的动作,可有身体的自然前倾、转体等变化;站姿不能僵直、腿不能弯曲,不能只动头不动身或身体晃动;站姿潇洒、自如,显示出新闻主播的职业气质。

总之,在电视新闻出镜播音中,对身体动作幅度的控制,应与节目出镜方式、景别相适应。总的原则是端正、大方、自然、协调,有美感与职业气质。

第五节　电视新闻出镜播音实例分析

一、电视新闻出镜播音实例

(一)电视新闻导语、串联语表达

电视新闻播音是播音与主持艺术专业的重要训练内容,它是在广播新闻播音训练完成之后进行的。这时,初学者已基本了解和初步掌握了新闻的结构、语体特点及表达特征。电视新闻出镜播音时,要关注的方面较多,初学者一时难以适应,可以先用较简单的导语、串联语来训练,使初学者逐步达到良好的电视新闻出镜播音状态。

案例 1.1

《中小学教育惩戒规则(试行)》将于2021年3月1日起实施。规则中所称的教育惩戒,是指学校、教师基于教育目的,对违规违纪学生进行管理、训导或者以规定方式予以矫治,促使学生引以为戒,认识和改正错误的教育行为。

播这条新闻的导语前,首先要认真备稿,了解这条新闻的社会背景、发布目的、主次要点、价值与新鲜点,让认识不只停留在文字表层,而是深入内容实质。学习电视新闻播音初期,初学者的播音容易停留在文字表面,表现为"摆句子""语言平""纯客观""不动心"。他们认为,播新闻只要用所谓的新闻腔调,不播错字就行,这是低水平的认知。应当将所播新闻看作自己采访、动笔写出的,熟悉它的内容,了解它的意义,避免与己无关似的客观播读。

就这条消息而言,我们首先可以启用自己了解的社会现实,从"感性"出发,启动思维,进而上升为理性认识,落实在语言表达中,使其内涵予以显现。

针对这条消息所涉及的"教育惩戒"问题,我们可以将其内容与现实结合起来,联想到一些相关事实:从教育实践来看,在受教育对象(特别是中小学生)中,仍然存在难以有效管理的违纪学生,其失范行为不乏违纪违规,甚至违法犯罪。对此,仅仅开展赏识教育存在难以回避的局限性,已是无须争辩的事实。在教育实践中,学校教师是否拥有、能否使用教育惩戒权,学校和教师群体分歧大于共识,也导致针对违纪失范学生不敢管、不能管、不想管的教育态度和不敢用、不能用、不想用教育惩戒理念的出现。这条新闻给我们提供了一条新途径,给予了我们一个新认识。当我们的感性与理性都被启动,内心与思维都被触动,才会真正接近所播报的新闻内容,使播音表达有主旨、有感受,真切、积极,这才是我们所需要的新闻播音。在此基础上,再将本条新闻的导语加以分析、梳理,了解其写法、任务、与下面新闻主体的承送点是什么,然后进行播音表达的设计。具体来看,这是一条"点指式"导语。点指式导语,通常要点出整条新闻的新鲜点、价值、要点,重音要准确、突出,可以运用放慢、提起的方式处理,引起观众注意。表达时不应自成一体,应有承送下面内容之感,使导语和主体有整体感。在这条导语的处理中,应把"教育惩戒""违规违纪"等重点突出出来。结尾应有一种展开、延伸之感,语尾平托,使人听之有种期待感,希望具体了解:在开展中小学教育的过程中,可否针对受教育对象进行相应的处罚和惩戒?《中小学教育惩戒规则(试行)》的内容、意义是什么?这些内容在以下的新闻主体中都有针对性介绍。

以上播音主体的心理感受与细微处理,可以帮助受众体会出这一导语与新闻主体是一个整体,导语不是自成一体,与下面的主体内容无关。

值得一提的是,新闻播音绝不是只讲理性、逻辑,不要情感、态度,不动声色地播读,它是生理、心理、思维、逻辑、感性、理性、态度、语体、责任心、服务感、讲述感等多方面因素、多角度内容融合的产物。尤其要把握"说清楚"与"服务感"。

电视新闻导语播音应关注:

(1)新闻背景(了解新闻发生的社会环境)。

(2)新闻目的(找准新鲜点、价值点、针对性)。

(3)新闻基调(从整条新闻出发确立新闻的整体基调)。

(4)表达语气(每句话的内涵、态度准确)。

(5)揭示关系(体现内容的主要链条及语句关系)。

(6)承送有机(导语与新闻片配音有承送感,不能自成一体)。

(7)播出意味(语言表达有潜在语,有指向与意味)。

以上几点,有益于呈现清楚、准确、有意味的电视新闻导语播音。

案例 1.2

导语:今天(7月17日)上午,中国乒乓球队成员在国家体育总局运动员公寓集结,经过简短的出征仪式之后集体乘车前往首都机场。

配音：很多球迷来到现场为国乒队员送行。本届奥运会上，中国乒乓球队共派出4名男队员和4名女队员参加，向男单、女单、男团、女团和混双5枚金牌发起冲击。中国女足共有22名运动员，她们抵达后将前往宫城仙台备战小组赛。此外，中国射击队共有6名选手参赛，中国赛艇队共有30名运动员出征奥运赛场。

串联语：奥运是世界的赛事，14亿中国人也期待着这场世界上影响力最大的体育盛会，我们将以开放的视角全方位聚焦中国奥代表团，在赛事情况、运动员表现、心路历程等方面报道中国体育与中国运动员，真实地展现中国运动员在比赛中的体育精神——自信乐观，不断拼搏，追求进步，重点塑造中国体育积极形象，建构中国运动员自信拼搏的奋斗者形象。

导语：参加东京奥运会的中国体育代表团第三批成员今天（7月18日）前往东京，这批出征的队伍包括中国羽毛球队、体操队以及跆拳道、曲棍球、拳击、射击、网球等队伍。

配音：中国跆拳道队今天早上在北京集结，经过简单的出征仪式后正式踏上奥运征程。7月23日东京奥运会开幕式上，中国体育代表团第111位出场，女排运动员朱婷和跆拳道运动员赵帅将担任旗手。中国跆拳道队共有6名运动员获得本届奥运会的参赛资格，为历届最多。中国羽毛球队14名运动员、体操队12名运动员、拳击队6名运动员也将在东京向金牌发起冲击。

我们看到这两条消息都与"东京奥运会"有关，只不过报道的是不同批次的运动员出征奥运的事件，串联语形成一种"同向串联"，起到两条消息的过渡作用。

我们试想，如果这两条消息都在一次新闻节目中播出却不相连，或者虽然两条新闻的播出位置相近，却没有目的明确、承上启下的串联语，那它留给我们的印象一定没有现在这样清晰。这里，编辑运用了很好的编辑技巧，不但将这互有关联的两条新闻编辑在一起播出，而且还在串联语中说明了这两条新闻的关联，使受众较容易接收所传达的信息，这就是新闻串联语的作用。

播好串联语的关键在于既顾上，也顾下，该过渡则过渡，该转换则转换，不但承接上面新闻的主旨、态度、情感，也要传达下面新闻应有的主旨、态度、情感，真正起到上串下联的作用。

（二）电视新闻完整稿件播报

电视新闻完整稿件播报的训练，是在初步具有电视新闻出镜播音能力的基础上进行的。这类稿件大多较长、内容复杂、具有不同色彩,需要主播对播音表达及体态语有较强的把握能力。

案例 1.3

本台消息:今天(2023年3月13日)上午,国务院总理李强在人民大会堂金色大厅会见中外记者并回答记者提问。

李强首先表示,我们衷心感谢党和人民的信任,深知肩负的责任重大、使命光荣。我们一定在以习近平同志为核心的党中央坚强领导下,紧紧依靠广大人民,以奋发有为的精神状态和"时时放心不下"的责任意识,忠实履行宪法和法律赋予的职责,勇毅前行、廉洁奉公、鞠躬尽瘁、不辱使命。

①在回答新一届政府施政目标和工作重点问题时,李强说,党的二十大对我国今后五年和更长时期发展作了全面的战略部署。新一届政府的工作,就是要把党中央的决策部署贯彻好、落实好,把党的二十大擘画的宏伟蓝图变成施工图,与全国人民一道,一步一个脚印把宏伟蓝图变为美好现实。我们将牢固树立以人民为中心的发展思想,集中力量推动高质量发展,坚定不移深化改革开放。

②在回答中国经济发展问题时,李强表示,我国经济运行呈现企稳回升态势,也面临不少新的挑战。我们将坚持稳字当头、稳中求进,打好宏观政策、扩大需求、改革创新、防范化解风险等几套"组合拳",推动经济运行整体好转。

③在回答民营经济发展问题时,李强说,全国两会期间,习近平总书记就民营经济健康发展、高质量发展作了深刻阐述,民营企业家深受鼓舞和激励。"两个毫不动摇"是长久之策,民营经济发展环境会越来越好,发展空间会越来越大,民营经济大有可为。希望广大民营企业家大力弘扬优秀企业家精神,坚定信心再出发,在新时代新征程上谱写更加辉煌的创业史。

④在回答就业等民生问题时,李强说,解决就业问题,最根本的还是要靠发展经济。我们将全面落实就业优先战略,加大政策支持力度,多措并举,稳定和扩大就业岗位,更好促进高校毕业生等重点群体就业。

⑤在回答乡村振兴和粮食安全问题时,李强表示,将全面落实党中央关于建设农业强国、做好"三农"工作、全面推进乡村振兴的各项部署,支持粮食生产的政策将只增不减,确保14亿多中国人的饭碗牢牢端在自己手中。

⑥在回答扩大开放和中美经贸关系问题时,李强表示,对外开放是我们的基本国策,我们将坚定不移地向前推进。中美两国经济你中有我、我中有你,中美

可以合作,也应该合作,围堵、打压对谁都没有好处。

⑦在回答政府自身建设问题时,李强表示,要大兴调查研究之风,扎实推进依法行政,提高创造性执行能力,以严的标准、严的措施抓好廉洁政府建设。

……

这是一条时政新闻,记者就多个事关民生与国家发展的问题进行提问,国务院总理李强回答坦率、真诚,从中可以看出党和政府对国家发展的坚定信心及新的政策举措,具体来看有以下几方面。

一是划分层次。大小层次清楚,是所有语言表达的基础。要想播得清楚,分清大小层次是关键。在新闻性稿件中,一般大层次的划分并不困难,而小层次的划分却有一定难度。小层次是内容中的一个句群、一个意思团,小层次之间的内在联系较紧密,分清了大层次,并不意味着就能播清楚内容。划分出清晰、准确的小层次,并掌握小层次之间的逻辑关系,才有利于播清内容。所以,层次划分必须以小层次为基础,并精练标出每一小层次的意思(上述新闻内容无大层次划分,标注的①②③④⑤⑥⑦皆为小层次划分)。播音时,结合重音,可体现出层次间的逻辑关系。

二是理解感受。若要播报出新闻的深度,还需要将新闻内容与时事、政策、背景相结合,感性与理性相结合,触动主体内心,才能更好地把握新闻的内涵,表现出新闻的深度。

越是看似"大""空""熟"的时政稿件,越要仔细分析,深入领会,看出其新鲜点、价值点、重要性,播得具体、有感,不能端架子,播得"意思空""无逻辑""没变化"。

我们播这条新闻时,应带有自己的切身体会,真诚告诉全国人民党和国家的战略部署,我们的播音表达应将清晰的大小层次、明确的主题目的、具体的基调、主次都体现出来,起到传达、告知的作用。

三是具体处理。第一,语态:此条新闻的语言样态是"播讲式",在新闻语体制约下,耐心讲解意思,充分体现内涵,不能处理成"宣读式"。第二,重音:如果没有清晰、严谨的逻辑脉络,此条新闻极易标满"重音",因为全部内容都很重要。当明确稿件的目的、脉络,核准主要信息、新鲜点、价值点后,我们就能大胆删去一些在一个句子中看似重音而从全篇看与目的、主线逻辑不甚严密的重音,从而找准精练的重音。检测重音是否准确、精练也很简单,就是将选择的重音连起来,看是否能形成一条严密的逻辑链条,使人只看重音,便能得知主要内容,在这些重音中,还可根据其重要性分出主要重音与次要重音。重音,除了确定得准而精外,还要有效地显现出来。重音的表现,一般有五种方式:加强、提高、拉开、放轻、停顿。通常在新闻播音中多使用前三种方式:加强、提高、拉开。重音在具体表达中,需根据内容的意思在语流中顺势而上、顺势而下,有机融于起伏向前的语流中,不生硬、不突兀且舒适、醒耳。第三,停连:播音表达的每一个小层次,无论有几个短句都要连起来形成一个"语气团",才能关系清楚、紧密。如果需要连起来的短句多,可以运用"偷气""就气"技巧续气,但不能在不该停的地方停下,给人错误的区分感,如本条新闻第三自然段中的第①小层次中,几条语句间有两个句号,但因前后关系紧密,语流顺畅连接,不能停顿。而第⑤小层次只有一句话,为与之前的第④小层次区分,就要停、转。

值得一提的是,在这种报道中,屏幕上有时不是一直出新闻主播的画面,而是配上与播音内容相应的画面、文字,然后又切回主播画面,但这并不是导语与新闻片的关系,还应当看成是一条完整新闻的出镜播音,主播在播音时应把准自身位置与播音特点。

案例 1.4

中国高铁首次全系统、全要素、全产业链在海外建设项目,印尼首条高速铁路——雅万高铁昨天晚上(2023年5月22日)完成了首次联调联试。这标志着雅万高铁建设取得新的重大进展。

当天,试验列车由雅加达哈利姆站始发,途经卡拉旺、瓦立尼站到达万隆德卡鲁尔站,对沿线轨道、供电、接触网、通信信号、预警监测等系统性能进行检测验证,为开通运营做准备。

雅万高铁连接印尼首都雅加达和旅游城市万隆,全长142.3公里,最高运营时速350公里,是"一带一路"倡议和中印尼两国务实合作的标志性项目。建成通车后,雅加达到万隆的旅行时间将由现在的3个多小时缩短至40分钟,不仅改善了当地交通状况,也带动了沿线经济社会发展,截至目前已吸纳当地5.1万人次就业,未来还将打造一条高铁经济带。

这是一条完整的电视新闻。播出时,往往会分成导语和主体两部分:导语需要电视新闻主播出镜播出,主体通常都是配合画面进行的不出镜新闻片配音,一般这两部分内容是由两个人分别完成的。但在电视传播技术发达的今天,为了更快地传播电视新闻消息,在技术设备许可的条件下,经常采用导语和新闻片配音"一体播"的方式播出。这就要求电视新闻主播熟练把握整条新闻的内容、结构及这两种播出形式的规律与处理方式。具体到这条消息的处理需要把握以下内容。

第一,这是连续报道中的一条消息。因此,应当对整个事件过程非常了解,在具体报道中,给出"事件进程感"。

第二,应对整条新闻结构进行分析:第一自然段是"概括式导语";第二、第三自然段是"新闻主体",其中又分为两个小层次(试验列车介绍及其未来发展)。在具体播出时,应把握出镜播导语及不出镜播主体即新闻片配音的表达区别,在音高、语速等方面有所区分。

第三,这条新闻的语言表达需流畅但不能太快,每个大小层次处有语气的转换,尤其导语跟主体(新闻片配音)的转换处更应让人听出不同,显出其结构感及内容的清楚与规整。

(三)外国人名播报

念好外国人名也是衡量新闻主播能力的一个方面。以前,播音前辈们会将国外来访代表团成员的名单或在近期新闻中出现的外国人名都写在纸上或黑板上反复念,以便对其播读熟练顺口、不出错。如果对外国人名不熟悉,会出现以下问题:把握不好外国人名的语言节拍,或一字一拍,或拗口不顺,尤其当几个难念的名字在一起连续播出时,更是屡屡出错。如帕斯卡尔·尼亚邦达、哈马德·本·伊萨·阿勒哈利法等。播外国人名要有一定的节拍感,将一个外国人名的几部分以一个语气团显现出来,不可平着念,将其播得好像是几个人名。为此,可以找外国人名多的稿件来训练。

二、实操演练

(一)训练提示

电视新闻出镜播音的训练,可以先从较简单的导语、串联语开始,逐步进入电视新闻出镜播音状态。在此基础上,再进行各种完整稿件的训练,重点是掌握导语、串联语的作用与表达,弄清电视新闻出镜播音与新闻片配音的区别。

(二)导语、串联语表达训练要求

(1)分析稿件,了解新闻背景与目的,找出新鲜点、重点和新闻片的承送点,不能孤立地播报导语和串联语。

(2)播清楚新闻内容,把握新闻语体、语流、语速。

(3)在出镜播音中,以语言表达为主,体态语为辅,做到内心感受、有声语言、体态语"三位一体"的有机结合。

(三)完整稿件播报训练要求

(1)要求播报清楚,把握不同类别、基调的完整稿件播音。

(2)播出电视新闻的结构、重点、主次。

(3)找准电视新闻播音的基调、语体。

(4)无提示器播音时,掌握好抬头点。

(5)有急稿直播的能力。

(四)具体训练

先看一条新闻后,以自己的话复述出新闻的内容、结构、重点、关键词语等,训练自己的理解力、注意力、记忆力。

思考题

(1)电视新闻出镜播音的概念是什么?

(2)电视新闻出镜播音的表达特点有哪些?

(3)不正确的电视新闻出镜播音意识有哪些?

(4)电视新闻导语、串联语是什么?表达时如何把握?

(5)无提示器播音抬头交流的技巧有哪些?

(6)电视新闻出镜播音备稿要求有哪些?

(7)电视新闻出镜播音表达要求有哪些?

(8)电视新闻出镜播音心理要求有哪些?

第二章

电视新闻片配音

▶ 内容提要

电视新闻片配音,是电视新闻播音的重要组成部分。在电视新闻中,许多新闻信息都是通过新闻片传递出的,它集中体现了电视新闻的视听优势。从某种意义上讲,电视新闻片配音既不同于广播新闻播音,也不同于电视新闻出镜播音,有其自身特点。电视新闻片配音这项工作不容忽视,它往往是电视新闻主播开始工作的第一步,也是打下电视新闻播音基础的第一步。本章主要探讨电视新闻片配音的概念、特点、方式与表达要求。

第一节 电视新闻片配音概说

电视新闻片配音,是指电视新闻主播凭借解说词,在画面外对新闻片内容进行补充、说明、讲解以及评述,用以阐释画面内容。在电视新闻片中,配音语言与画面语言同等重要,有时甚至画面语言更重要,如会议画面、战争场面等。若没有配音语言相助,观众可能不明白,这些画面中是在开什么会,是谁与谁在打仗,为什么打仗等。

电视新闻片配音与电视纪录片解说不同,它的任务简单且解说词少于电视纪录片。主要区别:一是电视新闻片配音任务比较单纯,只是对画面信息的补充、说明,不担负渲染、抒情造境等任务;二是电视新闻片配音的表达方式与电视纪录片解说有所不同,不能有艺术化处理。电视纪录片解说既有新闻性,也有艺术性,而电视新闻片配音只有新闻性。即使是新闻性内容,在电视新闻片配音与电视纪录片解说中,二者处理方式也不尽相同。

一、电视新闻片配音方式

目前,全国各地电视台电视新闻片配音方式大致有以下三种。

第一种,先配音,再剪辑片子。这种方式,适合于常规性消息,如会议消息等,因为有声语言内容往往比画面更重要。

第二种，先剪辑片子，再配音。这种方式，较符合电视新闻的表现规律，画面语言是第一位的，配音与之形成互补关系。

第三种，二者兼而有之。这种方式较实用，可根据电视新闻片的内容和时间安排而定，有的可先配音，有的可后配音。

二、电视新闻片配音特点

电视新闻片配音具有承接性、非连续性、讲述感强、语速快的特点。

(一)承接性

电视新闻片大多是一条新闻的主体，电视新闻片配音有多重承接：一是承接出镜播音导语的内容与感觉；二是兼顾电视新闻片中的画面内容；三是承接电视新闻片中的同期声。因而，电视新闻片配音不能有自成一体、一切从零开始之感，应体现新闻之间的联系。为此，应当在备稿时就全面了解每条新闻的目的、重点、基调，以及导语的具体内容与写法，结合新闻片的画面与同期声内容，寻找衔接点与承接感，以语气、重音等表达手段加以体现。

另外，电视新闻片配音，虽然不出镜，但它也不同于广播新闻播音，它的语言始终要有画面感，才符合电视新闻片配音的创作原则，不能只顾有声语言表达规律而置画面内容于不顾，形成"两张皮"。

(二)非连续性

电视新闻片配音与广播新闻播音、电视新闻出镜播音的不同之处，还在于其播音的非连续性。从某种角度上讲，广播新闻播音和电视新闻出镜播音都是一气呵成的。而电视新闻片配音，由于要补充、说明片中的内容、画面，需伴随画面内容进行，有时还要严格对位，一一对准片中人物、场面等画面，所以有时配音就要断断续续，不能一气呵成。配音语速也要根据具体情况，时快时慢，有时还要等画面或抢画面，从而与画面完美契合。

(三)讲述感强

电视新闻片配音的内容往往是一条新闻的主体，是对导语的展开，也是对具体内容的详细介绍，因而讲述感很强，以给人清楚、流畅、亲切、自然之感。

电视新闻片配音的讲述方式也不尽相同。总体而言，电视新闻片配音既要有新闻的新鲜感,也要有较强的讲述感。一般社会生活类新闻的配音语速可稍快一些,因为所播内容大多是人们所熟知的。而一些科技、卫生、考古等新闻,配音语速可稍慢一些,还需加强讲解感,因为这些内容是人们不常闻、不常见的,许多术语是人们所陌生的。除此之外,许多新闻特写、新闻专题的配音,也需要有较强的讲解感与情感态度,以更好地表现其内容与情感。

(四)语速快

电视新闻片配音的语速比广播新闻播音和电视新闻出镜播音都快,这是因为每条新闻片的时间有限,有时十几秒就是一条。此外,电视新闻片配音有画面相伴,通过画面,观众可以更直观地了解片中所报道的内容。所以需要配音快些,与画面的节奏、内容转换相适应,可以更好地满足受众的需求,即在有限的时间内获得更多信息。总之,语速快,是电视新闻片配音的主要特征,围绕它,又派生出其他配音要素的表达要求。

二、电视新闻片配音表达与要求

(一)电视新闻片配音表达

1.语速

电视新闻片配音的语速较快,与画面的节奏、转换速度相适应,但语速不能超出受众的生理、心理阈限。不是播得越快越好,而是要在播报清楚的基础之上适当加快。要做到快而清晰(指字音),快而不错(指基本功),快而不乱(指语意逻辑),快而有变(指语流)。

2.气息

在电视新闻片配音中,要想语速快,就要有稳健、持久、耐用的气息并掌握娴熟的偷气、换气、抢气、就气等技巧,做到一口气说许多字,形成完整语意。唯有气息长,持久耐用,能一口气稳健地说出许多字来,才能不多换气,敢用气息。

3.用声

电视新闻片配音的用声,相对低于广播新闻播音与电视新闻出镜播音。原因在于,新闻片配音是配合画面进行的,不能只注重新闻播音的特点,而忽视了电视新闻片配音的特点,从而导致声高气强,缺乏与画面的配合感。当然,也要避免从一个极端走向另一个极端,在用声上悄声虚气,以为这样就有了与画面的配合感。配音用声,应多用中低音共鸣,声音小而实。

4. 咬字

在电视新闻片配音中,要想使语速加快,就要改变一些咬字幅度。将字头、字腹、字尾的音程按比例缩减,以保证每个字的整体音程缩小而又不失准确、清晰。特别注意,不要在语尾拖音、甩调,丧失了新闻播音语体制约,应让语尾顿住不下滑。

5. 语流

电视新闻片配音的语流幅度相对于广播新闻播音与电视新闻出镜播音更小,呈现为小曲线(一般广播新闻播音是大曲线,电视新闻出镜播音是中曲线),但不等于无曲线成直线了,那样势必听不清内容,导致语言没有主次之分,这是语言表达的规律。播音的语流不但要有上下起伏感、源源不断感,还要有向前推进感,这样的表达才清楚、畅达。

6. 停顿

由于语速快,电视新闻片配音有停顿少的特点。一般在广播新闻播音或电视新闻出镜播音中该停顿的地方,在电视新闻片配音中也许就不停顿了,因其有画面相伴,又追求一口气说许多字,语流畅达,语意完整,虽然缺少了某些停顿,但可用语气来体现区分、转换。

7. 重音

电视新闻片配音的重音处理,不同于广播新闻播音及电视新闻出镜播音,原因在于,电视新闻片配音语速快,又有画面语言相伴,所以某些画面上的内容就不需要再强调了。同时,要保持语流的畅达、自然,也不适合强调得太多,但需要强调的地方必须加重、凸显出来,主次对比幅度要大,使人听得醒耳。

8. 语气

电视新闻片配音由于语速较快,导致一些初学者只图快,一股劲向下冲着播,什么语法关系和语意都不顾。电视新闻片配音更需强调语气的作用,发挥语气揭示逻辑关系、表现情感色彩的功用。也就是说,语气有体现某些重音、停顿的功用。可见语气在电视新闻片配音中的重要作用。

(二)电视新闻片配音要求

1.配音要有画面感

电视新闻片配音通常有以下三种情形：

(1)配音时,有相应的画面相伴(画面内容与配音内容相对应)。

(2)配音时,没有画面相伴(操作采取先配音、后剪辑片子的方法)。

(3)配音时,与之相伴的画面不相对应(配音内容不是画面表层影像)。

无论在哪种情况下为新闻片配音,都要始终在自己心中产生积极、可感的画面,并有意与之配合。实践证明,有画面感的配音存在具体感、解释感、交流感,没有画面感的配音则缺乏这些特点,在表达上往往呈现为用声高平、语言空洞、语速单一。

2.配音应关注多项承接

电视新闻片配音不仅要与新闻导语承接,与画面承接,有时还要与片中的同期声承接。在工作中,经常是一段配音,加进一段同期声,但在配音时,却不是听完同期声后再录下面的内容,因此,我们的配音要在听不到同期声的情况下,一段一段分隔着录。这就需要我们在配音中,既要有画面感,又要注意承接一段段的同期声,承接其中的人物语言、特定音响。这也要求我们在配音前,尽量了解同期声中的人物语言及音响内容,以便在配音时准确承接、有机承接。具体来讲,电视新闻片配音,除去兼顾画面、同期声等,还要合理有效地用声、用气、咬字,把握好配音语言表达,利用音高、音强、音长、音色等声音元素来表现配音的画面感与承接感。

3.消息配音与专题配音有区别

电视新闻片配音,不只是为新闻消息配音,还要为大量的新闻特写、新闻专题等配音,所用表达都是新闻性语体。不同的是,为电视新闻消息配音,通常语言比较鲜明、生动,表达比较紧凑,语速偏快,情感表现不细,多以态度体现为主;而电视新闻特写、新闻专题等配音与之有区别,原因是一般新闻特写、新闻专题等内容,所表现的都是比较具体的新闻内容,写法比较细致,有时还带有一定情感,这些区别在语言表达上也应有所体现。

第二节　电视新闻片配音实例分析

一、电视新闻片配音实例

案例 2.1

导语："今日面孔"，首先，我们要关注的是走进圆明园遗址的三位特殊的客人。150年前的今天，英法联军点起了圆明园内的熊熊大火。汇聚了清朝五代帝王的心血，凝聚了中国传统建筑精华的万园之园——圆明园被付之一炬。在圆明园罹劫150周年之际，三位来自新西兰的特殊客人到访中国，他们走进了遗址公园的大门。

配音：这三位客人是来自新西兰的玛丽女士和他的两个儿子斯蒂·沃特和安德鲁。在圆明园内，通过景象复原仪器，玛丽一家第一次看到了圆明园被毁前的景象。走进满目疮痍的圆明园遗址，看到斑斑遗迹，玛丽女士感慨万千："我们想致歉，希望你们能原谅我的家族过去在这里所做的一切，不管是知道的，还是不知道的，让我们纠正以前犯下的过错。"

配音：玛丽女士所说的过错其实还要向上追溯五代，玛丽女士的前夫威廉是英国军事官肯普森直系第四代孙。150年前，跟随英法联军进入了圆明园，参与了对圆明园的洗劫。多年来，肯普森家族一直有一个愿望，就是重返圆明园，向中国人民致歉。此次来华，玛丽女士还将代表肯普森家族，归还在中国掠夺的两件文物。

配音：1979年，作为圣诞礼物，玛丽的婆婆送给她一对祖传中国瓷瓶，在随着瓶子附带的一张卡片上写着这样一段话："瓷瓶系从北京中国皇宫中所夺。"玛丽说："我从家谱中知道它们是抢来的，它们属于中国人民，应该把它们还给中国人民，因为这里是它们的归属地。"从此，玛丽开始了帮助瓷瓶回到中国的工作。

配音：终于在2000年，玛丽在参加一次招待会时遇到了时任中国驻新西兰大使馆政务参赞郭贵芳女士。玛丽正式通过郭参赞向大使馆提出归还瓷瓶的愿望。

这是一条令人欣慰，并且引人深思的新闻。时隔150年，当初英法联军军官的后代玛丽女士，在得知家族祖传的宝物掠夺自中国后，她想方设法代表家族归还文物,并向中国致歉,这是非常难能可贵的。当人们听到电视新闻导语的介绍以后,自然非常想知道这三位特殊的客人究竟是什么身份,他们身上到底发生了什么事情。于是下面的新闻片主体,向我们较为详细地介绍了有关内容。

新闻片的同期声和画面是由演播室画面切换的,出现了玛丽女士和她的两个儿子参观圆明园的情景:三个特殊的外国面孔出现在游人群中—毁坏的圆明园—景观复原仪器—作为新西兰友好人士的母子三人在遗址群中肃立—展示玛丽女士归还的文物—结尾画面以倒叙的方式跳转至招待会上的画面。这些图像中有静态的照片,也有动态的影像,配音与画面图像内容基本对应。

这条新闻的配音处理:

一是有承接感。我们看到新闻主体配音的第一句话"这三位客人……"承接住了导语的感觉,对三位特殊客人的身份进行了简单介绍。从整条新闻片出发,可以看到第一段配音是对"实时发生事件"的介绍,呼应导语中交代的人物、事件、时间、过程、结果等信息,描绘玛丽女士及其家人看到圆明园遗迹时的情景。从第二段配音开始,文章以倒叙的方式说明玛丽女士来中国的原因、目的。逻辑性、承接感强,语言表达应有兴奋感。

二是融入情感。新闻片中着重讲述了玛丽女士来中国的目的、为什么做这件事,以及她的人生经历。新闻片中的内容讲述与表达应比播"时政新闻"等情感浓一些,以更好地体现其内涵。

三是兼顾画面。本片配音应有与音画内容的对应性与段落感。

案例 2.2

导语:一起来关注2021年度全国十大考古新发现项目评选,入围2021年度全国十大考古终评的20个项目当中的社会知名度最高的,还是要数三星堆遗址祭祀区考古项目,而一些重要的发现也将在本次全国十大考古重点项目当中披露出来。

配音:三星堆遗址位于四川省广汉市西郊,总面积约12平方千米,从2020年3月启动发掘至今,发掘面积总计1 202平方米,除了发现6座祭祀坑外,还发现了78座灰坑,55条灰沟,341个蛙洞,4座房址,2座墓葬,摸清了三星堆祭祀遗址的分布范围、内部布局。据介绍,目前在祭祀区内总计发现了8座长方形祭祀坑。其中,包括1986年发掘的1号和2号坑,另外,随着考古发掘工作的推进,又在祭祀区内,发现了2座矩形沟槽和1座大型建筑等与祭祀活动有关的遗存。新披露的信息显示,结合地层关系、出土器物以及多种测研结果,专家现在初步判断,新发现的3号、4号、7号和8号坑,年代为距今约3 000年至3 200年,大致相当于商代晚期,而5号和6号坑的年代相对稍晚。

配音:截至目前,新发现的六座祭祀坑出土标号文物超过12 000件。其中接近完整的器物超2 300件,部分文物的造型和纹饰前所未见,进一步丰富了三星堆遗址的文化内涵。专家表示,本次发掘的若干新器物,比如,顶尊跪坐铜人像和铜圆口方尊,以及玉琮等,兼有古蜀文明、中原文明和国内其他地区文化的因素。进一步夯实了古蜀文明是中华文明重要组成部分的基本认识。

此条新闻给出了"悬念式导语":这"重要的发现"到底是什么呢?它规定了新闻主体的解释任务。此条新闻主体有两种音画对位情况。

一是画面与配音非"一对一式"。如第二段配音,给出的画面是考古工作人员对文物表面尘土的清理或对一尊文物全方位的展示。虽然配音与画面是伴随性的,不要求严格对位,但配音语言中也要能体现出相应的画面感。

二是画面与配音严格"一对一式"。如第一段配音,大部分画面与配音语言相对应,先是四川省三星堆附近的风景以及地理环境的画面出现,然后配音进入"三星堆遗址位于……",画面是:三星堆附近风景以及地理环境画面片段—三星堆遗址考古现场—三星堆文物的出土画面—实验室内研究人员对三星堆文物的分析—三星堆总体结构的分布与布局等。这些画面,有的只是一张三星堆布局的照片,有的是一段视频,而配音与画面却一一严格对位,形成相应节奏。其中的配音,有时要"抢"画面,有时要"等"画面,有时语速稍快,有时语速稍慢,以达到音画对位、视听统一。

二、实操演练

(一)训练提示

电视新闻片配音的训练,是在话筒前进行的,配音者通常看着屏幕上的画面播报,这类稿件往往是一条新闻的主体。第一种训练方式,可先给初学者看一遍要配音的新闻画面,配音时有实际的画面内容相伴。第二种训练方式,配音时没有画面,只给初学者稿件,让他们自己想象画面来播报。

(二)训练要求

(1)了解新闻片配音的语言表达特点。
(2)知晓新闻片配音要参考新闻导语进行。
(3)把握新闻片配音与画面图像的有机配合。
(4)把握新闻片配音与同期声的配合。
(5)导语和配音可以由一人播出,把握二者的区别及承接感,进行"一体播"播音训练。

由于当前许多电视台的新闻片配音,都是先配音、后剪辑片子,所以,特别要注意培养初学者在配音时,即使是无画面,语言表达也要有画面感,不能播报成广播新闻播音或电视新闻出镜播音。

思考题

(1)电视新闻片配音与广播新闻播音、电视新闻出镜播音有何不同?
(2)电视新闻片配音的特点有哪些?
(3)电视新闻片配音与导语是怎样的关系?如何配合?
(4)电视新闻片配音与画面、同期声是怎样的关系?如何配合?
(5)电视新闻片配音与电视新闻专题片配音有何不同?

第三章

电视新闻演播室主持

▶ 内容提要

电视新闻演播室主持,涉及新闻消息主持、演播室连线、与专家对话三种形式,它们也往往同时出现在一次电视新闻节目的主持中。

如果说电视新闻出镜播音一章探讨的是有稿播音,那么,本章则针对当前我国电视新闻播音主持"传播多样化""直播常态化""现场报道经常化"的发展现状,探讨电视新闻主持人对新闻传播的整体参与及其复合能力,重点探讨电视新闻演播室主持的理念、元素、方式与手段等。

第一节 电视新闻演播室主持概说

一、电视新闻演播室主持的概念

电视新闻演播室主持涉及电视新闻消息主持、电视新闻演播室连线、电视新闻演播室专家对话三种形式。它们虽然表现形式不尽相同,却具有相同的创作属性。

电视新闻演播室主持是一项复杂的新闻传播工作,在对国内外重大新闻事件进行报道时,电视新闻演播室的消息播报、现场连线、专家对话等都起到至关重要的作用。

电视新闻主持人在演播室的传播信道当中,不仅是传播者,同时也是接收者。他从连线记者、专家、稿件等各处得到相关信息,及时对其进行判断、解读、编码、发出信息,成为一个互动的多时空、多角度的立体信息网络中的枢纽。

(一)勾连补空

电视新闻演播室主持像一个交通枢纽,要管理四面八方而来的信息,在一次电视新闻直播中,主持人要做大量的"勾连补空"工作。如按工作需要及时与一线新闻现场的报道者进行连线、与演播室专家进行相关问题的间隔性对话或播报最新获得的有关信息，主持人要对这些环节进行有机勾连与整合。

(二)不依赖于稿件

在电视新闻演播室主持工作中，有的有完整的新闻稿件，如新闻消息播报，主持人还要对其做适合传达、贴近受众、适于主体表达的加工修改。有的没有完整的文字稿，如视频连线、电话连线、与专家对话等，只有编辑事先给出的提纲与对话思路，主持人须在演播室现场即兴发挥。这就要求电视新闻主持人对所谈、所播内容有一定了解与见解。尤其在与专家对话中，力求与对方形成探讨关系，代受众提问，推进节目进程。电视新闻演播室主持，很多时候也无稿件可依赖，这就需要电视新闻主持人具有足够的知识、新闻背景的积累，对国内外时事、社会热点和民众心理等都有比较全面的了解。

(三)有一定处置权

在电视新闻演播室主持工作中，主持人具有一定处置权。

首先，在电视新闻演播室主持中，虽然主持的总时间是有限制的，但每一内容、每一问题、每一时段、每一受访者(有时要与几个人连线、对话)的交流时间却要由新闻主持人按内容、主次及需要进行把控与分配，这不同于在新闻出镜播音或新闻片配音中所播稿件、时间等都在编辑、导播的严格控制之下。

其次，在电视新闻演播室主持工作中，主持人可以对所播消息进行修改、整合，需要时可撰写消息的导语、串联语；对电话、视频连线的记者及演播室专家进行个性化、针对性采访交流，把控对话走向、分配对话时间。尤其在直播过程中出现意外时，新闻主持人有一定处置权。通常，我国新闻主持中的稿件、连线提问甚至某些"即兴"议论都是记者、编辑提前写好的，虽然新闻主持人也可撰写、修改稿件或提供意见，但毕竟有限。所以说，电视新闻演播室主持人只具有"有限处置权"。

(四)语言样态以谈话体为主

电视新闻演播室主持，多以"说"的语态进行工作，语言样态以谈话体为主。原因之一，新闻主持人以个性化形象出现在所主持的节目里，人际化、个性化交流必然表现出语言口语化、大众化，"说"的语态正与之相适应。原因之二，"说"

的语态可以增强互动交流的亲切感,凸显电视新闻传播的贴近群众的特性及服务功能。

(五)交流方式多样

电视新闻主持人在演播室主持中的交流不是单向、单一的,而是多向、多样的,既有与一线记者或观众的直接交流,也有与屏幕前观众的想象交流,还有与演播室专家的面对面交流。电视新闻主持人在演播室主持的工作方式也不是单一的,而是多样的,既有新闻播报、现场解说、现场评议,又有连线采访、网络接收,还有与专家对话等。因此,新闻主持人的语言样态也呈现出丰富性,有播、讲、说、议、谈等多种样态。电视新闻主持人应具备根据电视新闻演播室主持工作的需要,及时转换心态及语态的能力。

二、电视新闻演播室主持的专业素质与能力

电视新闻演播室主持,兼顾多方面专业内容,需要有以下专业素质与能力。

(1)有较高的思想政策水平,掌握国家各方面的政策、法规。

(2)有敏锐的观察、判断力,具有较好的新闻意识与新闻素质。

(3)有优秀的思维能力与心理素质,能运用多种思维写作、主持,心理素质较好。

(4)有新闻采访与编辑能力,掌握采访、编辑技巧。

(5)有控场、串联节目能力,能够驾驭现场、勾连组织节目。

(6)有较强的直播、应变能力,可以胜任零编排、零资料、零准备的控场主持。

(7)有良好的语言表达能力,能够熟练判断和运用各种语体、语态进行表达。

总之,电视新闻演播室主持是一项要求很高的播音主持工作。

此外,优秀的新闻主持人不但要熟练驾驭各种新闻形态的主持,会勾连补空,还要掌握语体、语态的变化,语言表达上佳,情感色彩和分寸适当,甚至还能与现场音乐相结合,给人带来最新信息的同时给人强烈的心灵震撼与美的享受。

第二节　电视新闻消息主持

一、电视新闻消息主持概说

电视新闻消息主持，指电视新闻主持人以个性化形象出现在镜头前，根据自己所掌握的各种新闻与背景资料，配合视频画面、图片信息等进行个性化传播。

电视新闻消息主持，利用报刊等各种媒体丰富的信息资源与电视媒体视听结合的传播优势，经电视新闻主持人"二传手"的加工整合，将具有重要新闻价值的各类信息集合，以个性化的语言送达观众，满足观众的需要。

当前，全国各地的新闻节目呈现出多种内容与样态：有依靠"触摸屏"索引读报、评点时事的；有两人或几人交叉主持的；有主持人出镜主持，画面外却传来对信息要义点评的；有主持消息播报时弹起乐器进行说唱的；有播报新闻时手舞足蹈、语言顿挫，好似说书一般的；等等。这些新闻主播有的端庄、大方，有的朝气、靓丽，有的活泼、自然，也有的夸张、搞怪（甚至违反了新闻播音主持创作原则）。我们欣喜地看到电视传播技术的发展以及新闻传播理念的进步，同时，我们也要遵循新闻主持创作原则与规律，肯定正确的新事物，批判背离新闻主持创作原则的现象，引导其使之走上正确的创作道路。

（一）电视新闻消息主持特点

第一，个性化。电视新闻主持人以个性化形象出现，对新闻消息的播报处理，在语言、思维、表现方式等方面都带有主体的个性特征。新闻主持人可以带有某些个性特点，但绝不能有"个人化"倾向，即站在个人角度，想说什么就说什么。新闻主持人的一切言行，应当受到党和国家各项方针政策、新闻传播职能以及栏目风格的规约。

第二，有处置权。电视新闻主持人对节目有一定的处置权，对所播内容可做二次加工：润色、整合新闻内容，修改、撰写新闻导语、串联语，调整新闻结构或加进必要的内容。但如前所述，目前主持人对节目的处置权还比较有限。

（二）电视新闻消息主持语态

电视新闻消息主持的语态是"播讲"与"说"相结合，以说为主。为此，应对消息文稿进行修改、加工,将文字化语言变为口语化语言,并兼顾主持人的独特视角、个体表达特点。

"说"语态是电视新闻消息主持的标志语态,多用于读报、民生新闻等节目中。它的特点是语言非常口语化,表达带有主体个性。然而这种"说"的语态不是生活当中自然或塌软地说,它是去除赘语、模糊语,有新闻语体制约的"说"。

二、电视新闻消息主持对稿件的加工

在电视新闻消息主持(包括电视新闻读报类节目)中,主持人首先要对稿件进行修改和加工,使其既符合有声语言的传播规律与需要,又能体现出主持人的个性特点及主持特色。

(一)口语化加工

在电视新闻消息主持的稿件中,经常有新华社、报刊、网络等其他媒体的信息,其语言较书面化,首先就要对其进行"口语化加工",以适应"说新闻"的需要,并表现主持人的个性思维方式及用语习惯等。新闻主持人在对稿件进行加工之前,应当熟知相关新闻的背景资料、政策法规等,否则就不知道该用什么词汇,怎样去说等。具体做法:第一,书面语变口语,将书面用语和难懂的专业术语,改换成通俗易懂、符合新闻语体特点、适宜个体语言方式的口语;第二,在保证内容、词语意思准确的前提下,进行内容转换,转换后,长句变短句,复杂句变简单句,将容易产生歧义的词语换为通俗易懂的词语;第三,加工有度,将文字用语改变为口语时,应语言精练,不增加无信息量的赘语或"啊""呢"等助词。

(二)结构性加工

"结构性加工"有两个作用:一是方便受众对新闻内容的理解,二是引导受众对新闻意义的理解。在电视新闻消息主持中,主持人有权将现有新闻稿件按照自己的表达思路和方便受众接受的方式,进行结构等方面的调整加工。这一加工可重组结构,可夹叙夹议,进行少量个性化点评,凸显引领作用与生活贴近性。具体做法:第一,调整语序,打乱原新闻的结构,将最重要、最有价值、最能吸引人的内容移至最显著的位置;第二,补充信息,适当增加新闻消息背景、线索等补充资料,使受众更好地理解新闻内容;第三,整合内容,结合新闻内容,用自己的思维、角度、表达思路及语言习惯重新梳理新闻内容,并体现逻辑链条、大小层次、要点、关系等。但这一切加工处置，都要在符合原稿原意的基础之上进行，不得随意更改。

(三)贴近性加工

"贴近性加工"指新闻主持人为使新闻传播获得最大化的效果，体现新闻传播的个性，拉近与受众的心理距离，而借用具体化、个性化的处理手段。具体做法：第一，可将某些专业性强、难理解的内容换一种说法，让人易懂、好理解；第二，在允许和需要的情况下，可将某些新闻内容加工成具有"故事性""人物性""情节性"的内容形式；第三，可增加一些"呼应性"用语、"体验式"用语，营造一种温馨的、朋友式的传播语境。

三、电视新闻消息主持稿件加工的作用

(一)整合内容，适应听觉

电视新闻消息加工，首先要突出消息的意义、价值、重点，以及表明导向，提倡什么，反对什么。同时，还要适应人的听觉，使之易于接受。为此，有时可打破新闻写作的结构模式，将其改为口语化的语言表达方式。

(二)贴近受众，引起兴趣

电视新闻消息主持形式的出现，就是为了更好地贴近受众，引起受众的兴趣，以便更有效地为受众提供信息服务。

(三)巧妙衔接，有机转换

电视新闻消息主持是信息密集型传播，整组新闻条条相连，有时还会出现几条新闻片云集在一起的局面，因此，利用导语、串联语将其巧妙衔接、有机转换，可以更好地引领受众观看新闻。

(四)开阔视野，补充信息

当前，受众已经不满足于单纯地得到消息本身，同时，还希望新闻主持人能在传播信息的同时，给予一些与之相关的背景资料，以便更好地理解新闻本身，得出自己的判断。

(五)稍加点评,表明态度

电视新闻消息主持人为了更好地实现自身的引领作用,有时会在新闻中加进少许既符合政策又导向正确的个人点评,目的是引导受众得其要领。

四、电视新闻消息主持要求

电视新闻消息主持人有对新闻信息的加工、处置权,在主持中应当关注以下几点。

(1)电视新闻消息主持人应当掌握丰富的新闻背景资料,才能在传达新闻消息时,对其进行较好的解读与加工。

(2)电视新闻消息主持人在对新闻消息进行加工时,应注意把握政策导向与分寸,应时刻牢记自己的身份与任务。一些关于社会道德等明显的是非问题,需要时可酌情发表自己适当、独特、精练的评论,以实现导向作用,但某些自己不能驾驭的重大政策问题,不能轻易评论。

(3)电视新闻消息主持人在对新闻消息进行加工时,应注意语言的精练,不必说的就不说,能少说的就少说,以免喧宾夺主。毕竟在新闻消息播报时,以传达信息为主要任务。

第三节　电视新闻演播室连线主持

当前,电视新闻演播室连线已经成为一种常态的新闻传播形式。将电视新闻演播室与新闻现场结合起来,在新闻直播时,呈现出零时差新闻报道,表现为双向或多点交流互动,使受众获得多信源信息,从而使新闻传播更加及时、灵活、生动,更好地体现新闻的纪实性与现场性。

一、电视新闻演播室连线概貌

电视新闻演播室连线通常是直播式连线。电视新闻直播,指以现代电子技术为传播手段,以图像、声音、文字等为传播符号,将新闻演播室或新闻现场承载的事实性信息、意见性信息、情感性信息同步传递给观众的电视新闻节目形态。电视新闻演播室连线,指电视新闻主持人利用卫星传播等技术手段,连接不同地点的新闻现场,远程采访现场记者或当事人,了解刚刚发生或正在发生的新闻事件与事态进展情况的活动。电视新闻演播室连线可实现异地同步传播,有电话连线、视频连线两种方式。

电视新闻演播室连线分类有:一地单向新闻连线、异地多点新闻连线;连续性新闻连线、间隔性新闻连线;直播性新闻连线、录播性新闻连线、新闻插播小型连线、大型专题报道联合直播连线等多种。

电视新闻演播室连线的作用:第一,通过连线采访,及时获得新闻现场情况;第二,替观众提出想知道的问题。具体来说,有衔接调度作用、讲解补充作用、引导评点作用、交流互动作用。

电视新闻演播室连线的特点:第一,通过电话或视频进行采访,可以根据电话、视频捕捉的信息,予以追问性采访;第二,主持人与受众几乎同时获得一线信息,主持人却要快速反应,进行针对性提问;第三,以一线记者介绍为主,演播室主持人的语言少而精。

电视新闻演播室连线主持人的专项技能:第一,有设计提问并对预设性提问进行分解、润色的能力;第二,有快速抓取视听信息点并进行针对性追问的能力;第三,有看画面解读连线内容与评述新闻图片的能力;第四,有对新闻演播室意外发生的处置能力。

(一)电话连线

电话连线,通常是为获得一个新闻事件的最新动态而采用的传播手段。它的播出形式,一般是屏幕上出现连线记者的照片或相关图片,并传来现场的真实声音,更具有真实感与现场感,受众只闻其声,不见其人。

(二)视频连线

视频连线,也有人称其为视窗对接,与电话连线的不同之处在于,它可以让受众同步目睹新闻现场的情景,从屏幕中清楚地看到相关的画面,更具有真实性、现场感和生动性。视频连线不但可闻其声,还可见其人、观其景,可从视听两方面提供给受众更多的现场信息,满足受众"眼见为实"的心理。可以说,视频连线是最能体现电视媒体传播优势的报道方式。随着传媒技术的发展,在条件允许的情况下,各电视台会越来越多地使用视频连线,让受众充分享受到新闻真实、快捷的美学品位。

在视频连线中,往往还会出现"多视窗"对接,报道内容则更加全面充分。

二、电视新闻演播室连线主持要求

(一)精心准备

电视新闻演播室连线主持,尤其在直播连线时,演播室主持人担负的任务较多,既要进行演播室与新闻现场的连线沟通,也要与演播室里的专家、嘉宾谈论与现场直播相关的话题,有时还要运用道具、图片等讲解相关知识,以及结合事先准备的资料介绍事件背景等。所以,在直播前,主持人要结合直播内容,备有充足的资料,才能在直播中兼顾各个环节,在连线主持时游刃有余。

(二)捕捉发现

电视新闻演播室连线主持不同于电视新闻现场报道,也不同于电视新闻消息主持。其特点是在连线中,新闻主持人与受众几乎同时获得新闻现场的信息,所以需要从画面中快速捕捉新信息的重点、价值,梳理新信息,进行有针对性的提问,帮助受众理解新闻信息。业务素质强的优秀新闻主持人往往可以敏锐快速地抓住连线内容的重点与新鲜点,发挥自己的中介作用,及时提问。

(三)把控处置

电视新闻演播室连线主持,主持人需要具备较强的编辑能力,以应对千变万化的情况。主持人要在没有新的信息时,能对已有的信息进行深度挖掘。当大量信息传来时,能从中梳理出重点、主次,并能准确、清晰、分寸得当地报道出来。在发现原有方案有问题时,要具有变通的能力。

(四)情绪同步

在电视新闻演播室连线主持中,主持人应多从受众的角度去考虑问题、提出问题、调整情绪。面对新闻现场传来的最新消息,主持人自己既是主持者,也是信息接收者,受众关心的问题,也是主持人所关心的。但在特殊情况下,如对连线内容准备不足、身体不适、家中有事或摆不正自己的位置时,也会产生不当的情绪。这就需要从职业精神出发来调整自己的主持情绪,坚持与受众的情绪同步。要考虑受众在这个时候是怎么想的,此刻他们最关心什么,最想看到什么、听到什么。主持人要从受众的角度出发去调控自己的主持情绪,使之与受众心

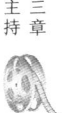

理和现场气氛同步,这样才能与受众产生共鸣,问出受众想问的问题。这里有两方面问题应当注意:一是主持情绪与现场同步;二是提问的合理性。

(五)合理操作

在电视新闻演播室连线主持中,主持人的任务是获得新闻现场的最新动态,成为连接新闻现场与受众的中介及纽带。为此,在采访中,一要避免与连线中报道者的话重复,二要注意提问的适宜性。

(六)掌握时间

电视新闻演播室连线,对主持的时间掌握能力要求很高,尤其在直播中。因为主持人工作是一个连接多种信息渠道的枢纽,每一环节都有严格的时间要求,一个环节出了问题,直接影响到其他环节的进行以及节目整体的完整性。有经验的电视新闻主持人无论面对需要增加时间,还是减少时间的情况,都能应对自如、不留破绽。

所以,主持人在连线时,不但要时刻想着信息、编码、提问,还要有时间观念。知道在一定时间里什么问题该问,什么问题不该问,什么问题应当追问,什么问题应浅尝辄止,掐准节目串联、节目段落、节目结束的时间。在多点多人连线时,更应注意人员、时间的合理分配,可根据信息的价值有适当倾斜,在电视新闻演播室连线中,主持人要在有限的时间内尽量多地问出新闻现场的一切新情况,如若主持人在连线中对一线报道者提问主旨不明、问不到点上或容忍对方说无价值的话,就会耗费宝贵的连线时间。

(七)默契合作

电视新闻演播室连线主持(尤其在直播中),时常是由两位主持人搭档主持。因此,相互尊重、默契合作很重要。由于这种连线主持,往往没有完整的成稿,编辑只给出大致的任务和目的的简短提示,有时甚至没有一句串联语,要连线哪里的记者,问什么、说什么,一切都需要主持人自己应对,这也涉及搭档之间的合作关系问题。在电视新闻演播室连线主持中,主持人不能总突出自己,要考虑到与搭档的配合,只有两位主持人配合默契,才能让节目更出彩。

在大型电视新闻演播室直播报道中,往往还会请一到两位专家到演播室,主持人会请专家就连线中获得的新情况加以分析、评论,并且补充相关资料与信息。因此,也要与专家密切配合、默契合作。工作时,应当尽量把时间留给嘉宾,使他们发挥更大的作用。而主持人的主要作用：一是为节目穿针引线，二是替受众追问信息。总而言之，电视新闻演播室主持人在连线主持时应把握以下要点。

(1)连线提问抓事件核心。
(2)连线提问抓现场进程。
(3)连线提问抓新鲜点。
(4)连线提问抓细节特点。
(5)连线提问应语言精练。
(6)连线交流会把握"延时"。
(7)连线交流注意人员分配。
(8)连线交流注意时间分配。
(9)连线交流要敢于打断无效谈话。
(10)连线交流要善于追问有效信息、新闻亮点。

总之，有了各方面的素养与能力，加之良好的职业道德、社会责任感以及认真细致的准备及具体操作，我们才有可能做好电视新闻演播室连线主持这一项有速度、综合化的现代新闻传播工作。

第四节　电视新闻演播室对话

电视新闻演播室对话有两种形式：一是在新闻小板块中与某一方面的专家，就某一新闻事件、新近出台的政策、当前的社会现象等热点、难点问题进行谈话；二是在大型、中型专题报道联合直播中，电视新闻演播室主持人对参加现场直播的有关专家进行针对性、专业性较强的交流对话。

如世界上发生战事，电视台会邀请军事专家来到演播室，为大家分析战争格局、军事力量、武器特点、地形地貌等专业知识，使人们对整个战况有更清楚的了解；当各种新政策出台，电视台会邀请相关领域专家来到演播室，对新政策进行分析、解读，引导受众正确理解，增强他们自觉执行的信心；在电视新闻联合直播节目里，也经常请有关专家在演播室对新闻现场传来的消息进行专业性分析、评议。毫无疑问，正是各界专家的专业性和权威性挖掘了新闻的深度，增强了媒体服务受众的能力。

电视新闻演播室对话的要素：第一，电视新闻演播室主持人；第二，某一方面的专家(嘉宾)；第三，所谈论的话题以及讲解内容所用的道具、图表、图片、相关影视资料等。

一、电视新闻演播室对话的特点

电视新闻演播室对话与新闻专访有相同之处，也有所不同，可以在与新闻专访的比较中总结电视新闻演播室对话的特点。

（一）时间有限

新闻性专访往往是一个时间较长的访谈节目，而新闻演播室对话在节目中出现，只是其中的一个板块，时间有限、内容较少。

（二）非连续性

新闻性专访是固定节目、连续完成的，而新闻演播室对话有时是非连续性的，经常会被演播室连线等其他内容所打断，谈话是在断断续续之中进行的。

（三）配合任务

新闻性专访是以采访为主，而新闻演播室对话只是为了配合所进行的新闻节目，便于及时解读新闻信息。

二、电视新闻演播室对话要求

电视新闻演播室对话中主持人的任务：一是替受众提问，请专家解惑；二是把握方向、重点，引导谈话。为此，主持人在开启对话之前，应当对所谈内容进行认真准备，做到心中有数。主持当中，应真诚交流，用心倾听对方所讲的内容，及时吸取相关信息，融入自己的思维当中，再结合所了解的受众心理，适当、有机地提出下一个问题。交流时，应使思维处于积极的运动状态，真听、真想、真问、真交流，必要时可适当打断对方的谈话，把控对话的重点、方向、时间，并与演播室内其他工种有机勾连。此外，还要预备应对意外的串联语等相应补救措施。对于主持人来说，在对话当中对所谈论的话题是不是都要有自己的意见，这没有一个硬性要求。

（一）掌控时间

电视新闻演播室对话时间一般较少或分散，因而，主持人要合理分配对话时间。

(二)提问简洁

在电视新闻演播室对话中,主持人的提问应用短平快的提问方式,简洁、清晰、重点突出。

(三)主持人少讲

电视新闻演播室对话,主要听取专家的意见,加之时间有限,因而,新闻主持人不宜多讲话,将主要时间让位于专家。

(四)及时引导

当嘉宾或专家所讲内容不集中或语速稍慢时,为了在有限的时间里获得更多有效信息,可巧妙引导;或及时打断,提出问题;或提出选项,让其选择。

第五节 电视新闻演播室主持实例分析

一、电视新闻演播室主持实例

案例 3.1

《宁夏回族自治区成立50周年大会》节选

演播室主持人李梓萌和在现场的报道者郑丽连线。现场天空阴沉,郑丽手拿雨伞,身后是广场上的鲜花。镜头上有雨点。

(演播室李梓萌)

李梓萌:郑丽,你好。

(现场报道郑丽)

郑丽:梓萌,你好。

(演播室李梓萌)

李梓萌:(主播从连线画面中捕捉到现场信息)看你还打着伞,应该是雨还没有停,能不能再来介绍一下现在的天气情况怎么样,以及现在现场的准备情况怎么样。

（现场报道郑丽）

郑丽：你说得没错，我现在依然打着伞，刚才在和长啸、刘羽连线的时候，天空就一直下着小雨，现在这个雨依然没有停的意思，而且气温很低，（透露现场现状）但是我在现场似乎已经感受不到天气的变化了，因为这个现场的气氛已经是越来越浓了。在刚才8点钟连线的时候，观众已经入场，早早地等候庆祝大会的开始。

（会场全景）

郑丽：（新信息）演员们也已经开始入场了，等待着庆祝大会的开始。（介绍位置）现在我再来介绍一下我所在的宁夏回族自治区成立50周年庆祝大会的会场——览山景观剧场。其实就像它的名字一样，这里可以说是览山阅海，因为它背靠的是览山，而面向的是阅海湖。如果天气晴朗，望向远方，我们还可以看到巍峨壮丽的贺兰山脉。

（镜头对准大会主席台，逐渐向后拉，然后切回郑丽）

郑丽：不过非常可惜，因为今天的这个天气太阴了，我们看不到贺兰山脉。（备用资料）这个览山景观剧场也是目前我们国家唯一的山水景观剧场，我觉得在这里举行这样一个庆祝大会也是有着一番别样的意义。因为我们知道在这个剧场不仅可以一览这里的美景，还可以一览当地的变化。（备用资料）宁夏的银川一直是有着"塞上湖城"的美称，所以说，在这里举行这样的一个庆祝大会，其实也是在向宁夏回族自治区50周年大庆献上一份非常特别的礼物。稍后来自中央代表团的成员就将在这里参加庆祝活动，同时观看一场文艺表演。梓萌。

（演播室李梓萌）

李梓萌：（备用资料）嗯，郑丽，我们知道接下来还有一个大型的文艺表演，刚才你也介绍到了，能不能再给我们透露一下接下来的文艺表演主要有哪些看点。

（现场报道郑丽）

郑丽：好的，（备用资料）这场文艺表演的主题分三个部分。分别是"塞上江南""高天厚土""跨越发展"。它的中心主题叫"腾飞的宁夏"。现在大家可以顺着我们的镜头，来看一下场地的中央。（现场情况）在场地的中央，我们可以看到很多带有宁夏特色的符号和道具。（即将演出的情况）再看这个场地的周围，我们可以看到很多巨大的塔吊，据导演跟我讲，等会儿在表演开始的时候，将会利用这个塔吊做一个"飞人"的表演，另外，它还有一层意义，那就是寓意着建设当中的宁夏将会更加美丽。在场地的前方，我们可以看到一个巨大的水车的形象，这个水车也代表了咱们宁夏的古老文化，在水车的旁边是一个巨大的船型的形状，这个船其实也是预示着腾飞的宁夏即将扬帆远航的意思。另外,在今天的文艺表演当中有一个最大的看点,那就是导演跟我介绍的,今天将会利用非常多的布幅来进行文艺表演。现在,我们再来看一下场地的中央。(活动进程)在场地的中央已经有很多人围成了一些图形。离我最近的照片,大家可以看到,是当年工农红军的旗帜,一会儿在表演当中,也会对这一段历史进行重现。好,梓萌。

(演播室李梓萌)

李梓萌:(从画面信息引发提问)嗯,郑丽,刚才在镜头扫向全景的时候,我们看到在观礼台的正下方有一个巨大的符号标志,它是不是大会的会标?

(现场报道郑丽)

郑丽:梓萌,没错。它就是宁夏回族自治区成立50周年大会的会标,它的名字叫"腾飞的宁夏"。(解析形象)梓萌,你在看会标的时候可能已经感受到了,它整体的造型是非常飘逸的,它就是一个舞动着红绸的少女的形象,然后幻化成了宁夏回族自治区的"宁"字。另外,如果我们仔细观察的话,在这个会标当中还可以看到宁夏50周年的"50"这样一个数字。(解析颜色)它的颜色也是非常有意义,那就是红黄相间,表现了宁夏回族自治区成立50周年大会热烈喜庆的气氛,同时也暗示了宁夏这50年来所取得的辉煌成就。梓萌。

(演播室李梓萌)

李梓萌:嗯。郑丽,你刚才介绍了会有文艺表演,那除了文艺表演,一会儿的庆祝活动会有哪些程序? 今天还会不会有其他的庆祝活动呢?

(现场报道郑丽)

郑丽:嗯,好的。("预知性"报道)在今天的活动当中,首先中央领导将会致辞并讲话,然后会共同观看一场文艺演出,在今天晚上8点钟的时候,将会有一台庆祝宁夏回族自治区成立50周年庆祝大会的大型的文艺晚会,之后将会在宁夏银川的艾依河畔举行一个盛大的焰火晚会。梓萌,我这里的情况就是这样。

(演播室李梓萌)

李梓萌:好的,谢谢郑丽的介绍。

李梓萌:嗯,经过50年的发展,让有西部缩影之称的宁夏现在以崭新的形象步入了人们的视野。按照原定计划,庆祝大会将会在9点钟开始。(间隔连线)现在我们再次连线记者郑丽,了解一下现在的天气情况。郑丽,你好。

(现场报道郑丽)

郑丽:梓萌,你好。

(演播室李梓萌)

李梓萌:(最值得关心的问题)我们通过镜头也看到前方一直在下雨,那么现在这个天气情况会不会影响到9点钟开始的庆祝大会的正常举行?

(现场报道郑丽)

郑丽:啊,没错是这样的。我刚刚也跟你讲了,早晨8点钟和长啸、刘羽连线的时候,天空就一直下着雨而且气温很低,那么刚刚在和你连线的时候,雨一直没有停,而且气温也越来越低了。就在和你连线过程中,(传递新信息)我们得到的最新消息是因为天气的原因,我给你介绍的文艺表演会有一定的调整,具体是推迟还是怎么办,现在还没有得到一个具体的消息,在后面的连线当中我会随时告诉大家,梓萌。

(演播室李梓萌)

李梓萌:好的,谢谢郑丽,我们也随时保持联络。

(演播室李梓萌)

李梓萌:郑丽,你好。

(现场报道郑丽)

郑丽:(继续连线)梓萌,你好。我现在依然在这个会场当中。

(演播室李梓萌)

李梓萌:好,现在给我们介绍一下你在现场看到的情况,以及这次庆祝大会的总体情况。

(现场报道郑丽)

郑丽:好,梓萌,是这样的。刚刚你也看到了,在9点10分,宁夏回族自治区50周年大庆正式开始的时候,当主席宣布大会正式开始的时候,现场也是响起了一片的欢呼声,气氛也是非常的热烈,之后,中央领导致辞并讲话,在刚刚仪式结束的时候,全场响起了《歌唱祖国》的歌声,全场起立,高唱这首歌。我身边的工作人员也跟着高唱,气氛达到了高潮。在仪式之后,就像刚刚我跟你连线的时候介绍的,会有一个大型的文艺表演。(最新信息)但是非常遗憾地告诉大家,这场大型的文艺表演因为天气的原因被取消了。现在,天空依然是下着蒙蒙的细雨,而且这气温也越来越低了。(观察细致)在这个仪式进行当中,有一个让我非常感动的细节,观众是一直坐在雨中纹丝不动地聆听主席的讲话。另外还有一点就是,我说一下这个天气,因为咱们宁夏和银川地区,可以说是少雨的地方,(现场议论)所以说这场小雨虽然让一场文艺演出被迫取消了,但是我想对于当地的人们来讲也应该是一个喜雨。

(演播室李梓萌)

李梓萌:好的,谢谢郑丽在现场为我们做的介绍。

这是一个直播报道中的连线主持。演播室主持人李梓萌为了配合现场节日气氛,身着红色职业装。连线的现场报道者郑丽也穿着红色上衣,打着一把淡绿色的伞。主持人李梓萌在视频连线中,通过视窗中的现场画面,发现信息并及时跟进提问,把演播室与新闻现场有机地连接起来,提出适时、适境的问题。比如问到天气、环境、演出、观众等动态信息问题,传递给受众更多、更新、更受关注的信息。

现场报道者郑丽以新闻工作者的素质和能力在那样复杂的现场环境与变化着的活动进程中,通过自己的细致观察、亲身体验,思路清晰、全方位地给我们描述了周围环境、会场气氛、现场色彩、群众歌声等鲜活的信息。

这次现场报道遇到了意想不到的变化:因下雨取消了文艺演出。而报道的结尾,郑丽从下雨的天象引发的议论,既弥补了人们的遗憾,也表现出其辩证思维的睿智,较好地完成了视频连线的现场报道任务。

在这个节目中,视频连线的两个媒体人给我们送上了一份既重要又有人情味的"新闻大餐",观看这样的节目,让我们身临其境,获得服务,感到尊重,感受真实。虽然因为下雨导致庆祝演出没能进行,但这场雨没有浇灭受众关注的热情,反而让受众享受到新闻"真实美"的品性及当代电视新闻人传播意识的进步。

二、实操演练

(一)训练提示

电视新闻演播室主持的训练,是电视新闻播音主持的综合性、深入性训练,主要抓初学者的新闻专业素质、思维运用、编辑与即兴编码能力的训练。

(二)训练要求

(1)具有演播室现场主持串联、控场、应变、时间分配等初步能力。
(2)能对电视新闻消息内容进行筛选、整合。
(3)会撰写、修改新闻导语、串联语,能对新闻内容进行点评。
(4)尝试"读报形式"播报新闻,并会操作提示器等设备。
(5)在演播室连线、专家对话中能发现问题、有效提问。

（6）看着画面能无稿即兴讲解其内容，对"新闻图片"或"新闻录像"能准确阐释与评议。

思考题

（1）何谓电视新闻演播室主持？
（2）电视新闻演播室消息主持的特点是什么？
（3）电视新闻演播室消息主持对稿件加工有什么意义？
（4）何谓电视新闻演播室连线主持？
（5）何谓电视新闻演播室对话主持？
（6）电视新闻演播室电话连线的特点与要求有哪些？
（7）电视新闻演播室视频连线的特点与要求有哪些？
（8）电视新闻演播室对话的特点与要求有哪些？
（9）电视新闻演播室对话与一般的电视访谈有何不同？

第四章

电视新闻现场报道

▶ 内容提要

电视新闻现场报道是最具时效性与真实性的一种新闻报道形式,越来越受到受众的喜爱。它追求在第一时间、第一地点将最新鲜、最真实的新闻信息和新闻事件动态传达给受众,满足受众对国内外各种信息的需求,服务于社会发展与人们的日常生活。本章将探讨电视新闻现场报道的创作理念、创作要素、创作原则、创作方法、创作手段以及应当避免的问题。

第一节 电视新闻现场报道概说

电视新闻现场报道,指报道者(记者、主持人等)置身于新闻事件发生现场,以采访者、目击者或参与者身份出镜,以有声语言和体态语相结合,介绍、采访、议论新闻事件的一种报道形式。电视新闻现场报道(直播),具有及时、真实、生动的特性,也是最具电视新闻传播特性的一种报道形式。

一、电视新闻现场报道要素

对于什么是真正的电视新闻现场报道,它的创造要素都有哪些,电视新闻学者给出了以下原则。

(1)现场报道反映正在发生或发展的新闻事件。(正在发生、发展)

(2)记者在新闻事件现场,进入画面做报道或采访提问。(报道者在现场)

(3)记者在现场随着事件发生、进展,边观察边叙述,报道与新闻事件的发生、进展保持同步。(与新闻事件保持同步)

(4)有事件现场画面和现场音响,除了采访讲话的同期声,还应有现场音响声。(有现场画面与同期声)

那么,什么不是现场报道或是有缺陷的现场报道呢?我们总结了以下几点。

(1)通篇只有解说加画面的报道,不能称为现场报道,因为它缺乏现场因素。

(2)只在现场报道一段早已准备好的话后,便不再出现于现场画面中进行采访、报道的,不能称为"现场报道",只能叫"现场播报"。因为受众看不到报道者在现场与新闻事件同步进行的活动。

(3)只有介绍,没有采访的报道,也不是真正的现场报道。因为报道者虽然身在现场,却没有调研,没有多角度采访,缺少新闻现场报道要素,充其量是存在缺陷的现场报道。

(4)只有介绍和一些采访,却没有报道者个人的评议,也是存在缺陷的现场报道,因为缺少自己调研、观察的小结与引导(但这不是绝对的,因为有些问题只在现场难以看清,不适于当场评论)。

通过以上几点我们可以发现,一个真正意义上的电视新闻现场报道,应当具备以下特点。

(1)报道者必须置身新闻事件发生、发展的现场,面对摄像机镜头进行报道。

(2)报道者通过观察、采访、判断,对现场与新闻事件进行评述,发表个人见解。

(3)报道内容不只是事先预备的,而是带有报道者现场的调查与思考。

(4)现场报道不应是画面加解说的新闻片、纪录片,必须表现报道者在现场的采访交流动态过程与即兴思维表现。

电视新闻现场报道,现场是报道的核心,是报道的起点,也是受众关注的焦点。

二、电视新闻现场报道特点

电视新闻现场报道与一般电视新闻传播相比,具有以下特点。

(一)时效性更强

时效性是衡量新闻价值大小的一个重要标准,新闻发生与新闻传播的间隔时间越短,新闻价值越大。时效性是各媒体竞争的核心要素。有人将新闻说成"易碎品",即失去时效性的新闻,就没有多大意义了。从某种角度讲,时效性既指新闻发生、予以报道的时间差,也指其所带来的社会效益。电视新闻现场报道与电视直播紧密相连,在现代信息传播技术的支持下,在电视新闻现场报道中,新闻事件的发生、发展与传播过程在空间与时间上具有同步性(或时差很小),有效地体现了电视新闻现场报道时效性强的优势。

(二)现场感更强

电视新闻现场报道最能体现现场的原始状态,它能够通过摄像机镜头展现出现场的环境、气氛、人物、活动等。镜头画面的细致表现,加之报道者带着对未知事物的探求欲和新鲜感,在现场观察、采访、边看边说,引导受众一同进入新闻现场,调动起受众的情绪,给受众较强的现场感。现场感强是现场报道最显著的优势,不是所有的电视新闻都具备的,只有报道者将现场最真实、最能体现事物本质的事件过程、现场情景呈现给受众,才会使受众产生鲜活的现场感。

(三)信息量更大

电视新闻现场报道中的视听元素多于一般电视新闻,非常丰富,它不仅有报道内容的画面图像、同期声,还有现场报道者的表情、动作、服饰等非语言符号的各种信息。从传播学角度讲,新闻现场报道中的一切因素都有一定表现作用,也都有助于提高传播效果。在这当中,报道者本人也成为现场报道中的一部分,通过报道者将现场存在的各种有代表性的、重要的新闻信息多角度地介绍给受众。这种多重信息的表现、挖掘与传播,易于受众更好地接收新闻内容。

(四)参与感更强

所谓"参与",在传播中的含义是传播者的所见、所闻、所知、所感引起受众的共鸣与共识。参与感是报道者与受众对新闻的客观现场的主观感受。显而易见,在诸种新闻报道形式中,电视新闻现场报道是最能引发受众参与感的。在现场报道中,报道者置身现场,进行介绍、采访、交流,把新闻现场发生的事件、人物、气氛、细节等各种因素呈现给受众,让电视机前的受众感到自己离报道的内容很近,因而能缩短传者与受者之间的距离,增强电视新闻的真实感与亲切感,形成一种互动性较强的心理参与感。

(五)可信性更强

"客观、真实、公正、全面"是社会主义新闻事业所遵循的八字方针,电视新闻现场报道这种形式,可以使受众在多重、丰富、立体的信息中感到新闻报道的真实性与可信性。常言道:"耳听为虚,眼见为实。"电视新闻现场报道不但有丰富的现场信息呈现,更有报道者在现场对新鲜、重要、不断变化的新闻事件与活动的公开报道、真实展现。这些信息伴随着新闻事件发生、发展,其带来的可信性能很好地触及受众的心灵,使之做出自己的判断并产生极大的信任感。

三、电视新闻现场报道技术的发展

在媒体新闻传播中,平面新闻以视觉符号作为载体,广播新闻以听觉符号作为载体,而电视新闻则运用现代电子技术进行传播,将画面、语言、音响、文字等提供给受众,尤其现场报道,是一种现代化的、依赖于技术进步的电视新闻报道形式。

早期的电视新闻,使用胶片拍摄,摄像器材(如摄像机、支架、灯光等)重达几百千克,加之需要经过采访、拍摄、洗印、编辑剪辑、录音合成、印制拷贝等多道工序才能播出。这使得电视新闻与广播新闻相比无任何优势可言。1962年日本发明的携带式摄像机被用于拍摄电视新闻,不但减轻了设备的重量,同时还简化了复杂的拍摄制作过程。同年,通信卫星发射成功,才使得"今日新闻今日见"成为现实。20世纪70年代,电子现场制作与通信卫星传送相结合,实现了新闻事件与播映的"同步化",从而改写了电视新闻的定义,电视新闻不但是对已经发生的事实的报道,也可以成为对正在发生的事实的报道。

通信卫星的发射与ENG(Electronic News Gathering的缩写,使用便携式的摄像、录像设备来采集电视新闻)的兴起,以及新兴的光电技术和传载技术的运用,大大压缩了新闻信息的生产与传播时间,几乎达到新闻事件的发生、采集、报道与受众接收的同步,使电视新闻现场报道这一最能体现电视特征的传播方式成为现实并得到发展。20世纪90年代,便携式摄像机可以用计算机硬盘取代磁带作为存储设备,实现影像数字化,通过摄像机外接的传输设备可直接传回播放。

电视新闻的发展过程,就是其不断采用新技术增强新闻时效性的过程。没有科学技术的进步,就不可能获得现场报道的条件。

在电视新闻现场报道时,报道者应当关注不经剪辑的同步直播的要求、效果与操作,从现场报道的角度、有声语言及非语言方面给予关注。

四、电视新闻现场报道者的作用与任务

作为电视新闻现场报道者,首先要有代表党、政府和人民的"喉舌"意识,在电视新闻现场报道中,积极传播党的声音,反映人民群众的愿望要求。如今,我们生活在一个充满信息的社会,面对众多的新闻信息,电视新闻报道者应当成为清醒的信息分析员、意见导航者。只有把这些现场的复杂信息有序、清晰、准确地呈现给受众,才能使受众较容易地获得有价值的信息,汲取信息中的"营养"。

(一)电视新闻现场报道者的作用

1.报道最新信息,传播重要新闻

电视新闻现场报道与一般新闻报道相比,所报道的新闻内容更重要、更有价值、更有特点。因为电视新闻现场报道者能够投身现场,同步报道现场最新信息,极大地满足受众需求。

2.引导受众关注,指引内容方向

电视新闻现场报道者站在党和国家的立场上,以自己的观察发现、语言行为报道最新鲜、最重要、最有价值的新闻,指引受众观察的方向,更好地为其服务。

3.代表所在媒体,彰显媒体实力

电视新闻现场报道者是其所在媒体的代表,其一言一行及工作实力,都会表现出所在媒体的新闻理念及专业水准。

(二)电视新闻现场报道者的任务

1.介绍新闻进程,采访调研现场

(1)电视新闻现场报道的程序,一般是出场介绍、采访调研、评议小结。

(2)报道者直接参与新闻现场做同步报道。其中,介绍新闻事件进程、采访各方知情人员是其重要环节。

2.与演播室主持人有效配合

电视新闻现场报道者应了解如何与电视新闻演播室有效连线。

(1)应对自己所在位置、时间、环境、事件进展现状等进行介绍。语言精练朴实,给出最基本的新闻要素。

(2)应与演播室主持人达成默契,对话中双方不能因抢话而使话语重叠。既要层次清晰地报道主干信息,也可穿插一些背景介绍、个人体验、鲜活细节等,使自己的报道具有实用性、生动性、全面性,达到较好的传播效果。

第二节　电视新闻现场报道方式与种类

一、电视新闻现场报道方式

电视新闻现场报道可以分为直播与录播两种。直播又分为电视新闻现场直播与电视新闻演播室直播两种(电视新闻演播室直播在前一章已讲过，在此暂不涉及)。

电视新闻现场直播与电视新闻现场报道概念不同，但有交叉，因此，我们有必要进一步了解电视新闻现场直播的内涵。电视新闻现场直播的题材由四种要素构成：重大性、事件性、动态性和不确定性。因此，电视新闻现场直播也是有选择的，在众多的新闻事件当中，重要的、有价值的、有悬念的、有关注点的内容，是其选择的重点。

目前，由于卫星传播技术的支持，电视新闻现场报道多采用直播方式。电视新闻现场直播是最能体现和发挥电视媒介传播特点与优势的一种新闻报道方式，它不但可以满足受众对新闻事件看得见的要求，更能满足他们第一时间看到第一现场，并且满足其与新闻事件动态过程同步的心理需求。电视新闻现场直播传播方式的现场性、同步性与真实性，能够更好地发挥其时效性强的优势，缩短传者与受者的心理距离，实现电视新闻现场直播的最大效果。

在电视新闻现场直播时，经常是电视新闻演播室直播与电视新闻现场直播同时交叉进行。这种联合直播的报道方式，可以使报道内容更加全面丰富。有人称21世纪是直播新闻的时代，直播节目越来越多，它能最大限度满足受众求快、求新的需求。在我们所处的信息时代中，人们对信息有极大渴求，但信息泛滥让受众不可能吸收全部各类信息，只能选择吸收最新鲜而又最重要或自己最感兴趣的信息，现场直播所传递的正是这样的信息。

当前，我国电视媒体已将直播方式"常态化"，不仅在重大新闻事件报道中使用，而且已经逐渐在中型化、小型化电视新闻报道中使用。在摄像技术、卫星技术、数字技术的支持下，我们的现场报道完全可以实现多机位、多点、多向、多视窗的异地直播和突发事件的直播了。可以说，现代社会生活已经习惯于和离不开电视新闻现场直播了。

二、电视新闻现场报道种类

（一）从预知程度划分

从对新闻事件的预知程度来划分，电视新闻现场报道可分为预知性、突发性、预见性三类。

1. 预知性

这种电视新闻现场报道的内容是预先就知道的，它往往是对重要新闻事件的报道，如某个展览的开幕、某项庆祝活动的举行、某一重要会议的召开等。

这种报道，由于所报道的活动意义重大，通常准备比较充分，报道过程也相对完整。还会有一些事先写好的报道词，并让报道者事先背下来。进行事前准备是这种现场报道为取得更加完美的报道效果所采取的一种措施。

2. 突发性

这种电视新闻现场报道的内容是预先不知道的，属于不可预见的新闻事件，是对某突发事件的新闻现场进行报道。如某一居民楼着火了、某一公路上出现了一起重大交通事故等。这种报道通常都没有策划预案，要到现场后再进行观察、实时报道。对于突发性电视新闻现场报道，报道者事先都没有准备，需要迅速整理出报道思路。它对报道者的要求较高，需要有较高的政治素养、敏锐的新闻嗅觉、科学的思维能力、良好的语言组织及表达能力等。

3. 预见性

这种电视新闻现场报道是对所要报道的内容预先有所闻，知道有什么事件与活动要发生，但对具体情况却无法预料，有人称其为"预见性"报道（也有人将其列入"预知性"报道之内）。如已知某国对另一国心怀不满，要发动战争，但究竟是否开战、何时开战、如何开战却不得而知。

这种电视新闻现场报道，介于预知性与突发性两种报道之间，在我国，这种预见性报道不少。预见性报道，应当事前多做准备，设计多种预案，事发时可灵活应对。

（二）从参与方式角度划分

电视新闻现场报道从参与方式角度划分，可分为目击性、体验性、调查性、隐性四种现场报道。

1.目击性

从某种角度讲,所有电视新闻现场报道都具有"目击性"。目击性电视新闻现场报道的特点是"我就在现场",与新闻事件同步,通过"我"的观察、采访,将"我"的发现通过摄像机细致地表现出来,给予受众真切感受,达成一种共识。目击性电视新闻现场报道,具有观察、报道"准"与"精"的特质。

2.体验性

从某种角度讲,所有电视新闻现场报道也都具有"体验性"。它的特点是除了"我就在现场"还得加上"我的感觉如何"。它或是对某项体育项目的体验,或是对某次抓捕行动的体验,或是对某种盛大活动的体验,或是对某一恶劣天象的体验。这种现场报道,除对所报道内容的一般介绍外,更重要的是报道者要报道出自己参与的感受,并将其传达受众,使报道显得更加真实可信、生动、可感。

3.调查性

"调查性"电视新闻现场报道,往往用于非突发性现场报道或非现场直播性报道,它是就某一社会现象、社会问题、新闻事件等,对人们进行的采访,目的是探寻事件真相及人们的真实想法,提供一种舆论意见。在一项政策的出台与实施前后,某一新闻事件发生之后或面对某种社会问题、社会热点等,新闻栏目经常要做专门定向的调查性采访报道。

4.隐性

"隐性"采访也称"秘密调查",它是调查性采访的一种。只不过它掩饰了报道者的真实身份,来搜集社会现象,展示新闻现场,表现存在的问题。当前,隐性采访被越来越多地用于新闻调查,它的现场性、真实性,甚至证据性,具有无可替代的作用。但在具体应用时,报道者应注意法律界限与自我保护,不要滥用或出界。

(三)从结构角度划分

电视新闻现场报道从结构角度可分为纵向式和横向式两种。

1.纵向式

"纵向式"电视新闻现场报道指电视新闻现场报道以事件发生、发展的"时间"为序,根据事态发展跟进的一种报道形式。它的优点是时态清晰,线索集中。

2.横向式

"横向式"电视新闻现场报道指电视新闻现场报道以"视点"为结构方式,对同一新闻事件进行多点报道,围绕事件本身进行并发式报道。它的优点是报道视野较广,信息较丰富。

第三节 电视新闻现场报道的原则

电视新闻现场报道是对重要、重大、价值高、有特点的新闻进行报道,理应遵循新闻报道的基本原则。要做好这一项工作需要把握以下几点。

一、明确栏目宗旨与报道目的

电视新闻现场报道可以做成各种类型与时长的现场报道,具体如何确定?首先依据所在新闻栏目的宗旨、定位来确定。因此,不同新闻栏目会有不同侧重,同一新闻内容在不同栏目也会出现报道与不报道、报道时间的长与短、报道形态的不同等情况。例如,同是"经济适用房摇号"的新闻内容,既可根据栏目需要,做成短小的消息型现场报道,也可就此做成时间较长、较深入的调查型现场报道,还可根据新闻事实,发现问题、提出问题,形成不同的"信息点"与报道倾向。

每一个电视新闻现场报道,都要有明确的主题与目的,不能做成"流水账""万花筒",使人不得要领,应当成为"有目的的记录",又要"尊重新闻事实"。比如,同是"经济适用房摇号"的内容,可能有市民满意的喜庆场面,也有市民未能如愿的不满情景,那么如何选择、如何报道就要根据新闻栏目宗旨与新闻报道目的来表现主次,选取报道方式。

二、找准选题与报道角度

电视新闻现场报道的选题,应当根据是不是重要的、大家关心的、价值高的、有特点的等几个因素来确定。例如,一条道路施工久不竣工,当下干脆无人问津,造成该路段严重堵车,附近居民横穿工地造成很大安全隐患等。这个内容就可以作为新闻现场报道的选题,因为它是人们关心的,也是一个存在的问题,需要报道出来引起有关方面的重视,以便及时解决。

电视新闻现场报道的角度,往往不止一个,选准报道的角度可以避免落俗或主旨不清。例如,报道一栋教学楼的建设,可选择其缓解了教学资源不足的可喜角度,也可选择其具有新的教学功能的角度,还可选择这个工程因拖得时间太长受到批评的角度等进行报道。不能什么都说一点,却什么也没说清。

三、抓准、筛选有效信息

电视新闻现场报道要想有效传播,必须抓准、筛选出最有代表性、最典型的现场信息进行报道,才有说服力,才能获得较好的传播效果。例如,以上提及的"道路久不竣工、无人问津"的内容画面,杂乱的建筑材料、空无人迹的工地、横穿工地的居民、堵塞的车流、相撞的汽车、漫天的扬沙等都是可以抓住视觉的有效信息。而且作为电视新闻现场报道,能用画面表现的,最好不用语言重复,语言要提供新的、抽象的、适于听觉表现的信息,以便更好地体现电视新闻现场报道视听兼备的优势。

又如,报道某市"黑摩的"屡禁不止的电视新闻现场报道,报道者不能到了"黑摩的"云集的地方拍几个镜头就走了。应当等候,看都是什么人在打"黑摩的",有多少人在打"黑摩的",而后,再对"黑摩的"司机、乘车人、附近居民、路人、城市管理人员等进行多方面、多角度的采访报道,从中节选出有目的、有倾向的镜头及有效采访信息。通过思考提出自己的见解:城市"黑摩的"屡禁不止不是单方面原因造成的。有交通不便、居民出行需求、摩的司机生活维系、监管部门工作不力等诸多方面的问题,以此报道提出问题,以期解决问题。新闻不能只报道现象而没有思考与解读,要避免低水平、无价值的新闻报道。

四、选择适当的受访者

电视新闻现场报道离不开各种现场采访,因此,当面对复杂的新闻现场及众多的人物时,报道者应通过观察快速判断出谁能给你提供有用信息,并迅速决定受访者。受访者恰当选择对报道者完成报道任务是很重要的。对受访者的选择还应注意两点。一是受访者的选择面要宽,不能单一,他们应当来自相关事件的各个方面。例如,某市城市管理部门为缓解堵车严重的问题而较大幅度地上调了城区的停车费,导致城市乱停车问题严重,居民小区、胡同甚至道路上都停满了车,路面停车位却空置不少,影响停车收费管理人员的收入等一系列问题。这个现场报道就应选择不同人员进行采访,如私家车司机、城市管理人员、停车收费管理人员、路上行人、小区居民等,使这一报道更加全面、真实,因为他们都与

"停车问题"有很大关系。二是选择受访者不应找与本现场报道内容关系不大的人，因为他们往往不了解或并不关心你所报道的内容，对你所提出的问题不关心也不清楚，所提供的信息也就缺乏有效性和说服力。如前面提到的教学楼工程，不能在校园里看见一个学生走过来就问："同学，你知道这栋楼是干什么的吗？"或看见一位教师就问："您知道这栋教学楼有什么功能吗？"以上人员或许根本不了解这些内容。报道者应当直接找设计施工单位的技术人员或学校领导进行采访，获取第一手资料。

五、成为有情绪的报道者

电视新闻现场报道不能只是态度冷峻、不动声色的报道。根据所报道的内容，只要观点、立场正确，就可以适当表露报道者自己的情感。例如，面对交通事故、地震、洪水等天灾人祸，报道者可以有正常的情感表露，不能成为客观、冷面的提问者。带着正确情绪的新闻报道会引发受众强烈共鸣。在不少灾害性新闻现场报道中，我们看到不少报道者在惨烈的新闻现场强忍悲痛做出镜报道。他们带着真挚的情感坚守着自己的新闻报道岗位，这种状态是我们所需要的。

六、提问有递进与层级

在电视新闻现场报道中，对现场事件的调查要通过一个个提问，形成逻辑严密的、有层级的"问题链"。如果提问层级清晰，可以帮助获得准确、深入的事实真相。不能反复提出问题却没有层级与递进。如之前提到的"道路久不竣工、无人问津"的电视新闻现场报道，前面的画面语言和现场报道者已经展现和报道了这条路久不竣工给交通带来的拥堵问题了，下面的采访如仍然问："你们觉得这条路堵不堵？"这样重复的问题，就没有递进，也没有意义，属于无效提问。

第四节　电视新闻现场报道的要求

一、准备（整体、具体）

充分的准备是电视新闻现场报道成功的基础。"预知性"电视新闻现场报道，报道的内容通常都是重要事件与活动，报道计划早已制定，有较多准备时间。因此，报道者可以结合所要报道活动(事件)的内容、主题、目的、环境、人物等各方面因素进行准备，如了解背景，搜集相关政策等资料。根据需要，可事先进行沟通与实地探查，思考报道的结构、角度、所要采访的地点、拍摄计划等。

"突发性"电视新闻现场报道，因时间较紧无法对报道进行针对性准备，往往需要动用平时的积累与经验，是对报道者的整体素质的较大考验。

无论是"预知性"还是"突发性"报道，都要做整体与具体、广义与狭义两个层次的准备。

(一)广义准备(整体)

这里的准备指政策把握、新闻素养、传媒意识、语言能力、经验积累、社会状态、民情等报道者的整体素养与专业能力的体现。

(二)狭义准备(具体)

这里指电视新闻现场报道之前需要做的具体针对性准备，包括背景资料、信息梳理、报道主旨、报道目的、报道角度、采访顺序、采访人物、预设问题、处理方案、变通思路、现场应变等。

总之，有了以上各方面的细致准备，加之良好的职业道德、社会责任感及素养与能力，我们就可以做好电视新闻现场报道这一项有意义、有挑战、综合性的现代新闻传播工作。

二、观察(细致、判断)

观察是现场报道的前提，没有快速、细致、敏锐的观察，就无从进行准确的现场报道。

当然，现场报道不只涉及思维、意识因素，还有用语原则、语言表现力等多方面元素参与。人们在用语言表述客观事件时，会不自觉地映射出自己的主观感受、印象或评判。比如，表面上看我在说"这间教室真漂亮"，实际上我的真正意思是"我觉得这间教室真漂亮"。任何看似独立的话语都与话语的主体千丝万缕地纠缠在一起，撕扯不开。

将此观点运用到我们的电视新闻现场报道也一样，我们要向受众介绍的场景、细节、情节、人物等，表面上看是在呈现客观现象，实际上是主持人在选择介绍什么、不介绍什么、介绍多少、如何介绍等，这些都体现了行为主体的主观认知。因此，我们的现场观察：一是受预设方案的制约；二是受个体认知的影响。前者是制约性的，后者是主动性的，理想状态是二者自动契合。而在复杂的报道现场，有时这二者会出现不自觉分离的情况。在履行报道者职责时，既要遵循前者的制约，又要发挥后者的主观能动性，二者有机融合。观察是实现和检验这一融合的"路标"。凭借"广义准备"可帮助观察到正确的视点，在"狭义准备"下，可帮助观察到充满多种内涵的细节。

细节是现场报道的亮点与基石。之所以称之为"亮点"，是因为正是很多细节才使得报道生辉；之所以称之为"基石"，是因为报道都是由一个个细节组成。这里的细节，有视觉的、听觉的，甚至有触觉的、嗅觉的，它们使得报道鲜活、生动。

电视新闻学者叶子指出，细节尽管不能说话，在新闻事件中也是辅助的角色，但是它的读解却非常微妙，它可以彰显新闻背后所隐藏的事实，还可以深入人物内心，协助言语表达深化主题。

三、采访（调查、多点）

在电视新闻现场报道中，现场采访是深入了解事件背景、事发过程、人物心理等有效信息的重要手段。

现场报道的要素，除了有现场画面，还要有现场同期声。同期声的主要内容就是现场采访，现场采访能够真实记录报道者采访被访者的谈话内容、谈话方式、谈话重点、谈话特点等，采访的全过程一览无余，可提供大量新闻信息。从这个角度讲，没有采访，就不叫现场报道。采访的目的主要是调查事件的真相，调查当事人、目击者、普通民众的所见、所闻、所想、所感，也是为了展现现场状况、被访者的内心世界与精神面貌，这些鲜活的内容与形象，正是受众所希望见到的。电视新闻现场报道的采访方式既有静态、定点式的，也有动态、运动式的，这要根据现场需要进行选择。例如，在汶川地震的现场报道中，我们看到各电视媒体的记者，有站在倒塌的教学楼前进行静态报道的，也有边跟着身背救援器材的官兵们一起跑，边向他们提出简短的问题进行动态采访的。在现场报道中，尤其在突发事件的报道中，动态采访更是屡见不鲜。此外，在电视新闻现场报道的采访中，提问一要简单明了，二要具体、口语化，三要开门见山，四要真诚、入心。在现场采访时，提问不当会影响交流质量及有价值信息的获取。

在采访中记者对报道现场的判断也很重要，否则，大家挤到一个报道点上，不容易得到独家、新颖的报道内容与报道角度。例如，在汶川地震的报道中，某一现场,许多媒体都挤在一起,拍摄刚被救出的女青年。而央视记者做出了正确判断,转而采访她的男朋友,从中得到很多有价值的内容,这也是一个新角度。

此外,电视新闻现场采访还应注意结合语境,把握语气和用声等。如在山西王家岭矿难营救现场的报道者赵旭,他的任务是采访连续作战的矿山救援队的队员。于是,我们先从镜头中看到了工棚里极度疲劳和衣而睡的队员们,又看到赵旭用很轻的声音采访一名队员,语气亲切温和,很适境。

电视新闻现场报道的采访,还应注意两点:第一,在现场采访中,事件对立面的双方都要进行采访,如果只采访一方,这样的报道是不客观、价值不高的,甚至是不能播出的;第二,当被采访一方不接受采访、态度不好时,我们也应礼貌相待,让这一切都展现在报道的画面中,由受众判断,这其实也是一种态度。

四、介绍(具象、可感)

介绍是现场报道的主体,因为新闻现场的时间、地点、环境、状况、背景、人物等所有要素及事件的动态发展进程,都需要通过报道者之口叙述出来,以弥补现场画面中所看不到的之前或正在发生的一切信息。在电视新闻现场报道中,有经验的报道者在叙述中会给出以下几点要素。

(一)位置

在电视新闻现场报道中,报道者应介绍其所处的位置,这样可以增加受众的现场感。比如,在中央电视台对"南海一号"古船打捞直播的现场报道中,画面中传来几位报道者的报道,他们都对各自所处的位置进行了说明,使受众可以从现场的不同位置了解这一事件。当然,因为保密的需要有些信息是不可以做报道的,如军用物资的运输地点等。

(二)时间

在电视新闻现场报道中,尤其是突发性现场报道,对时间的介绍是必不可少的。因为,它可以通报事件发生、发展的进程。例如,某次重大活动、某个新闻事件开始的时间或某一状况持续的时间,这些都是受众关心、我们应当给予说明的信息。

(三)背景

在新闻现场报道中,需要把握的"背景"实际上有很多方面,最主要的是整个新闻事件发生的基础,对它们的介绍,可以帮助受众更好地了解事件发生的原因和进程。

(四)事件

在电视新闻现场报道中,事件的发生、现场的状况、现场人们的反应、事件的动态变化等一系列情况,都需要报道者一一介绍,给受众一个清晰、相对完整的主线,便于他们感受、理解及判断。

电视新闻现场报道中的介绍不仅要全面,还要快速,这里的"快速"是指看与说的时间,语言生成和语言表达的速率。它需要报道者具备较好的新闻素养、心理素质、思维能力、语言功力,表现为快速观察,快速反应,及时编码,及时介绍。可以说,电视新闻现场报道是对报道者综合素质的考验。

新闻现场报道者蒋林的做法值得借鉴。例如,在四川雅安地震的救援现场,蒋林的现场报道从容、清晰、有层次,如对救援区分布、伤者情况、救援现状等信息介绍得十分清楚。蒋林在现场报道时不放过现场任何有用的信息。例如,他正在报道时,身后的军车突然启动了发动机,冒出了白烟,他马上介绍说:"这是最后一次车辆的磨合,在一个小时之前像这样的磨合已经进行了一次,这是最后一次对车辆的状态进行确认。"蒋林的现场报道清晰、有序,对事件发生的时间、地点、背景、现状与未来的动向都做了全面介绍。还有一点不容忽视,就是蒋林在现场报道中,很注意与摄像的配合。例如,他在大阅兵的现场报道中说:"我们请摇臂摄像机稍微地往旁边移动一点,大家也许可以看到,就在最后一个徒步方队的旁边,正有一个方队经过他们的面前,这是我们倒数第二个方队……"与摄像的配合,使我们看到了多变的视角、多种景别与场面,扩大了报道的视野。电视新闻现场报道的内容多种多样,在具体报道中,应视其特点,运用具体、可感的说明方式,便于受众感受和理解。

对于播音主持专业出身的现场报道者而言,还有一项能力必须加强,就是对社会知识及语言词汇的把握。与记者、编辑出身的现场报道者相比,有些报道者的知识积累和语言的精准度尚待提高。例如,在大阅兵的现场报道中,报道者将受阅英模部队战士身上的奖章、臂章,都统称为奖章(也许是口误)。报道者水平的高低,有时就表现在这不经意的细节之中。

五、应变（原则、灵活）

在电视新闻现场报道中，应变是现场报道顺利进行的保证。无论是预知性、预见性，还是突发性的新闻现场报道，"意外"都会伴随左右。如果对突发事件处理不当，就会影响报道效果。例如，某电视台在做一个大型新闻现场报道前，进行了非常充分的准备。但到了现场，当报道者开始说话时，耳机中却传来她自己的声音，这是技术部门出了问题，切错了线路。据当事人讲，她当时想提示技术部门关掉切错的线路，但转而一想，这是直播，不能这样做。但耳机中传出的自己的说话声会扰乱思路，这时专业能力过硬的她在两秒钟内找到了一个补救办法，就是放慢说话速度，压住上一句话的尾音再说下一句，就这样，她圆满完成了任务。应变，表面上看是机灵与否的问题，实际上，它更多的是体现了报道者的专业能力与敬业精神。有了这些，才有可能激发出"灵感"与"办法"来。有时高超的应变，还会产生更有价值的报道内容。因此，在整个报道过程中，报道者都应始终处于思维高度运动状态，不但要时刻准备应对意外，还要进行语言编码（介绍、提问、议论），以及保证现场报道的准确、及时。

六、评议（简短、有力）

评议是现场报道的要素之一。电视新闻现场报道以报道客观事实为主，评议应慎用、少用为好。因为，有时报道者身处突发性事件的现场，对新闻事件背景及相关信息掌握不够充分，很难在现场做出准确、恰当的评议。

当然，优秀的现场报道不但要给受众带来现场的新鲜信息，还应立足社会主流价值观，结合政策导向、社会现状，对所报道的新闻事件进行小结、评议，由现象提炼出实质，由感性上升为理性，使受众在观看现场报道的同时受到启迪。

总之，评议的要求：一是视点准确，二是导向正确，三是表达精练。

七、样态（多种、适体）

电视新闻现场报道的语体，主要有以下几种。

（1）叙述介绍（叙述体）：对新闻事件、新闻现场的介绍、说明。

（2）采访交谈（谈话体）：对新闻现场报道中各方人物的采访。

（3）分析评议（议论体）：对新闻现场报道事实的评议、小结。

在电视新闻现场报道中，由于每个报道的任务、氛围不同，报道风格、语言样态等也应有差异。如今，电视新闻现场报道选题更加丰富，有喜庆、欢悦的节庆日报道;有严肃、关切的灾害性报道;有结合"莫斯科红场阅兵式"的议论性报道;等等。我们可以从报道的内容、氛围出发,合理运用语体、语态进行报道,有的沉稳大气,有的新鲜明快,有的热情洋溢,有的严肃关切,有的感怀抒发,有的偏向介绍,有的偏向描述,有的偏向议论,有的偏向讲解等。当然,这不是说整个报道只使用一种语体、一种语态,要根据内容情境的变化而变化。

八、非语言(适境、实用)

电视新闻现场报道中的非语言不同于舞蹈、表演(舞台剧及影视表演)等其他艺术。首先是工作属性不同,其次是具体运用不同。因此,应当有自己的特点。

(一)体态语

由于电视新闻现场报道的出镜形式多样,出镜内容、出镜环境、镜头远近、报道位置等有所不同,因而报道者的体态语即眼语、手语、体语运用幅度也不同,在允许的情况下,报道者应适应现场环境,关注镜头位置,有一定的镜头感。

例如,在动态报道时,机位远,体语动作可以大些、放开一些;机位近,体语动作就要小些、收一些,同时需要眼语、表情发挥作用。在采访时,关注倾听的眼神与心理动态,通过眼神自然流露出来,恰切的表情能给人们带来很多的信息。实际上,体态语有一半是随着主体心理自然形成的,而另一半是依工作需要给予一定心理与生理兼顾而成的。也就是说,在新闻报道时,体态语是下意识与有意识的有机结合。但在电视新闻现场报道中,一些报道者(出镜记者)容易出现手势杂乱的问题:有的报道者一只手拿着话筒,另一只手上下比画着为自己的有声语言"打拍子"(或用头打拍子);有的报道者在需要蹲下、走动采访时,身体垮,缺乏形体控制等。以上各点,虽然不是什么大事,但处理不好也会影响到现场报道的整体效果,因此,在电视新闻现场报道中,也需对体态语给予一定的关注。

(二)服装

电视新闻现场报道的服装以简单为主,颜色、样式、质地都要适时、适境,方便现场报道者的行动。

例如,在农村现场报道,不能穿笔挺的职业装;而在庆祝活动及大型会议的报道中,就必须穿着整齐一些;有时为了适应、贴近报道现场,报道者还需穿上煤矿工人、医务人员的职业装;等等。

(三)发型

电视新闻现场报道的发型,总体而言,应当整洁、利落、适体,不能追求新潮、不可染发、不可太随意化。例如,某电视台的一个现场报道,内容是公路堵车问题。报道者是一位女性,她在报道现场梳披肩长发,加之当天有风,于是她的头发被风吹得凌乱不堪,她不得不时而撩起黏在脸上的头发,给人一种忙乱感。电视新闻现场报道者应当时时处处表现出新闻工作者的气质,对头发这样的小问题也不可忽视。试想,如果那名女记者当天结合自己的报道地点与刮风的天气条件,将自己的长发盘起来,会显得很干练,也更方便现场报道工作。

(四)化妆

在做电视新闻预知性、预见性现场报道时,有时为了适应某种喜庆气氛与报道需要,主持人可以适当化妆,但妆色应淡且自然,可对自身形象的某些缺陷,针对现场需要进行合理弥补。而在一般性新闻事件的报道中不必考虑化妆,注意力应全部放在所报道的事件中。

第五节 电视新闻现场报道实例分析

一、电视新闻现场报道实例

案例 4.1

《新京报》节选(体验式)

(新京报记者)甄珺茹:我们现在在等红灯,准备进行一个左转弯。我们现在可以看到,安全员的双手放在腿上,没有动方向盘。

字幕及介绍视频:7月25日晚,2021北京数字体验周正式拉开帷幕。28日,记者来到数字经济场景地之一的亦庄高级别自动驾驶示范区。该示范区是由小马智行研发的无人驾驶出租车服务运行的区域。用户可在整个亦庄经济开发区范围内坐上无人驾驶车自在出行。

(小马知行公关部)龚先生:大家现在看到的就是小马智行最新一代的自动驾驶系统。这个自动驾驶系统最大的特点是采用了多传感器融合、具有360°度感知。大家可以看到,顶层的这个是主激光雷达,前项激光雷达侧下有两个激光雷达,同时我们这个车周身还有四个毫米波雷达,就是这个黑色的方块,后面还有一个。同时我们车身上还有七个普通摄像头,以及一个识别红绿灯的摄像头。

字幕及介绍视频:每辆无人驾驶出租车配有一名安全员,记者跟随车辆测试工程师乘坐体验。

(车辆测试工程师)靳先生:大家可以看到液晶屏右上角这个位置现在已经显示为自动模式了。安全员的双手和双脚已经离开了车上的按键。我们ADV行驶的蓝色的地方就是目前的路径。可以看到左侧的绿色部分就是社会车辆,黄色部分就是两轮摩托车、自行车。

字幕:车辆工程师靳先生称极端天气对无人驾驶车辆影响较小。

靳先生:类似极端天气就比如说暴雨或者是大雪的情况下,视野被遮挡,其实对我们的车并不会造成影响。因为我们的车是通过车顶的几个传感器信息相互融合之后识别周围的场景来进行控制的。

记者:它会有一些安全保护的措施吗?

靳先生:只会对社会车辆突然间切入或者后车过近会有追尾的提醒。前车切入的话,我们会做急刹或者躲避的处理。

字幕:车辆安全员称,上岗前会对他们进行包括紧急变道、迷路测试等专业考核。

(小马智行车辆安全员)郎先生:面试都有考核,也会有一些专业的紧急变道或者迷路测试,我们都会有固定的考核。我的驾龄有17年,(安全员)驾龄最少的也应该有六七年。

字幕:第一次体验乘坐无人驾驶出租车的印先生表示:很新奇,也很放心。
……

这是一个录播的经过加工的"体验式"现场报道,出自2021年7月28日的《新京报》。该条新闻以记者实地体验、亲身经历的方式向观众展示了无人驾驶出租车的运行情况等。

案例 4.2

《第一时间》节选(暗访、调查性)

主持人:店员徒手抓垃圾、用烂水果榨汁,隔夜的茶接着卖,继喜茶绿头苍蝇事件后,又一家网红奶茶店遭曝光,据北京电视台官方微博报道,记者在卧底知名奶茶品牌甘茶度后厨期间,发现存在食品原料不新鲜、店员操作不规范等多项问题。

(画面模糊,但可见全景,人物有马赛克)

旁白:记者入职后发现这个从外面看起来干净整洁的饮品店有很不一样的后厨。

视频显示后厨内抹布和工具一起摆放,搅拌器和垃圾堆在一起,店员用摸完手机的手切水果,用来榨果汁的芒果和香蕉已经发黑,散发出让人不舒服的味道。

(偷拍视角,店员正在制作奶茶)

记者:这些香蕉要丢掉吗?

店员:还要用。

记者:啊?

(记者拿着榨汁机独自说话)

记者:这个烂香蕉、黑香蕉已经用完了。用这个榨汁机已经把香蕉肉榨完了。

(店员制作奶茶过程)

旁白:面对着发臭的水果,店员告诉记者,在榨汁前要先冷藏去味。当记者向店长确认是否要用发黑的芒果榨汁时,店长拿出了一个较为新鲜的芒果,要求记者切开,把好的坏的掺在一起分匀。对此,也有店员说:"自己也看不下去了。"

(镜头切回)

店员1:良心过不去。

记者:罪恶感。

店员2:我以前可喜欢喝奶茶了。

记者:现在呢?

店员2:白给都不喝了。

旁白:此外,这家甘茶度还存在制作奶茶的搅拌器不清洗直接使用,用手抓完垃圾后不洗手直接抓水果等问题。

……

首先,这条新闻选题较好,有一定的新闻价值。甘茶度作为一家网红奶茶店,人气、流量、口碑都很好。记者通过入职奶茶店,了解到了奶茶制作的过程,对网红店存在食品安全、操作不规范等问题,拿到了第一手资料。这条报道目的明确,主题清晰,直接揭露了甘茶度奶茶制作问题,让公众对食品安全问题又提高了警惕。同时,镜头画面倾斜不稳定也体现了暗访的特性,更增加了报道的现场感与真实感。

案例 4.3

《生命线》节选(突发性)

齐树桦:大家好,我是河北邯郸交巡警齐树桦。现如今喝酒不开车已经成为一种社会共识,酒后叫个代驾、打车或者让亲朋接送都是不错的选择。但是在下面这起事故中,有位驾驶员的做法却让人感觉十分离谱。到底发生了什么?

(画面抖动、不稳定,但可见现场全景)

旁白:这起事故发生在河北省邯郸市××路附近。在现场,一辆白色汽车停在道路中间,车头受损严重,周围散落的都是车体碎片。连交警摆放在路中间的检查牌也被撞变形。在白色轿车后方,还有一辆轿车停靠在路边,车尾有凹陷。

交警:车上坐了几个人?

轿车司机:三个人。

交警:就你们三个,是吧?

轿车司机:对,就我们三个。

交警:受伤没有?

乘客:孩子磕着后脑勺,后脑勺疼。

旁白:这对母子是轿车上的乘客。事发前,轿车司机李先生开车载着妻子和儿子回家。谁知,就在行驶时,忽然被后面的车辆追尾。巨大的冲击力致使李先生坐在后排的儿子因此受伤。

交警(对轿车司机):让你媳妇带着孩子跟着咱们医务人员先去医院,检查一下身体状况。

旁白：那么这起事故是如何发生的呢？就在这时，事故现场传来一阵吵闹的声音。

（声音混乱、嘈杂，画面抖动）

（肇事车辆）乘客B：不能让他走！

交警：你是哪位？

驾驶员：我们仨坐他车！（电视消音声）

旁白：眼前的三名男子是这辆白色汽车的驾乘人。此时，中间这名男子（驾驶员）情绪略显激动，执意要离开现场。

乘客A：你别动，交警正常执法。

交警：你们两个认识吗？

乘客A：我们俩一块的，我们认识。

乘客B：不是我开的车，他开的车。（指向驾驶员）

交警：拽着他。

旁白：鉴于男子情绪不稳定，为防止发生其他意外情况，民警将他们三人带到马路对面的服务区进行询问。

交警：车是谁的？

赵强：我的。

交警：车是你的，是吧？

赵强：对。

交警：谁开的车？

（赵强没有说话，但指向了旁边站着的驾驶员。）

旁白：说话的男子是白色汽车的车主赵强。因为事故，赵强的嘴被磕破了皮，下巴还沾有血迹。

交警：还有别的地方受伤吗？

赵强：没有。

交警：需要报120吗？

赵强：不需要。

交警：不需要，是吧？

赵强：不需要。

旁白：赵强是河北省邯郸市人。当民警问起谁是白色汽车的驾驶员时，他始终将手指指向旁边的男子。然而，面对指认，这名男子却有不同的说法。

交警（对王刚）：你说谁开的。

王刚(向交警示意是赵强):他开的。

交警:你俩都喝酒了?

旁白:男子名叫王刚,是附近工地的工人。因为两人身上都有酒味,民警原本以为,他们是朋友之间相互推卸责任。然而,让人没想到的是,随着问话的深入,民警发现,他们二人竟然互不认识,完全是两个陌生人。

赵强:我住在宏泰小区。

民警:你不认识他?

赵强:我不认识。

民警(对王刚):你是哪的?

王刚:我是黑龙江的。

民警:我都蒙圈了,你俩到底认不认识?

王刚:不认识。

旁白:那么这起事故到底是如何发生的?赵强和王刚这两个陌生人又为何会出现在一辆车里呢?

赵强:我喝酒了,我出门之后看他们三人在那儿等车,我车停到那儿之后,我说我喝酒了。

民警(打断了赵强):他们仨人?这不是两人?

赵强:三个人,跑了一个。

旁白:赵强是个个体户,自己做生意。事发当晚,他和朋友一起吃饭,席间喝了不少的酒。饭后,他独自开车回家。可是开到一半,他突然担心前方有民警查酒驾,便想找人帮忙开车。碰巧,王刚和工友在路边等车,赵强便问他们谁会驾驶。王刚主动报名,并且宣称自己没有喝酒。谁知,刚开了不到两百米就发生了事故。而在后续的调查中,民警还发现,王刚早在2020年5月就因为醉驾被吊销了驾驶证。这次,他不但是酒后开车,还是无证驾驶。经过检测,他血液中的酒精含量为每百毫升185.92mg;赵强血液中酒精含量为每百毫升103.94mg,二人都属于醉酒驾驶机动车。最终,驾驶人赵强、王刚因涉嫌危险驾驶已被立案侦查。

(画面切回齐树桦)

齐树桦:上述案例中,王某两次被查,丝毫未意识到酒驾行为的危险。而赵某呢,竟然随便将自己的车交给陌生人来开。不得不让人感叹一句:"心真大。"希望电视机前的各位司机,能够在每次喝酒前安排好酒后事宜,约好代驾,或者叫朋友帮忙打车,切勿酒后开车上路。

这段现场突发报道选自CCTV-12频道的《生命线》栏目。这段新闻以第一视角向观众展示了事件的全过程。需要特别提到的是，虽然这档节目只有主持人，并没有在现场进行采访的记者，但是却做到了以第一视角将观众代入了事件当中，使观众身临其境。究其原因，实际上是为了让观众以民警的视角与当事人进行对话，从而了解事情的原委和全貌。

结合上面的例子，对于突发性事件的报道，总结以下几点。

（1）报道者应具备一定新闻工作者的素质，面对复杂的场面时，通过观察，迅速抓住事件主线，通过现场采访，使受众了解事件发生的过程，弥补事发时报道者不在现场，没能目击的缺憾。

（2）较好地报道现场信息与事件进程，有现场感、真实感、动态感。报道者的叙述性语言可以不必过多，多通过被采访者的语言介绍事件。

（3）报道的结尾需要有记者的评议来表现此报道的主旨，这一点一般在节目的片尾由旁白或主持人进一步点出，比较有力。

案例 4.4

《日出东方》节选（预见性）

（一段优美的音乐，搭配升旗前天安门广场各角度的影像）

（画面）演播室。

何岩柯：您现在正在收看的是特别报道《日出东方》。今天是2022年1月1日，现在是北京时间的06:19。

郑丽：我们看到的画面就是此时此刻的天安门广场。再过一个多小时，2022年首场天安门升国旗仪式即将在这里举行。

何岩柯：从今天早上五点多开始，观看升旗的群众就陆续进入了天安门广场，在广场国旗旗杆基座附近等待新的一年五星红旗从这里冉冉升起。

郑丽：我们的记者也将分别在故宫午门前和天安门广场上采访记录升旗的全过程，首先，我们就来连线在午门附近采访的总台央视记者张腾飞。

何岩柯：腾飞，你好，给我们介绍一下，今天天安门广场升国旗仪式的准备情况怎么样？

（画面）报道者站在仪仗队训练场上，身后是整齐划一的仪仗队队列。仪仗队开始整理着装。

张腾飞：岩柯，郑丽，早上好，我现在就是在午门前的天安门国旗护卫队的营地，现在，距离升旗仪式的开始还有一个多小时的时间，此刻在我身边参与今天升旗任务的126名仪仗大队的队员，现在正在进行最后的准备。这126人中，有30名是标兵，96人组成了护旗方队，这也比平日的66人的规模，增加了将近一倍，也只有每月的第一天升旗才会用到如此的规模。在他们列队之后，我们看到他们现在正在进行的就是整理着装。今天是2022年的第一天，为了保证元旦的升旗任务圆满完成，战士们也是非常认真地进行准备，他们刚才是从上到下，把帽子、肩章、胸标和腰带都进行了非常仔细的整理。

（画面）仪仗队进入升旗仪式开始前的最后操练和准备。

张腾飞：这个整理的过程，为什么这么细致呢？一方面是要保证每个人穿戴整体，另外大家可以看到整理之后，他们形成队列之后，要保证每个排面上，大家的帽子、胸标和腰带都在同一个水平线。现在北京的室外气温，只有零下八摄氏度左右。通过画面，大家可能觉得他们的这套礼兵服，看上去不是特别的厚，但是战士们告诉我，正是因为这种分毫不差的要求，所以需要他们集中精力，调动全身的肌肉去做好每一个动作。所以基本上一次正步训练下来，很多战士都会出汗。在整理完着装之后，这些战士们将会去集中取枪。这126人的队伍，包括标兵和护旗方队的队员，他们持的都是56式半自动的礼宾枪。

张腾飞：而走在前面的是旗组成员和分队长，他们的装备则有所不同。现在这六人已经提前做好了准备，我们先看第一排，正中间的是升扛国旗的升旗手，他两边的这两位护旗手，胸前挎的是56-1式的冲锋枪，第二排是陆海空三军的分队长，他们统一配备的都是礼仪专用的指挥刀，那趁这个近距离机会，我们可以看一下他们现在所穿的陆海空三军的冬季的礼兵服，我们可以注意到其实不同军种的礼宾服颜色是有差异的，比如说，陆军是绿色，海军是藏青色，空军是蓝色，此外，他们的肩章也有明显的区别。整理完着装，取完装备之后，整个队伍就要抓紧时间进行集结，他们接下来还要利用最后的时间来进行最后的热身训练。

（画面）仪仗队全体列队集合完毕。

张腾飞：这是一支平均身高为一米八七，平均年龄只有20岁的年轻队伍。应该说，日复一日地训练已经让升旗仪式的每一个动作都已经刻进了每一位战士的心里。今天是元旦的升旗，每个战士也是丝毫都不敢懈怠，他们将用最饱满的状态，最严格的训练来迎接2022年第一缕曙光。2022年是全国人民在中国共产党的带领下，全面建设社会主义现代化国家，向第二个百年奋斗目标迈进的重要一年。再过一个多月，北京将迎来2022年冬奥会，而到了今年的秋天，全党和全国人民将共同迎来党的二十大的召开。一元复始,万象更新。此时此刻,我们可以看到,这些年轻帅气的仪仗大队的队员们已经做好了准备,他们精神抖擞,意气风发,他们将用整齐划一的中国牌面和威武雄壮的中国气势,在天安门广场上升起2022年的第一面五星红旗。为新的一年(指挥员同期声:齐步走!)开好头,起好步,一起向未来。

(画面)仪仗队开始行进,并伴随着响亮的口号与整齐的步伐。

指挥员:一、二、三、四!

战士们:一、二、三、四!护卫国旗,重于生命,护我国旗,壮我国威,一、二、三、四!

(画面)仪仗队由训练场向旋门行进。

张腾飞:通过刚才战士们的这些响亮的口号和铿锵的脚步声,我相信大家一定能够感受到他们现在的精神状态,我们来一起期待一个多小时以后的庄严而神圣的时刻。现场的情况就是这样,我们把时间交还给演播室。

(画面)演播厅,镜头给到主持人何岩柯。

何岩柯:看到三军仪仗队英姿飒爽,整装待发,也让我们更加期待稍后的升旗仪式,同时也感谢张腾飞的报道。

(画面)女主持人郑丽。

郑丽:此时此刻,天安门广场上又是怎样的一番情景呢?我们再来看一下此刻正在广场上的我们另一路记者赵晶发回的报道。

(画面)外场记者赵晶,她此时处在天安门广场上。

赵晶:这里是北京天安门广场,现在室外的温度呢?大约是零下六七摄氏度。然而,寒冷的天气没有阻挡住人们的热情,我们也了解到,从今天凌晨开始,就有不少的观众在天安门广场周围等候入场了。

(画面)在天安门广场上的围栏后热切等待的围观群众。

赵晶:现在已经有不少的观众来到了天安门广场国旗旗杆基座周围,人们从头到脚捂得严严实实的,不少观众手中紧握着五星红旗,等候着升国旗的庄严时刻。我们将在天安门广场迎来新年的第一缕晨光。

(画面)航拍视角下的天安门广场,此时能以俯视的角度看到天安门广场的全貌。

赵晶:过去的一年是极不平凡的一年。时值中国共产党百年华诞,中华大地上全面建成了小康社会,历史性地解决了绝对贫困问题,实现了第一个百年奋斗目标。去年(2021年)7月1日庆祝中国共产党成立100周年大会就是在天安门广场举行的。

（画面）天安门城楼国徽的特写，大约持续了七秒钟，随后镜头转回天安门广场中等候的群众。

赵晶：当时，共青团员和少先队员代表集体献词，许下了"请党放心，强国有我"的青春誓言。广场献词团中的部分人员今天也再次来到了天安门广场，等待观看元旦升旗仪式。我们现在一起来听一听他们此刻的心声。

（画面）献词团成员彭友馨。

首都师范大学附属中学学生彭友馨：重返天安门广场，我的心情非常激动，因为我又回想起了当时天安门广场的一个场景，当飞机飞过天安门的时候，自己站在天安门前，深情为党献词的时候，心情是非常的激动。在新的一年里，我祝愿我们的祖国更加繁荣昌盛，也祝愿我们的奥运健儿们在冬奥会取得一个好成绩。

（画面）献词团成员钟函烨。

中国人民大学大二学生钟函烨：去年（2021年）的7月1日，我们在天安门广场上发出了"请党放心，强国有我"的誓言。新年第一天能够重返天安门广场，再看一次升旗，我非常激动。在未来的一年里，我想踏踏实实地掌握专业技术，同时也强身健体，不辜负国家对我们青年的期望。同时，我也期待在2022年，咱们国家的国民生活水平能够更上一层楼。

（画面）天安门广场。

赵晶：大家正在等待的升旗仪式，将按照高规格进行，因为每月第一天都会增加号手和标兵迎旗的环节。因此，稍后举行的升旗仪式，首先将由八名解放军军乐团礼号手，在天安门城楼上吹响升旗号角，96名国旗护卫队队员组成的护旗方阵将护卫着五星红旗从城楼中间的券门出发。

（画面）天安门广场的参观群众，群众的身后是人民英雄纪念碑。

赵晶：齐步走上金水桥。金水桥南侧，30名标兵分列两侧行注目礼。国旗护卫队走出金水桥后，将由齐步换正步行进，三名陆海空军分队长将行举刀礼，同一时间队员由肩枪换为端枪，护卫国旗，威武行进。

（画面）天安门广场。

赵晶：解放军军乐团将提前来到旗杆基座的南侧区域，升旗时现场演奏《义勇军进行曲》。

（画面）央视记者赵晶。

赵晶：中央广播电视总台的直播报道团队将通过电视和新媒体等多个平台为大家带来天安门广场元旦升国旗的直播报道。接下来的时间也让我们一同期待稍后即将举行的升国旗仪式,新的一年,让我们继续加油努力,祝大家新年好,也祝我们的祖国繁荣昌盛!

这是中央电视台在 2022 年 1 月 1 日推出的特别节目《日出东方》,着重报道了全国各地迎接新的一年的不同方式,以及全国各个风景名胜的日出景象。节选片段着重刻画了天安门广场升旗仪式开始之前仪仗队的情况,为我们生动地再现了升旗仪式之前的准备情况。

这条新闻有以下几个优点。

(1)选题好。对 2022 年第一次天安门升旗的报道是一个"预见性"电视新闻现场报道,这个报道主题鲜明,目的明确,方法得当。

(2)结构精当。这个现场报道,主题突出,结构清晰,内容集中,节奏适当,感染力强。

(3)现场感强。现场报道应当以现场为重心,这个现场报道很好地做到了这一点:介绍、采访、议论这些现场报道的主要元素都在现场予以展现,带给受众较强的现场感、真实感、生动感以及丰满的视听信息。报道者既报道了新闻事实,也传递了自己的感受,把受众带入喜悦的洪流中。这也是这个现场报道成功的重要一点。

(4)细节准。这个现场报道的另一个特点是善于抓取有价值的细节,比如,仪仗队中不同人员的不同装备,甚至肩章等细小之处的不同,以及人民群众(献词团成员)对于新年第一次升旗仪式的喜悦和期盼。

二、实操演练

(一)训练提示

电视新闻现场报道的训练,主要培养学生的观察、发现、介绍、采访、评议、应变等能力,使其掌握电视新闻现场报道的要素及基本方法。

(二)训练要求

(1)现场报道要求主题鲜明,导向正确,事实清楚,结构合理。
(2)现场报道要求结构完整,开头有交代,中间有采访,需要时有评议。
(3)现场报道中有细节和动态信息。

(4)在现场报道中,要求采访点多、客观,视角丰富、有信息量。

(5)现场报道要求语言用词准确,语用得体。

(6)能掌握各种现场报道,并能对现场进行有效观察、介绍与评议。

(7)在现场报道中,报道者体态适当、兼顾机位与角度。

(8)现场报道摄像与录音技术合理、内容质量较高,镜头切换精当。

(三)训练方法

(1)配备拍摄与录音设备,进行电视新闻现场报道实践(要求进行实地现场报道:车站、商店、学校、街道、公园、展览会等)。

(2)报道者对录像进行剪辑、后期制作。

(3)各个小组的现场报道作业,先在本小组内由师生共同探讨,找出问题与不足,并进行修改。再推选出部分作业在全班进行交流讲评(先由片子创作小组的代表介绍创作意图、制作过程及自我评价,再由全体师生共同分析片子的优点与不足)。

思考题

(1)电视新闻现场报道的概念是什么?

(2)电视新闻现场报道的方式、种类有哪些?

(3)电视新闻现场报道的特点是什么?

(4)电视新闻现场报道的操作如何把握?

(5)电视新闻现场报道的语言样态有哪些?

(6)电视新闻现场报道的风格如何?

第五章

电视新闻主持人言论

> **内容提要**
>
> 电视新闻主持人言论是电视新闻评论的一种。当今社会,我们对新闻评论有了新的认识。如今的媒体评论不只发出党和政府的声音,电视新闻主持人在电视媒体也有了自己的言论阵地,在坚持正确导向,行使"特殊"使命的前提下,在政治、经济、文化等各个方面,电视新闻主持人都发出了自己的声音,引导受众、答疑解惑。本章将探讨电视新闻主持人言论都有哪些要素、功能、特点、形态。

第一节 电视新闻主持人言论概说

言论,是指发表的议论与意见。电视新闻主持人言论,指电视新闻主持人依据新闻事实、国家意志,以个人面目出现,从个性角度出发,在电视新闻节目中,对新闻事实、社会现象、热点问题、政策焦点等发表的个性化议论,以此来影响、引导社会舆论。它大致分为两种:一是在事实性新闻节目中出现的位置灵活、语言简洁的"简短点评";二是在意见性新闻节目中出现的内容"相对完整的议论"。

电视新闻主持人言论是电视新闻评论的一种。从体裁角度划分,目前所见到的电视新闻评论有报刊评论、电台评论、编后语等,它们出现在新闻节目中,代表党和政府,通过各种媒体发出具有针对性、政策性、指导性和观点鲜明的声音。可以说,电视新闻主持人言论既有电视新闻评论的"共性"特点,也表现出主持人的"个性"特征。随着时代变迁,电视新闻评论节目出现了某些新变化,直接体现在主持人言论方面。

新闻评论最突出的特点就是"直抒胸臆",但表现方式并非一种。

主持人节目在中国问世以来,电视新闻主持人言论兴起,在电视传媒中占据重要地位,发挥重要作用。电视新闻主持人是就我国社会改革转型所带来的政策理念、法律法规、社会现象、生存状况以及一些重大新闻事件、社会热点问题等,向受众进行及时解读、正确引导的言论。以主持人充满个性化、亲和力的贴近性方式与受众产生共鸣。

当前,受众已经不满足于只得到新闻消息,更希望在知晓信息的同时,还能得到对信息的有效解读,得到背景资料方面的补充。因此,主持人言论就成为受众所期待的声音。

一、电视新闻主持人言论的功能

电视新闻主持人言论的功能与其他电视新闻评论基本相同,主要有倡导引领、提示解惑、纠偏匡正等功能,涉及政策解读、时政分析、社会透视、文化点评等各个方面。具体来讲,电视新闻主持人言论,是以人际交流方式完成大众传播任务,对党和政府出台的各项方针政策及时解读,对复杂多变的社会所带来的新事物、新变化进行个性化分析与点评,拓宽受众视野,提供思维路径,使其辨析复杂事物,增强分辨与认知能力。

二、电视新闻主持人言论的特点

(一)言论的个性化

有位表演教育家说过,评论的最高层次是建设性的、个人性的;我永远只能说我自己的话,我的观点只有一个人支持,就是我。诚然,他这是在讲表演中的"化为人物"与"人物个性"。我们不妨将此借用到主持领域,也可以说,这就是主持人"个性化"特征的表现。当前,在传媒中以个体面目出现的报道与言论,较容易引起人们的兴趣,因为那是人与人之间平等、可感、有形的交流。正因为如此,主持人言论越来越受到人们的关注与喜爱,尤其是一些思想政策水平高、被受众认可的著名主持人,更是受众所信赖的"意见领袖",他们的言论更是受众愿意参考的。

具体而言,电视新闻主持人言论与其他电视评论相比,最显著的特点是"个性化"。它是主持人从个体角度的鲜活、具体的所见所闻和所感所悟,表现出极大的人文色彩,其中有理性、有感性、有个性、有特点,媒体把党和政府的意志借主持人之口发出,是"小我"与"大我"的有机结合与独特表现。这种方式的议论,更易于受众接受。

(二)角度的贴近性

电视新闻主持人言论的亲和力体现在两个方面,一是与受众交流的平等位

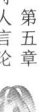

置感;二是议论内容与受众的接近性、评议方式与受众的亲近感,使受众感觉到新闻主持人了解自己,了解自己的处境与心理,是认知高出自己一等、能提供给自己各方面资料、开阔自己眼界的朋友。这样的亲和力拉近了传者与受者的心理距离,使受者感觉到一种平等、一种尊重、一种理解和一种帮助,从而使受众更愿意接受主持人所传播的内容。

(三)语言的融合性

当前,电视新闻主持人言论所采用的话语样式是"谈话体""议论体""叙事体"相交叉、融合的语言样式。这涉及两个方面原因:一是媒体传播理念的改变与电视传播特性的回归;二是主持人节目特性所表现出的语言传播特征。如今,在电视媒体的评论性节目中,几乎很少由一个主持人坐在主播台前,仅凭有声语言介绍事件、分析原因,进行议论了,节目大多把涉及的事件、政策、社会问题等制成资料小片,代替主持人"一言堂"的叙述议论,穿插于主持人的分析与议论之中,成为形象化的论据与论证资料,或是采用访谈形式,实则是主持人评论。这些传播方式极大地方便了各层次受众的感受、理解与接受。

(四)手段的丰富性

当前的电视新闻主持人言论借助电视媒体的表现手段与传播方式,呈现出叙议相辅、视听结合、以客代主、形式多样的特点,成为视听兼备的形象化议论。

1.叙议相辅

电视新闻主持人言论多为叙述与评论交叉进行,有时是介绍一件事情,有时是讲一个故事,主持人言论就在这些内容之中、之后,形成"分解式"议论,受众听得清楚,乐于接受。

2.视听结合

电视新闻主持人言论注重对视听元素的综合使用。比如,运用"情景再现"手段帮助表现评议的内容;或是议论语言与纪实资料(画面、解说、同期声等)相互承接、有机融合,共同评论一个值得关注的内容;或是通过展示一张或一组图片来引发议论。总之,这种方式可以极大发挥电视传播的特点,增强议论的可感性。

3.以客代主

以客代主,指本体观点客体代言,即主持人在做节目时必定有自己的见解与想法,有时为了使受众更易接受,主持人先不将自己的意见直接说出,而是借专家之口或被采访者之口说出与自己观点一致的意见,而后再归纳小结。

4.形式多样

当前,电视新闻主持人言论的表现形式呈现"多样化",这是各类新闻节目不同程度打破原有节目框架,利用创作元素适应性组合的表现。如看似谈话节目的《新闻1+1》,看似专题节目的《一鸣论道》等,就其实质而言,它们都是新闻评论性节目,只不过是在运用多样化的电视手段来实现。

总之,电视新闻主持人言论,既融合了电视新闻评论与主持人节目的属性与特点,又运用了电视媒介多种符号、视听兼备的表现特点与手段,体现出电视新闻主持人节目的本体个性。

三、电视新闻主持人言论所需素质与要求

(1)具有较高的思想政策水平。思想政策水平不高,难以把握议论的正确导向。

(2)具有较丰厚的文化知识积累。文化知识欠缺,难以成为比受众"略高一筹"的朋友。

(3)具有良好的新闻素养。缺乏新闻敏感就找不出、找不准需要评议的内容与重点。

(4)具有较好的思维能力及心理素质。思维能力差,思考角度单一,心理素质不好,不能适应新闻评论直播工作。

(5)具有较强的写作及语言表达能力。思考力、文化水平不高,影响写作水平;语言表达能力不强,表现不出评论的文本内涵。

(6)具有"新闻人"品格与作风。没有"新闻人"的品格与作风就做不好新闻评论工作。

为此,必须持之以恒关心时事、勤于思考、善于思考、解读政策、体察民情。

第二节 电视新闻主持人的"简短点评"

电视新闻主持人的"简短点评"(以下简称"点评"),指主持人在正确的思想导向与政策观念下,依据新闻事实,在新闻节目中或消息分享中所进行的个性化的精练点评。

值得提及的是,在电视新闻的导语、串联语中有主持人的"点评",与本节所讲的"点评"不是同一概念,不能混为一谈。

例如,在播出了一则"保险公司存在问题"的新闻之后,主播说道:"保险、保险,希望能真正保险。"这就是点评。又如,在一条就"家乐福超市货物标签价格与收款价格不符"的报道中,商家做出回应后,主播点评:"没能及时更换标签,那为什么价格只高不低?"这也是点评。这些评论性语言,一语中的,点出实质。而其他新闻背景资料的补充、上串下联的过渡语言等,就不是点评,仅是一般的导语、串联语。例如,"来换个话题,一个月前有消息说云南将要建立网络发言人制度,不过却让广州抢了先。"

一、电视新闻主持人"点评"的特点

(1)内容少:电视新闻主持人"点评"字数不多,少则十几个字,多则几十个字。

(2)位置活:电视新闻主持人"点评"位置较活,散点评议,在电视新闻之中、之后或在两条消息之间均可出现,形式自由多样。

(3)议论精:电视新闻主持人"点评"有言简意赅的特点,表现为要旨清、观点明、语言精。

(4)个性化:电视新闻主持人"点评"是个人思想政策观念、新闻敏感性、独特思维、视角、风格、表达方式的综合体现。

(5)重结论:由于电视新闻主持人"点评"字数少,因而往往一针见血地指出评议的本质、结论,没有议论的完整要件与过程。

二、电视新闻主持人"点评"的作用

(1)解惑引领:电视新闻主持人"点评",可以对重要的新闻内容给予针对性解读与导向性点评,以点出问题实质,正确引导。

(2)提示点评:电视新闻主持人"点评",可以对受者尚未关注的新闻内容、意义给予提示点拨。

(3)补充深化:电视新闻主持人"点评",可以对所播的新闻内容给予背景性资料补充,加深理解。

(4)针砭时弊:电视新闻主持人"点评",可以对负面新闻与社会现象给予抨击,彰显监督功能。

第三节　电视新闻主持人的"相对完整议论"

电视新闻主持人的"相对完整议论"(以下简称"议论"),指意见性、专题性、调查性电视新闻节目中的主持人,根据党和国家的各项方针政策,针对社会热点、难点、具体问题所发表的导向鲜明的个性化言论。它的字数较多,内容相对完整。

电视新闻主持人"议论"的基本功能与电视新闻主持人"点评"大致相同,但稍有差异:前者位置集中,内容相对完整;后者位置分散,语言简短。

一、电视新闻主持人"议论"的特点

(1)内容多:电视新闻主持人"议论"内容较多,少则上百字,多则几千字。

(2)较完整:既有与电视片形象化内容承接的"片段性议论",也有访谈形式中与对话者交流的"分解性议论",还有少数"相对成章"的独立议论。

(3)本体性:电视新闻主持人"议论",在其议论的论据、论证等具体内容的选择中,大都从本体出发,就地取材(本质上的"大我",形式上的"小我"),更凸显主持人的个性特征,拉近与受众的距离。

(4)要素全:电视新闻主持人"议论"由于容量较大,通常评论的基本要素都能体现,可较充分地体现出观点、论据、论证、结论及思路。

二、电视新闻主持人"议论"的写作

电视新闻主持人"议论"是出自个体的心声,因此,应当是自己构思、撰稿,主持人必须具有"写"的能力。在主持人的工作中,写好稿是说好稿的前提,思维是语言表达的潜流与基础。因而,要产生论点鲜明、论据充分、论证有力的主持人言论,首先应当写好稿,练就写作的能力。诚然,在实际工作中,有的主持人言论是由主持人事先写好稿或已有思路、提纲或腹稿的情况下播出,也有的是由编辑或记者写稿。从主持人"议论"的写作来看,需要注意以下几点。

(一)论题——选择热点、难点、价值

在新闻评论中,选择并确立论题,即确定所要分析、议论的内容及范围,主要是主持人发现或捕捉到的值得关注的议题。主持人"议论"的选题,通常应当以

小见大，注重时效性。主持人"议论"要选择社会的热点、焦点、难点问题，以及令人关注、有争议，具有较大社会价值的论题。如"0蔗糖"不等于"0糖"，这样的文字游戏，商家是否该对消费者交代？如何才能做到真正的文化自信？像这样的问题，就是社会存在的、人们关注的、又难以说清的，需要主持人凭借自身的思想政策、文化水平给予引导。那种谁都清楚、一目了然、没有新意的内容不适于作为论题。同时，触及思想、道德底线的问题，也不能作为论题。

（二）论点——正确、鲜明，各抒己见

论点，是指评论的主要看法与基本观点。在新闻评论中贯穿始终，起到统率论据材料的作用。好的论点具有正确性、鲜明性、新颖性。论点是评论的核心，没有论点的议论是模糊的、无效的，当然，有的论点潜藏在论据与论证中。人们身处社会的不同环境中，身份不同，利益不同，视角不同，感受不同，当然会有自己的认识与想法，不可能千人一面，万人一词。作为媒体人，应当以自己所处的工作平台、职责、掌握资料的便利条件为基础，就某些焦点问题，给出自己的观点，正确引导社会舆论。

白岩松在温州动车事故后在凤凰网上发表了一篇新闻评论，从这篇评论中，可以看出白岩松的文章语言生动，有自己的特点，敢于发表自己的真实情感。在内容上，他尽量使自己的文章看起来轻松，即使是让人压抑的话题，也同样如此。同时，他把自己放在和观众一样的位置，看起来就特别的随意，不会有很强烈的距离感。

白岩松的语言准确、简洁、通俗、流畅，还特别注意具象与抽象的结合，故事与哲理的结合，感性与理性的结合，口语与语言文学的结合。其中的思想含量、精辟的概括、别具一格的比喻，都颇具色彩和味道。

（三）论据——具体、典型、有说服力

论据，是指用来说明或证明论点的材料，主要分为理论论据、事实论据、正面论据、反面论据。在新闻评论中，论据可以成为佐证论点的根据，生动典型的论据还可以使议论情理交融。在议论中，选择有力的论据，可以使自己的论证成功一半，使结论水到渠成。在主持人言论中，具体生动的论据常成为主持人议论的"法宝"。

论据在言论中是最鲜活、最有力的部分，它可以说明本体观点、攻破对方的观点。因此，合理、有力的论据是有效说明本体观点的基石。

论据应当具体、典型。如曹景行曾在中央广播电视总台的《中国之声》中就广东东莞将实行"孩子从小学到博士全部免费"的政策,发表了自己的议论。他以数字佐证自己的观点,指出:东莞本地只有200万人口,却吸引了800万外地打工者,如只对本地孩子实行此方案,不惠及外地打工者子女,也不是很光彩。在这里,评论者既给出了数字论据,也鲜明地亮出了自己的观点,言简意赅又具有说服力。

(四)论证——依观点、凭论据、逻辑推理

论证,是指运用论据说明或印证论点的过程和方法。论证的过程就是阐述论点,并结合论点和论据加以阐述的过程。

在主持人言论中,有时事实论据的叙述占据较多,其实,观点就潜在其中,由受众自己体味。

"0蔗糖"不等于"0糖",这样的文字游戏,商家是否该对消费者交代?面对这一事件第一时间提出观点,商家理应负责。论证如下:商家对于产品的研发远比消费者更加专业,利用消费者的知识盲区和追求健康的心理诉求赚得盆满钵满,这种行为本就不对,负责理所应当。

(五)结论——开放点明或闭合隐含

结论,是议论的结果,与观点、论据、论证紧密相连,有时就是观点本身。一般电视新闻评论的结论多出现在开头或结尾,形成"首括式"或"尾括式"。而在主持人言论中,结论通常出现在结尾,大多点出此次议论的目的;也有的并没有一个明显的结论,而是潜藏在议论之中,受众可以根据主持人议论中的论据与论证得出自己的结论。

三、电视新闻主持人"议论"的表达

电视新闻主持人"议论"的写作及评论要素包括以下几个方面。

(一)开头

主持人"议论"的开头,多以近期发生的新闻事件或典型、生动的小故事引入,表达应叙事清楚、动心用情,不可板起一副讲大道理的面孔来,让受众难以接受(这部分内容也有的是以影视资料等展示出来)。

(二)主体

主持人"议论"的主体,一般是论证过程,其中既有各种论据的提出、展开,也有逻辑推理,还有各种论据的对比辨析。电视新闻主持人的议论有的是以影像资料加上主持人的论述共同完成,表达时,语言稳实、大气,既有理性、逻辑力量,也有情感态度;语气、语势多变,节奏多样,重音精准,语言不平不板;语言表达有亲和力、平易感,具有一种分析、阐释、引导、以理服人之感。具体表达时需把握"因为……所以……""虽然……但是……"等关联词所蕴含的逻辑意味,并用语气体现出来。

(三)结尾

主持人"议论"的结尾呈现各种情况,有的深化主题,有的画龙点睛,有的启迪深思,表达时要依具体情况而处理。注意语气、重音、音高、音长等表达元素与手段的灵活运用。

(四)身份感

主持人"议论"是以个人身份在说话,它当然应体现出主持人个体的思想水平、文化品位、思维特质、性格特点、语言个性。表达时应把握一种略高一等的"朋友"身份,体现出主持人节目的优势与特点。此外,还应根据具体节目形态,对自己的身份感进行适当调整,适应节目需要。

(五)潜在语

主持人"议论"由于评议的问题性质不同,潜在语多少也就不同。在具体表达时,要体现出这些不同,如反义等内涵,要善于用语气体现出来。

(六)个性化

主持人"议论"是由无数不同的个体发出的,因而,必然带有个性特征,主要表现在语言方面。根据议论的不同内容与方式,可表现为自然平易的、幽默诙谐的、激情抒发的、冷静推理的、嬉笑怒骂的,等等。

此外,主持人"议论"的表达不是一成不变的,应以节目文本为依据,表现出自我的特色。

三、电视新闻主持人"议论"的把握

(一)论点鲜明、主线清晰

电视新闻主持人言论必须有鲜明的论点,并抓住重点进行议论,不能只摆现象、只说内容,不见态度,或观点模糊,不得要领。例如,有这样一条新闻:"躺平族"在青年群体中慢慢多了起来。有人对这条消息进行了议论,指出目前对此事有几种意见:一是认为"躺平"是一种掌握自己生活节奏的生活态度,相比奋斗,他们更愿意过与世无争的生活;二是认为"躺平"是一种不积极的生活态度,这会让人意志消沉,丧失信念和人生奋斗目标。

总之,这些内容是可以从多个角度去认识、评议的,但作为电视新闻主持人,理当站在国家、媒体的"大我"角度去判断,选择出最有本质意义、引导价值的角度,给出自己的意见。不应只是将网上的议论内容一一摆出,让受众弄不清议论者的主要见解,不知究竟应当如何看待这一问题。电视新闻主持人应当从新闻事实中发现和选择重点、热点、难点的问题进行分析、评议,给出对问题的认识与解决的办法,否则,就不需要议论了。

(二)判断正确、结论准确

电视新闻主持人言论的落脚点应为新闻消息所反映的主要问题,不能认识不清,议论错位。例如,有一条"菜贱,菜农亏损"的新闻报道:"豆你玩""蒜你狠"着实让市民们在买菜的时候感受到了菜价上涨对生活的影响,然而今年这个时候,这些农产品大量上市,价格出现回落,田间的菜农们却面临着亏本的尴尬处境。

这也是值得一评的消息。对此有这样一种议论:我们的政府一直在调控物价,但是调控过程中除了要保障消费者的生活,也应考虑农民的利益。让蔬菜从田间地头运输到市场的中间环节更少一些,把实惠更多地留给普通老百姓,否则的话,既苦了买菜的,又苦了种菜的。

这些议论初听觉得很有道理,但仔细琢磨,会发现这个结论有些偏题了。在生活中我们看到过一车菜从农村拉到城里要面临高场地费、中间收购环节层层获利等情况,菜农与城市居民都没得到好处,这无疑是个问题。但细究起来这些问题也许在别的同类新闻中是主要内容与目的,而这条消息的主要目的,应是"盲目跟风、供过于求"的问题。当然,造成这一问题的原因并不简单,有各级政府与组织缺乏指导与服务造成的生产、流通环节的不畅,有非现代化生产模式的弊病,也有对高场地费、中间收购环节层层获利的监管不力问题。但这条新闻的议论稍显错位,有效引导菜农们的生产及农产品流通服务,也许才是这条消息的重点。

当然,不同的观点可以有不同的评议角度。但没有对新闻的准确把握,没有对新闻背景的理解,没有对各种政策、知识、现状的了解,我们看问题的深度和准度就有限。就这条消息而言,即便是今年打通运输渠道,形成运菜进城的"绿色通道",运菜车可以直接进超市或"居民小区",这也只能解决今年的蔬菜滞销问题,那明年呢?如不改变生产盲从跟风、信息不畅的问题,以后恐怕还会有别的什么农产品滞销。在这里,只需抓住这条消息的新闻点定位,集中议论。

在新闻消息主持中,一条消息要不要评论、评论的"点"是否准确也是我们特别要注意的。通常,不是每条新闻都要点评,需要点评的毕竟是少数,即使点评也要判断出它的重要性、价值点与引导作用,在大背景之下切准本条新闻所指,这样的点评才能真正发挥其应有的作用。

四、电视新闻主持人"议论"容易出现的问题

(1)论点不清:表现为抓不住重点与主线,议论散,不集中,没有形成清晰的论点。

(2)论据不足:表现为选择的论据不典型或不充分。

(3)论证不够:没有清晰的论证思路,看不出纵向、横向、对比、发散、聚敛等思维。

(4)角度不新:缺乏深入思考能力与创新意识,表现在选题、立意、论据、论证等方面的滞后。

(5)用词不准:词不达意,有的是因思考不清造成,有的是缺乏语用知识导致的。

(6)表达不好:大多是语言表达基本功不扎实造成的,表现为语体不准,缺乏表现力与逻辑力。

第四节　电视新闻脱口秀

一、电视新闻脱口秀的定义

电视脱口秀是近年来在我国兴起的热门节目,大致分为电视娱乐脱口秀和电视新闻脱口秀两种。

早期的电视新闻脱口秀节目一直作为新闻传播的主要形式活跃在西方媒体中,直到20世纪90年代才传入我国。1996年,中央电视台播出的《实话实说》节目开创了国内电视新闻脱口秀的先河。从话题选取的角度而言,《实话实说》节目更多选取的是社会上的一些热点话题,而较少涉及敏感的时政新闻,不是真正含义上的电视新闻脱口秀,但仍为各大卫视的新闻变革树立了榜样,引起了其他各地方卫视的效仿和不断创新。

其实电视新闻脱口秀节目简单地说就是"新闻"和"电视脱口秀节目"两个名词义的叠加。"新闻"即"消息",是用概括的叙述方法,以简明扼要的文字,准确迅速地报道国内外新近发生的重要事件。因此,可以将"电视新闻脱口秀"定义为一种以电视媒介作为传播手段,以国内外新近发生的、有价值的事件为内容,在轻松、融洽、和谐的氛围下,主持人以诙谐、幽默的语言或对该事件内容进行主观评论,或邀请嘉宾对该事件内容进行自由讨论的节目形式。

二、电视新闻脱口秀的内容与形式

(一)《笑逐言开》

《笑逐言开》是凤凰卫视于2014年推出的一档电视新闻脱口秀节目,由凤凰卫视倾力打造的电视新闻脱口秀节目《倾倾百老汇》衍生而来,该节目由曾获凤凰卫视最佳娱乐节目主持人奖的尉迟琳嘉担任主持人。该节目延续了《倾倾百老汇》在内容上紧跟时事、社会热点,在语言上幽默风趣的特点,由原来的虚拟演播间转变到实景拍摄,并在单人脱口秀的基础上增加了嘉宾讨论的环节。在节目过程中,主持人尉迟琳嘉充分发挥其说、学、逗、唱的功力,或嬉笑怒骂,或唱、或演,将脱口秀中的"秀"发挥到了极致。该节目一经播出就获得了较高的收视率和观众的好评。该节目也于2014年获得了《凤凰卫视》的最佳创意节目奖。

在其他同类型的节目中脱颖而出,其富有创新性的节目特点起到了重要的作用。

《笑逐言开》不同于其他电视新闻脱口秀节目仅围绕确定的主题进行延伸,或是仅以一件新闻事件作为一期节目的讨论话题,而是用类似新闻播报的形式,将一周内的大事小情串联起来进行解读。而这些串联起来的新闻也并非如今国内的大部分电视新闻脱口秀一样,避免政治话题而仅仅关注软新闻,而是软硬新闻交替分布。软硬新闻的说法最早起源于西方,甘惜分主编的《新闻学大辞典》中谈道:硬新闻指题材较为严肃,着重于思想性、指导性和知识性的政治、经济、科技新闻;软新闻指那些人情味较浓,写得轻松活泼,易于引起受众感官刺激和阅读视听兴趣的,能产生即时报酬效应的新闻,社会新闻大致属于此类新闻。

《笑逐言开》这档节目最大的特色是其敢于在"说新闻"的同时大胆地融入音乐、舞蹈、演绎等多种多样的艺术形式。首先,从音乐的角度来说,《笑逐言开》直播现场的主体人物除主持人尉迟琳嘉以及现场的观众外,还有一个非常重要的角色,那就是键盘手阿刚。也就是这一人物的设置,使得观众宛如走入了西方舞台脱口秀表演。阿刚的音乐弹奏并不是随意的,而是有特定的功用。一种是内容辅助式的音乐,这类音乐往往伴随着唱词,而这类唱词往往都是同新闻内容一致的。还有一种是背景式音乐,包括开场的音乐以及中场休息回来时所弹奏的音乐,这类音乐节奏感强,主要起把观众的注意力拉回现场的作用。从舞蹈的角度来说,每期节目的开始,尉迟琳嘉都会和观众一起随阿刚演奏的音乐随意地摆动自己的身体,并将这样的动作定义为"舒服舞"。而这一舞蹈表演除了是一种视觉上的欣赏之外,还有营造现场气氛的功用。电视新闻脱口秀是一种在轻松的环境下进行新闻信息传播与评价的节目,而"舒服舞"最重要的目的就是能让疲惫的身体得以放松,从而让观众更好地享受该节目带来的快乐。

(二)《评新而论》

《评新而论》是江苏广电总台融媒体新闻中心打造的国内首档日播新闻脱口秀节目。节目以"谁说新闻只有一种说法"为宗旨,聚焦当下热点,坚持第一时间发声,以幽默犀利的评论风格进行个性讲述与深度评论,深受观众喜爱。

一档成功的电视新闻脱口秀评论节目很大程度上取决于主持人的个性,主持人是新闻脱口秀栏目的核心和灵魂。传统的新闻栏目往往过于重视主持人的外表特征,播报模式化现象严重,而新闻脱口秀节目则着力凸显主持人的个性魅力。《评新而论》的主持人由金思辰担任,以"谁说新闻只有一种说法"为宗旨,一改传统说教式的评论风格,着力创新栏目的制作方式,丰富新闻脱口秀节目的格调。金思辰常常以一种娱乐的方式打破新闻的模式化,使评论更接地气、更大众化。无论在台上一本正经演唱《为了谁》,还是若无其事地调侃搭档"王牌键盘手"晓峰,都像是在演绎一出喜剧。节目中,他不仅把新闻以轻松的方式呈现出来,还结合睿智辛辣的表达方式,在播报新闻时融入自己的所感所思,从而使节目更加生动,让观众更加期待。

尼尔·波兹曼说:"娱乐是电视上所有话语的超意识形态。"《评新而论》既有新闻评论节目的严肃性,又有脱口秀节目的娱乐性,两者兼顾,有滋有味。其以娱乐的方式让观众了解更多的社会热点,向受众提供一种别样的思维方式,让观众愿意听、乐于听、愿意接受、乐于思考,从而使新闻直达观众的内心,引起社会的共鸣。

三、电视新闻脱口秀的特点

电视新闻脱口秀的特点大致有以下几点。

（1）题材广泛。在电视新闻脱口秀中,社会的、生活的、政治的所有相关内容都可以拿来一说。

（2）结构简单。在电视新闻脱口秀中,每个话题都可被主持人有主旨地"线性串联""无缝连接""快速转换",并予以议论。

（3）幽默诙谐。在电视新闻脱口秀中,"秀"的意味比较明显,主持人运用幽默思维、唱歌、朗诵、表演、化妆造型、道具、音响等各种手段来体现节目内容（运用有度,不能本末倒置）。

（4）表达生动。电视新闻脱口秀的语言表达要口语化,表现形式灵活,尽显讥讽、调侃、幽默、诙谐之风格。

值得提及的是,电视新闻脱口秀不是相声艺术的翻版,更不是庸俗笑话和耍贫嘴。它需要电视新闻脱口秀主持人具备较高的政治素质、艺术修养、表达功底,还要有幽默诙谐的特质与思维能力。

简言之,主持电视新闻脱口秀节目是有条件和门槛的,不是每一位新闻主播都能胜任的。

四、电视新闻脱口秀的问题

当下,电视受众对电视新闻脱口秀节目表现出浓厚的兴趣。电视新闻脱口秀节目带给人新鲜感,传播效果好,受众易受、乐受。与此同时,我们也应当看到某些不擅长运用这种传播方式的主持人存在一些问题。主要表现在以下几个方面。

(1)政治素养不高。有些电视新闻脱口秀主持人政治素养欠缺,不具辨识能力,表现在对新闻素材的选择和对话题的确立不够恰当、品位不高。

(2)不具幽默思维。有些电视新闻脱口秀主持人缺乏幽默思维,视野拓展不开,表达缺乏吸引力。

(3)理论概念不清。有些电视新闻脱口秀主持人分不清文艺性的相声与新闻性的言论,表现在以说相声的方式对待新闻脱口秀节目,"演"胜于"评"。

(4)表达能力不足。有些电视新闻脱口秀主持人语言表达功力欠缺,不足以胜任此类节目,表现在语言样态单一,表达(有声语言和体态语)不鲜活、不生动,没有"秀"的条件及能力,难以生动恰切地表达。

总之,电视新闻脱口秀主持人没有新闻素质不行,没有幽默气质和艺术表现力也不行。

值得提及的是,有些电视新闻脱口秀的文稿、提纲阅读起来并不出彩,而经优秀的脱口秀主持人处理后就境界全出:合理运用重音、停顿、语调、潜在语、语气、节奏、体态语,加之唱、演等其他手段,将内容、立意表现得既深刻、幽默,又巧妙、得当,整体把握及具体表现十分出色。所以,电视新闻脱口秀不是每一位新闻主持人都能胜任的,只有具有相当素质与水平的人才能胜任。

第五节　电视新闻主持人言论实例分析

一、电视新闻主持人言论实例

案例 5.1

《新闻1+1》节选

白岩松:接下来我们要关注的是,高考前由于见义勇为重伤,而失去参加高考机会的孩子,应不应该破格呢? 来关注他们。

解说:5月31日下午2点30分左右,在这辆行驶中的客车上,一名男子突然持刀向车厢里几乎满员的乘客乱砍,瞬间就砍伤了包括柳艳兵和易政勇在内的五名乘客。

宜春市汽运总公司工作人员:这已经在夺刀了。把刀拿回来了。他(柳艳兵)当时身上还有血。

柳艳兵(宜春市第三中学学生):本能的反应就是我要去抢刀,而不能让他(歹徒)去伤害其他人。

解说:25秒,这是事后根据监控录像记录下的歹徒行凶的全过程,在这个惊恐的瞬间发生后,当车厢里绝大多数人群开始从已经打开的前门迅速逃离时,柳艳兵和易政勇却在已经负伤的情况下,勇敢与歹徒搏斗。

柳艳兵:我右手抓住的是他拿刀的手腕。我左手抓着他另一只手腕,两个人就是在不停争夺。

易政勇(宜春市第三中学学生):两个人合力把他(歹徒)放倒在地上,我受的伤更重,他(柳艳兵)就把那个人(歹徒)压倒在地上了。

解说:25秒,两个少年竭尽了全力。被送到医院时,柳艳兵头部、肩背部被砍伤,颅骨开放性骨折,头部伤口深达12cm。而易政勇在现场就已经失血性休克,左手的尺神经完全断裂。当然,他们也遗憾地错过了今年的高考。

记者:想过自己过几天要高考吗?

柳艳兵:没有时间去想这些。

解说:两位少年的英勇,让人们充满敬意。6月3日,江西当地媒体首先报道,并发布了25秒的现场视频。最后,全国媒体纷纷报道,两个少年成了大家心目中的英雄。

《人民日报》头版头条,新闻联播连续两天报道,江西省委书记、省长也对两位少年的事迹做出批示。6月7日,教育部决定,将在他们身体康复后,再组织一次单独考试。一直到今天,在柳艳兵和易政勇的病床前,依然堆满了普通市民送来的鲜花。

喻辉(宜春市市民):这是一种正能量的精神,也是我们目前整个社会,应该向柳艳兵同学学习的一种社会美德。

白岩松:当然是两个非常棒的孩子,如果用中国古人的话来说他们就该上大学,为什么呢?古人认为大学就是"止于至善"。那么他们的这种所作所为当然是一种至善了,完全符合这样的一个标准。但是,现在的大学毕竟有很多其他的因素。这两个孩子在见义勇为之后,也得到了社会巨大的反馈。

这种反馈集中体现在,官方表彰、企业奖励、媒体头版发文、大学表示愿意适当照顾、教育部安排补考、市民都在称赞,因为毕竟是一个正能量。我们看看调查报告,你认为见义勇为的考生是否可以得到保送?71.63%认为,学习好可以保送,不顾安危勇斗歹徒为何不可呢。20.64%认为,见义勇为值得提倡,应该给予加分奖励,保送有待商议。7.73%认为,高考毕竟是学业上的竞争,不应有特殊待遇。

有不同的看法,但是正能量绝对占据很高的比例。其实大家说得也都各有道理,反映了社会的多元化,其实是进步的一个标志。

我们再来看一个大家也在关心的。对他们(柳艳兵和易政勇)表达了一定意愿,但有一定条件的学校都有:清华大学、南昌大学、北京理工大学珠海学院、东华理工大学、西北工业大学、宜春学院、江西工业工程职业技术学院和澳门科技大学。

那接下来我们要关注,孩子现在具体的状况怎么样,如果给他单独考试,他什么时候会开始复习,校长认为他们平常的学习成绩是什么样的,又会如何去思考孩子的未来呢,我们继续关注。

……

白岩松:我们先不要去做任何的评论,先要听听最新的情况。我们要连线的是孩子所在的江西宜春三中的校长,余斌华。余校长您好。

余斌华(江西省宜春三中校长):您好。

白岩松:首先我们都非常关心,这两个孩子现在的身体状况怎么样了,是离可以复习的时间有一段距离,还是已经可以开始复习了?

余斌华:离复习的时间还有一段距离,病情已经基本控制,在治疗康复之中。

白岩松:您觉得离能够进行复习还有多远?

余斌华:从医院反馈的情况来看,伤口还有半个多月左右能够愈合。

白岩松:如果是半个月左右的话,已经奔6月底的方向去了。可是相关部门认为,从考试的入学、招生等情况,最好要在7月份之前,这似乎有些矛盾,留的时间很短了,您怎么想?

余斌华:我们还是要尽量让他们在治疗过程中康复,这个时间应该来说比较短,我们学校也会尽力地组织心理教师给他们做心理辅导。同时也会组织文化教师对他们耽搁的文化课进行单独的辅导,尽量使他们能够发挥最佳的考试水平。

白岩松:余校长,大家比较关心的是,从过去三年会考的情况来说,这两个孩子如果参加今年高考的话,会处在一个什么样的水准。

余斌华:这两个孩子,从平时的学习表现和考试成绩来看,他们考一个大学应该不会有问题,但主要存在一个层次高低的问题,大概在专科到本科这个范围之内。

白岩松:也就是三本和二本之间是吗?

余斌华:对。

白岩松:发挥好了的话也许摸一下二本?

余斌华:对。

白岩松:从来没有想过清华这样的学校?

余斌华:当然,清华这个学校是人人都向往的,但毕竟它是需要一定的基础。

白岩松:但是,现在由于清华的这种表态,你是否观察到孩子们表达了很强烈的这种意愿?

余斌华:目前他们也根据他们自身的学习情况和能力,他们也做出了他们自己的表达。

白岩松:这个表达是什么,这非常重要,余校长。

余斌华:他们希望能够进一所大学。

白岩松:这个您表达得很含蓄,我理解的话是不是一个能跟他们的成绩相对应,同时略有提高,我这么说吧,比如说,我认为如果去南昌大学或者北京理工大学珠海学院他们是不是可以接受?

余斌华:应该可以接受。

白岩松:您的看法呢,余校长?我不知道您是否观察到,其实最近几天全国媒体的这种关注,他们的心理压力也蛮大的,对他们备考来说其实也是一道艰难的关卡。我特意注意到您刚才用了心理医生的调节。

余斌华:对。因为我是这么看,现在社会和公众给予了高度的关注,实际上给孩子、给我们都给予了很大的压力。我们最担心的就是,孩子康复以后,参加教育部指定的单考,孩子的这种状态和成绩情况结果会是怎样的,是否能够达到他们事发前的这种状态和水平。

白岩松:有可能心理的这种压力,导致其成绩不一定真实地反映他们的水准,有可能失真,这样的话可能形成新的压力。

余斌华:对。

……

中央电视台的《新闻1+1》节目,表面上看是一个访谈节目,实际上是一个电视新闻主持人评论节目。节目中赋予白岩松"新闻观察员"(现已是新闻评论员)

的身份，这说明他的地位不同于一般的新闻主持人，具有更多发言权，可以对重要时事、热点问题，发出自己的声音，给出自己的解读与观点。本节目有以下特点。

（1）观点鲜明，解读及时。对重大时事问题进行及时评议，产生正确的导向和激励作用，是新闻评论的重要功能。《新闻1+1》节目就较好地体现了这一点。2014年6月11日，这期《新闻1+1》节目的内容是评论少年见义勇为事件的，白岩松以"新闻观察员"的身份，针对事件发生后两位同学是否会参加高考和是否对学校录取提出了问题，并给出了既符合中央精神又带有个性色彩的见解。白岩松通过自己的分析、解读，表明态度、引导受众，现在应该做什么，不该做什么，怎样去想，怎样去做。他选择适当的角度、生动的论据、严密的论证、贴近生活的方式进行议论。他的议论可以被认为是"政府声音的个人版"，既体现国家意志，也有个体的独特思维、独特角度、独特方式，是相对完整的主持人议论。他的议论：一是有极强的时效性；二是有令人信服的论据与论证；三是议论内容有"贴近性""易受性"与"独特认知"。

（2）论据生动，论证有力。白岩松从每年高考的时间都是北京上班高峰期谈起，独具匠心地引出事件。以理性的判断，社会关怀的角度关注两位见义勇为的少年的未来之路，传达了在不违反规则的情况下，对社会正气加以弘扬的态度。正是这种生动的联想，形成了生动论据，有力论证，并伴随评议始终，似随意交谈，却潜藏用意。

（3）层级分明，思路严谨。白岩松的评论条理分明，一是谈到了见义勇为的行为一定要肯定，二是高等教育的受教育机会分配问题。以上内容，层层递进，思路清晰，内容完整。这些都说明白岩松在节目前做了大量功课。

（4）个性评议，贴近受众。在这一评议中，处处体现出白岩松的独特个性、独特视角、独特思维、独特语言。例如，他一直关心孩子的身体健康问题，身体恢复情况和对考试的影响，他用细致的观察表现他作为一个观察员的视点倾向，让人心暖。

总之，这样的主持人言论既体现了宏观导向，也有微观视角，有理有据，受众易于接受，乐于接受，会引起良性反应，全国人民既了解了时局，也知道了当前自己应当怎么看、如何做，找到了行为依据。在这里，新闻主持人言论发挥了重要的作用。

二、实操演练

(一)训练提示

(1)让初学者了解电视新闻主持人言论的创作要素、功能、特点、形态。
(2)要求初学者"点评"观点正确、表述清楚、内容精练、用语准确。
(3)使初学者掌握"看图议论"的要旨,能抓住内容核心。
(4)使初学者掌握"议论"的写作要点与表达特点。
(5)要求初学者"议论"的角度新,精准引出人们关注的、有价值的话题,述评有吸引力。

(二)训练方法

(1)训练主持人言论的"点评"。事先选择可供点评的一组新闻材料,以"先播后评"的方式完成镜头前述评,对同一新闻材料做多种角度、不同风格的点评练习。
(2)训练"看图解评":看图—解读—评议,要切题、有针对性、有深度。
(3)训练主持人的"相对完整议论",可以由教师指定或学生自选新闻事件、社会热点、政策难点,做"相对完整议论"的练习,要求观点明确,论据充分,论证有力,并且表达有层次感、逻辑性强。

思考题

(1)什么是电视新闻主持人言论？它有哪些功能与特点？
(2)电视新闻主持人言论所需素质、要求有哪些？
(3)电视新闻主持人言论的种类有哪些？有何特点与作用？
(4)电视新闻主持人"议论"写作要素有哪些？
(5)电视新闻主持人"议论"的表达要点有哪些？
(6)电视新闻脱口秀的要素与特点有哪些？
(7)电视新闻脱口秀的问题有哪些？

第六章

电视纪录片解说

▶ 内容提要

电视纪录片不同于新闻消息片,也不同于影视故事片,它兼具新闻性与艺术性,有其自身的创作属性。电视纪录片以真实性、纪实性为创作原则,内涵丰富,创作多样。电视纪录片解说也有其自身的创作规律与表达特点。本章将重点探讨各类电视纪录片的解说创作。

第一节 电视纪录片概说

一、电视纪录片的认识

关于电视纪录片,我们看到这样的定义:电视纪录片,是以摄影或摄像的手段,对政治、经济、军事、文化、历史事件等作比较系统、完整的纪实报道,并给人以一定审美享受的电视作品。它要求直接从现实生活中取材,拍摄真人真事,不允许虚构、扮演。其基本报道手法是采访、摄像或摄影,即在事件的发生发展过程中,用"等、抢、挑"或追随采撷的摄录方法,记录真实环境、真实时间里发生的真人真事,在保证叙事报道整体真实的同时,要求细节真实。真实是纪录片存在的基础,也是它最可贵的价值所在。正是"物质现实复原"的真实,才使纪录片有着永恒的魅力。

我们也看到这样的概念:电视纪录片是运用新闻镜头,真实地记录社会生活,客观地反映生活中的真人、真事、真情、真景,着重展现生活原生形态和完整过程,排斥虚构和摆拍的新闻性电视节目形态;电视专题片是指运用现在时或过去时的纪实,对社会生活的某一领域或某一方面,给予集中的、深入的报道,内容较为专一,形式多种多样,允许采用多种艺术手段表现社会生活,允许创作者直接阐明观点的纪实性影片。

我们知道,在业内一直存在着电视纪录片与电视专题片之间的论辩。目前,学术界对"纪录片"与"专题片"的关系存在四种说法。

(1)等同说:认为电视纪录片、电视专题片叫法不同,属于同类。

(2)独立说:认为电视纪录片、电视专题片,各自属于不同片类。

(3)从属说:认为电视纪录片、电视专题片,存在涉及范畴的相互交叉。

(4)畸变说:认为电视专题片是中国电视界的某些人为了割断电视与电影的联系而生造出来的名词。

目前,除了表现自然、地理、动物、人文等内容的电视纪录片,还有大量依附于各种电视栏目的考古发掘片、科学探索片、案件侦破片、经济知识片、文化纪录片、历史文献片、现实生活片等,它们实用性强、文字语言视觉化。那我们赋予这些片子什么名称呢?我们的回答是"电视纪录片",只不过它们是随中国电视的发展而存在的电视纪录片。

我们这里所说的"电视纪录片"其实包含"电视专题片",有专家将其略做区分,称为"电视主观型纪录片"和"电视客观型纪录片",也有业内人士将其区分为"电视纪实性纪录片"与"电视专题性纪录片",这些称呼有它的理论与实践基础,表明电视纪录片是一种"混合型"的片子。

何为电视纪录片?我们的结论是:电视纪录片,是一种真实性、纪实性作品。它以真实的人物、事件、环境、情景等一系列自然的、社会的原生形态,再现客观世界、现实生活,或表现创作主体的见解与情感。

(一)真实性

电视纪录片既不同于电视新闻消息片,也不同于影视故事片,有其自身属性,即纪实性、真实性,不虚构、不扮演是其底线。当然,我们并不排除为了传播的易受性、服务性,使用一些造型手段或一定的影像资料来使枯燥难懂的文字内容或缺失的历史画面形象化,但一定要有相应的"字幕"告知,这是一种"模拟""情景再现"或"资料"。这些做法只是一种解决受众易受、乐受问题的表现手段,绝不是改变电视纪录片的创作属性。

(二)内涵丰富

电视纪录片极具综合性,它涉及的领域、题材、内容广泛,大致有政治、经济、军事、社会、科技、文化、人文、民俗、旅游、人物、文献、对外交流等重大历史与现实内容,以及对人类生存问题的思考与探索。它们具有政治性、知识性、教育性、服务性与欣赏性。按不同内容、题材、风格划分,可以将电视纪录片区分成不同种类,如政论片、人物片、风情片、科教片等。

(三)创作多样

电视纪录片创作多样,表现手段也多种多样。如有的片子没有同期声,有的片子没有音乐,有的解说是第三人称的,有的解说是第一人称的,有的解说是第一、三人称交替的,还有的是对话式解说。总之,电视纪录片的内容、风格等因素决定了其创作手段的选择。

二、电视纪录片的创作要素

(1)画面:画面是一部片子的基础,有其自身语言,具有直观性和形象感。

(2)解说:解说对画面有依附性,但不是对画面的简单重复,它对画面有补充、丰富、点题、渲染等作用。

(3)音乐:音乐是为配合图像和解说而存在的,它虽有表意性,但最具表情性。

(4)音响效果:音响效果是人为制造的自然声响。它不仅可以营造一个真实的环境,还可以帮助表现人物的情绪,可作为人物内心的折射。它具有象征性和表现力。

(5)同期声:同期声是拍摄现场的自然声响与人物语言(如采访、讲课中的人物语言等)。

(6)字幕:字幕是对画面语言、现场语言的补充(甚至代替解说语言),起提示作用。

以上几个创作要素,分别隶属于视听两大语言系统,共同构成电视语言。电视语言具有视听双渠道刺激和元素多维性的特点。即每个元素都有其独立作用及价值。在电视纪录片创作诸元素中,画面与解说是其中最重要的两个元素。解说作为创作要素之一,只是必要条件,而不是唯一条件。因而,优秀的解说处理必须关注其他创作要素,以求得电视纪录片的整体和谐。

第二节　电视纪录片解说创作

一、电视纪录片解说的备稿

电视纪录片解说的备稿，除去参考一般播音的"备稿六步"共性要求以外，还有其自身特点，可以概括为三个方面、两个阶段和一个循环。

(一)三个方面

(1)解说本体：充分了解解说词(从每一段解说词到全片完整的解说词)，可得到较完整的解说内容。

(2)画面图像：通过观看画面，可得到片中内容的视觉信息。

(3)全片创意：充分了解视听两个途径的全部信息，尤其是画面语言和解说语言，把握全片创意，设计解说的表达基调、解说风格、语言样态，才能更好地把握解说的主旨、主次、处理方式等。

总之，在电视纪录片解说备稿中，只看解说词本身是难以把握全片创意的。因为只看解说词，只能获得一半信息，另一半信息在画面语言里。因此，电视纪录片解说备稿，应当配合画面语言进行，才能把握准确。

(二)两个阶段

(1)整体把握：从解说词、画面两方面的完整信息中，先理解全片创意，再把握每一段解说词的作用。

(2)具体把握：清楚每一段解说词的作用，选择适当的表达手段加以处理。

(三)一个循环

(1)看解说词：看解说词(从每段到整体)，初步了解解说词大致内容、基调、风格。

(2)观看画面：编导的创意主要体现在画面语言和解说语言中，不仅要看解说本身，还要观看画面。

(3)了解创意：了解该纪录片的创意，设计解说的基调、风格。

(4)再回到解说词:再回到对解说词(整体到每段)的理解与感受,这样就形成了一个循环。

简言之,电视纪录片解说备稿的特点是全方位的,是循环式过程和整体感受下的具体把握。

二、电视纪录片解说的作用与处理

(一)提示说明作用

提示说明是解说最基本的作用。解说词是对与其内容对位的画面进行说明、讲解,使观众对画面内容有更清楚的认识,不至于产生歧义。

这种解说,一般要将与解说词内容对位的画面中的景物或人物、人物关系、他们的行为等介绍清楚。如《八闽风情》一片,画面中是圆形的土楼,解说词是:

这是闽西南地区各家居住的土楼,土楼具有漂亮的外形和宏大的规模,这种精巧特殊的构造艺术在世界民居中都是极为罕见的。

这说明,虽然没有"这""这里""这是"等提示说明性词语,但介绍画面内容的作用却显而易见。

播这类解说词,应加强解释的感觉,语气显现解释的意味,用重音点出其提示的点,不可处理成自言自语、淡淡地小声叨咕。

(二)补充丰富作用

补充丰富是解说的本质作用。编导往往将不易或不能用画面表达的内容,通过解说补充进去,扩大片子的包容量,使观众得到更多的信息,从而更好地理解片子。"补充丰富"集中体现了解说(有声语言)的优势。

在电视纪录片中,通过解说可使受众了解片中人物的生活经历及主人公的内心世界。对于这些内容,有时画面语言是无法做到的,就需要解说发挥有声语言的优势作用。如在电视纪录片《中华之剑》中,有这样一段解说词:

这位缉毒者在立下一等功之后,却不得不隐姓埋名、背井离乡,这在今天的生活中,似乎是难以想象的。

这时的画面是缉毒功臣刘朝辉与战友的背影。这里如果没有解说,受众不一定会想到我们可敬可爱的缉毒警察们在履行自己的工作职责之外,还要承受背井离乡的苦痛,这段解说使我们对他们的工作有了更深刻的了解。

在史料文献片、考古发掘片、案件侦破片、科学知识片等影片中,发挥补充丰富作用的解说较常见。

起着补充丰富作用的解说词,在跟踪拍摄的人文片中也比较常见。因为这类纪录片大多以片中人物的自然生活状态为主要内容和情节,画面语言、同期声较多,解说较少,画面实在无法表现的内容才用解说来补充丰富。由于此类纪录片所表现的内容本身就充满引人入胜的情节,并能表现出活生生的人物,因而,无须过多解说。可以说,"补充丰富"是电视纪录片解说的主要作用,它可以通过解说表现有声语言的优势,补充画面外或事件过程的信息,表现人的内心、思想、情感及抽象性内容,发挥补充丰富的作用。

(三)深化主题作用

深化主题是解说的重要作用。它通过解说,将编导的立意、观点直抒胸臆地表露出来,成为全片内容的升华和精神实质的凝结点。

深化主题的解说具有中国特色,在一些政论片中比较常见。这种解说词集中揭示了本片的创意,并往往用富有情感和文采的议论,"以虚寓实"点出本片的立意,形成该片的"点睛之笔"。如《我爱国旗》中向我们展现了英烈们用自己的生命和热血染红了国旗,国旗继续激励着我们的运动员、科学家、军人等奋发图强。在第五集临近结尾处有这样一段解说词:

红色,血液的颜色,生命的颜色。独立、自由、富强,这是中国人一个半世纪以来,为之奋斗的理想。为了实现这个理想,无数革命先烈染红了朝阳,赋予这片大地以新生。先烈的英灵就是国旗的魂。

播这类解说词,应具有强调、点指之感,表达情感浓烈,有内在力度。

(四)烘托添趣作用

烘托添趣(烘托气氛、增添情趣之意)是对画面起渲染作用。它可以通过解说将画面上平淡无奇的形象,引申为情趣盎然的联想,或将画面中本已具有的情感进一步加深、加浓,从而使观众能更好地感受画面语言,欣赏片子。如一部旅游风情片《友谊之旅——泰国、马来西亚、新加坡三国旅游纪实》中,画面上是"过人桥"的游戏,一头大象正在驯象师的驱赶下,一步一步迈过等距离躺在地上的人,但它走了一半就不走了,还抬起一只大脚在一个躺在地上的女青年的脸上方来回晃着,解说词是:

这只大象对这位女游客发生了兴趣,以至于动手动脚。

在这里,画面本身已经很有意思了,加上这段解说,更使这种情趣得到了渲染,使人情趣盎然,从视听两个方面刺激了观众的感官,取得了较好效果。

除了风情片外,其他类型的纪录片也有起到烘托添趣作用的解说词。播烘托添趣作用的解说词,应表达出极大的兴趣,语言可夸张一些,情感可浓郁一些。

(五)抒情造境作用

抒情造境体现的是解说的艺术点化作用。它往往用虚化的手法来表现内心真挚的情感,或以精深的点指营造高邃的艺术和精神境界。它表现了解说词"寓实于虚"的写作特点。如《中华之剑》一片中,同期声讲述了一位女缉毒警察刚领结婚证尚未举行婚礼的丈夫为追捕罪犯与贩毒者一同跳进了滚滚的江水中。当时,这位女缉毒警察正在外地学习,回来后只有丈夫的遗物了:那写给她的充满爱意和思念且尚未发出的信,那枕巾上丈夫的气味和头发,那掉了齿的梳子,那曾吹出过欢乐曲子的口琴。以后的日子,她时常睹物伤情,用抽烟来排遣自己内心的痛苦。片中有这样一个画面:在江边,那位女缉毒警察默默无语,深情地望着滚滚的江水,解说词是:

每逢九月,成双成群的彩蝶就飞到这条江边,徘徊在烈士施翔宁牺牲的地方,不肯离去。这里的人们说:"那是他的灵魂。"

像这样的解说词,就是为了抒发对烈士深深的怀念之情,营造一个浓浓的意境。又如《萌水情思》一片讲的是当地人民为了给修建水库让地,迁移至他乡时,对故土的留恋之情,解说词是:

萌山、萌水,今朝我离去,又禁不住回首再望你:这山,鲜花独秀;这水,娇楚可赞;这人,善良聪慧。我真想将这些带走,真想!以及它春的萌动,夏的色彩,秋的成熟,冬的言语。

起着抒情造境作用的解说词似优美的散文,凝结着深深的情愫,营造着浓浓的意境。播这类解说词,应有真挚的情感,语言色彩浓郁,或在浓妆素裹中含有韵味。

(六)连接画面作用

连接画面体现的是解说的指向作用。它帮助编导推进内容、形成结构。通过解说,可以将表面上互不相关的画面,有目的地、有机地连接起来,使观众对其形成准确的理解。

这种解说词能巧妙地将上一段落转到下一段落,起到连接作用,并道出画面的含义。如《闽土神韵》一片,集中介绍了福建地区与石头相关联的文化及石头的功用:摩崖石刻、装饰石雕、石刻佛像、石桥、石塔。片中在介绍佛像之后有这样一段解说词:

佛像再大、再好,不过是供人顶礼膜拜。烧香念佛虽然暂时得到了内心的平衡,但毕竟解决不了肚子的问题,而这些石头造成的桥梁却在几百年内极大地造福于生息在这里的人们。

这段解说词巧妙地将佛像段落转到石桥段落,起到连接作用,并道出了画面的含义。播这类解说词,要有承上启下之感,点准、凸显上下两者的重音,观众才听得清,不致使重音淹没在自然的语流中。

其实,解说的作用不只这些,除去以上几个主要作用以外,还有领起作用、归纳作用等。了解了解说的作用,在表达中还要注意以下几点。

第一,语言既要自然流畅,又要有重点,不可顾此失彼。

第二,每段既要有独立作用、处理多样,又要受整体基调、风格、语体的制约。

第三,解说词散化、不完整、不连贯,表达时心中却要有整体感,与上下文承接,与画面内容承接。

三、电视纪录片解说的特点

电视纪录片解说不同于广播播音,也不同于电视新闻片配音,有其自身特点。

(一)稿件

电视纪录片解说的稿件大多散化、不完整、不连贯,有的有句无段,有的有段无章(少量政论片相对成章),不像广播稿相对完整。但在解说时,不能因稿子写得散,就播得碎,应当心中有整体感,并把握每段解说的具体作用,懂得与画面承接、配合。实际上,解说的表达处理,不仅要依据解说稿,还要参考画面以及其他创作要素。

(二)作用

电视纪录片解说稿件写法比较丰富,表达形式更加自由多样。相比电视新闻片配音,电视纪录片解说不只担负"提示说明""补充丰富"作用,根据不同片类与解说词写法,还有多种作用,具有新闻性与艺术性。

(三)表达

电视纪录片解说,一般而言,用声小而实,它比新闻播音用声低、力度弱、用气更灵活、语言更自如、多变。它比电视新闻片配音更有艺术感。

(四)心理

电视纪录片解说的创作,表达主体的感觉和感受应同时发挥作用。当对着画面解说时,画面上与解说词对位的景物、人物、环境等形象,可对解说者形成直接的感官刺激,引起解说主体的相应感觉,并融入解说语言中;当没有与解说词对位的画面时,解说者则通过文字媒介唤起的自身心理感受来进行解说创作。同时,解说者头脑中也要有自己想象、联想的形象以及画面的段落感来支撑自己的解说,以免解说处理得空、白、淡、平,缺少交流感与画面感。

(五)位置

电视纪录片解说的位置感不像广播播音居于前面,通常是位置撤后,起辅助画面的作用,但有时根据解说的作用与需要,其位置感也会前推,这种心理感觉直接关乎解说表达处理的分寸把握、用声幅度及与画面语言的配合。对于不同片类有不同的位置感：一般风情片——以画面为主，解说为辅；政论片——以解说为主，画面为辅；人物片——画面、解说互为补充。

其实，这也无一定之规，应以电视纪录片的具体创作情况为处理依据，有时还需非单一性处理。

四、电视纪录片解说的把握

（一）与片子的目的、风格相贴切

电视纪录片解说创作，首先要把握解说基调。通常，相同内容的片子，若创作目的不同，便会产生不同的基调、不同的表达风格；相同样式的片子，创作的目的、方式、手段不同，也会有不同的表达风格。

解说基调的选择，基于对片子的整体创意、解说词的创作风格，以及对片子的主题、内容、目的等方面的理解及把握。因此，解说者接到一部片子的解说任务时，首先要看该片是表现什么内容的、立意何在、需要运用什么手段和风格来体现的，再结合解说词的具体写法，选择应有的解说样式、风格及人称，将这些因素融入解说的基调中。

（二）与画面的情绪、气氛相和谐

解说与画面的情绪、气氛相和谐是电视纪录片声画和谐的重要条件之一。解说与画面的情绪、气氛相和谐，在于内在感觉与外化形式两个方面。总体而言，解说的情绪应以片子的情绪、气氛为依据。解说语言的冷与热、喜与悲、严肃与轻松、抑与扬等各种情绪色彩、表达样式及节奏变化都来源于对片子的具体内容、画面情绪与气氛的理解、感受与体会。此外，解说情绪的准确，不仅要求内心感觉到位，还应外化到位，让人感觉到语言色彩的性质、浓淡，语言形式的扬与抑、松与紧，以及语言表达技巧的合理运用。

（三）与镜头的运动方式、景别、场景相适应

电视纪录片的画面语言，是由一个个、一组组画面组合而成的。要想解说成功，不能只与片子的思想感情、内涵相依，也应与其表现形式相合，才是解说与画面的真正相合，这一点在解说中非常重要。关注画面的不同景别、不同场景、不

同色彩、不同明暗,甚至镜头中人物、景物等对象的不同距离、不同方位等,都对解说者的心理感觉产生较大作用,镜头的这些处理是编导为了表现片子的内涵意义的有意为之。对于这些处理,解说者都应施以不同的语言处理,从而形成不同的音高、音强、音长、音色及语言色彩等。

(四)与画面的段落、位置相吻合

电视纪录片解说与画面的段落、位置吻合,可使受众清楚、准确地体会片子的内涵,产生妙趣横生之感。

解说要想与画面内容对位准确,在分析、理解画面的基础之上,首先,要知道画面的大段落与小层次,解说内容与之相应,才不至于使二者发生错位。解说与画面段落对位,需要有一定技术,如记忆画面进出点。掌握不了画面的进出点,解说者解说时会总提着气、绷着劲儿,生怕误了解说的进出点,这样不可能有一个好的解说状态。

具体来讲,解说要有层次的划分与处理,与画面段落、位置的吻合,可分为"宽对"和"严对"。

(1)宽对:即与片子的大段落与小层次基本相合。不能延伸到解说段落的上下内容当中。

解说与画面段落、位置吻合的方法有以下几种。

变速法:指画面多、解说词少时,可放慢语速;反之,画面少、解说词多时,则加快语速,应与画面长短均衡一些。

移点法:指为让解说与画面尽可能和谐,在不影响本段落或小层次对位吻合的前提下,将解说进入某一段落或层次画面的点"后移"或"前移"。

抖散法:指在画面多、解说词少时,在不影响内容表达清楚的前提下,配合画面将解说词拆成一个个词组或一个个词,以延长解说的时长,求得与画面长度的均衡;这种方法在使用时,应注意心理照应,即语止而意、情不断,语言形式"顺势而上,顺势而下"形成波浪式起伏,有主次和语流曲线,使人听得清楚、舒服。

(2)严对:即解说词与片子当中某一具体景物和人物的画面严格对位与吻合,处理好会给人恰到好处、妙趣横生之感。严对只能使用变速法。

"宽对"与"严对"都可使用"变速法","变速法"的使用应当有机、自然。在解说语速快慢变化时,要有较强的心理支撑,不能"为快而快、为慢而慢",不能让人听出在"赶"解说的切入点或在"等"解说的切入点,应当"快得合理、慢得有味",要让人觉得语速的变化是情感波动所致。此外,还应注意要有过渡性语速,防止语速的突变。

(五)与音乐的情绪、节奏相协调

音乐有着自身表现力,在电视纪录片中,音乐可以帮助深化主题思想、渲染情绪和气氛,具有时代气息、地域色彩、情感氛围及很强的艺术感染力。

目前,电视纪录片大都是先录解说,再配乐;也有极少数是先配乐,再录解说。从创作的规范角度,应当是先剪辑片子,再录音乐,最后录解说。因为这种先后程序,能够给解说者提供情感引导及参照,如参考画面,把握解说的出入点,参考音乐,与音乐配合产生相应的语言节奏及情感,这样的工作状态是最理想的,有助于做出质量上乘的作品来。如果没有画面形象、段落与音乐节奏的参照,解说者往往心中无底,很难引发解说情绪并使情绪与画面内容配合,不敢变换语言节奏和表达形式,只能是不快不慢、不高不低、不刚不柔的"平面图"式的解说,影响解说的表现力和感染力。

针对当前这种先录解说的工作状况,解说者应当根据解说任务与解说词写法,设计解说处理,与纪录片配乐相适应。

(1)解说与配乐的配合:首先要"想象",想象配乐的风格、情绪、节奏。如果不知道片中某个段落是否有配乐,就要靠个人经验或请教编导了解其创作意图,实现解说与配乐的有机统一。

(2)解说进出音乐的处理:心理方面,可形成"接来送去感",兼顾解说"入"与"出"画面及音乐的具体情况,如高接低送、快接慢送、强接弱送等,产生细腻、适当的心理承接感;生理方面,用气有强弱、长短及不同气势、气状的变化,用声有音色、高中低不同共鸣的变化,咬字有松紧、长短、饱满与不饱满的变化,肌肉控制有呼吸肌、咬字肌的不同松紧变化。

另外,根据需要,解说者应设计不同身份、音色、气质,以便更好地贴合片子的内容与风格。解说时,因音乐多是中声部的,所以男声用声不应压沉,女声用声不要高亢,否则与音乐不合。解说时,有无配乐,解说的语言处理也不同。有配乐时,解说语言应随音乐旋律、节奏有起伏感;无配乐时,解说语言讲解性更强,可平实些,起伏小些。

(六)与音响效果、同期声相配合

在电视纪录片中,存在大量音响效果与同期声,解说与它们配合是否得当,也至关重要。

(1)解说与音响效果:音响效果不仅能营造一个真实的环境,还可以表达情绪气氛、人物心理,有象征力。因此,解说者也应设计与音响效果的配合处理,表达时,调整自己的情绪与声音的高低、强弱、长短、刚柔等相适应。

(2)解说与同期声:同期声最具真实性与现场感,它丰富了画面信息,给予人们真实的感受。解说与同期声配合要注意两个方面:一是关注同期声中人物语言的内容;二是关注同期声中人物说话的方式,以便与同期声有机、顺畅地承接,表现为声音高低、明暗或语言快慢、轻重的变化等。

第三节 电视纪录片解说要求

一、解说语言的艺术化、生活化

解说语言,总体而言应当朴实、自然、流畅,以说为主,偏口语化。

解说语言应当是"有控制的自如状态",即经过训练的,有艺术性的,绝不是没有训练的"大自然"状态。

解说语言,具体而言应当用声音量不大,小而实;语流多平缓,少大起大落;表达较自如,因有画面相伴,情感与表达不宜饱和,并有起伏余地。

二、解说表达技能的丰富性

事实表明,能播好新闻等其他语体,不一定就能解说好电视纪录片。在电视纪录片中,解说者既是"导演",也是"演员",需要自己设计处理解说词,并将其表现出来。

解说需要解说者素质、技能全面,有播音与表演的双重素质;既要体现出播音语言的"清楚、规整",又要体现出表演语言的"自然、生动"。这样,方能胜任各种片类的解说。

(一)解说的语言样态

1.朗读

朗读是解说的一种手段。在电视纪录片解说中,朗读多用于片首、片尾的解说,显得庄重、客观、大方。它的作用是引起、揭示或提示片子的内容。朗读一般情感不浓,它的表达,不同于叙述,也不同于朗诵,具有说明性。

2.朗诵

朗诵也是电视纪录片解说经常使用的手段之一,它一般比朗读的情感浓些。有位著名解说员曾说过:"不会朗诵就不会解说。"因为,有些解说词的写法寓实于虚,语句整齐似诗、文采飞扬;有的解说词引用佳词名句,或烘托高潮,或感慨抒情,只有具备朗诵的功底的解说员才能胜任这种解说,将解说词的内容表达到位。

3.讲解

讲解是解说的主要语态,在电视纪录片解说的特点是平稳、清楚,情感色彩不浓,语言起伏不大,多用于科教片的解说。这里所说的"科教片"包括各种知识、技能操作等类别,如生产、商品、军事、体育、文教等各方面的知识与技能操作。

讲解的语言样态比"说"稍规范,解释性较强。有人曾说过,播音是解释性工作。电视纪录片解说多用讲解语态,要求内容清楚、表达自然。根据所讲内容不同,要求也不同:有的以规范、清楚为主,有的可以生动活泼一些,有的则可在清楚、规范的基础上稍加韵味。

4.说

在电视纪录片解说中,叙述、介绍、自述这些内容可以用"说"的方式处理。"说"的语言较自然。但电视纪录片解说中的"说"不是没经过训练的、纯自然的"说",它也需要有一定的语音发声规范及控制。"说"的语言样态,往往用于第一人称的解说,在人物片中较多见;在第三人称的解说中,也有少量说的语态。

5.配音

这里特指为片中人物语言的配音。在电视纪录片中,有时人物只会说外语或方言,这就需要解说者用普通话为其配音。这种配音又不像为影视故事片中的人物语言配音那样细致,因没有对口形及语言润色等环节,只需与片中人物的气质、心理、神态、声音、口形等基本吻合。

(二)解说的语言样式

要想解说成功,还应注意叙述、议论、抒情、描绘的处理,按照解说词的写法当叙则叙、当议则议、该抒则抒、该描则描。不可所有解说词都只用一种方式表达,那样的解说难成佳作。当然,不同片类,解说词写法会有不同侧重,但绝不会一部片子的解说词都是一种语言样式。

1.叙述

叙述是解说的主要方式,无论何种片类的解说,都离不开叙述。叙述在解说中有着重要作用,叙述得清楚,解说就成功了一半。解说中的叙述不能平淡无味,要随内容产生适合片子风格、解说者身份的相应情感态度。

2.议论

政论片的解说议论较集中,其他片类的解说,议论大多散见于解说词中,有时是一段,有时是一句,有时一段解说词的最后一句才是议论。在表达时,既要与前面的叙述语言有机融合,又要不失议论的力度。要注意,只要是议论就要予以表现,不得混为叙述语言处理,否则,会削弱其应有的力度。解说中的议论都是缘于一定的情、一定的事或一定的理,因此,表达不可生硬、空洞,应就其情与事,顺其理,带有感悟地议论。议论语言一般力度强于叙述语言,情感浓于叙述语言。

3.抒情

抒情主要是抒发、宣泄内心的情感。在解说词中,抒情性语言有的像诗一样,句式整齐,文采飞扬;有的仅为夹在其他样式的语言之中的一句话。抒情是表现情感的最好方式。解说中的抒情,一般也基于具体内容,表达时,既要区别于前后的叙述语言,有自己独立的语言特点,也不能跳出解说的基本样态。抒情语言的表达,情感要真挚,语言形式可以激情,也可以深情。

播这种解说词,除了以轻美柔和的方式处理,根据需要,也可以用高亢的激情的方式来表达,做到声朗、情浓,以更好体现出纪录片情感。

4.描绘

描绘在解说语言中不是很多,但也存在。它在电视纪录片解说中的作用,主要是强调,引起受众的注意。无论是对一处风光的描绘,还是对一种物体的描绘,或是对一种动物的描绘,无不透出对其的关注与关爱。解说时,感觉要细腻,语言需慢些、舒展开,似一支画笔描出一幅具体的画面、一个具体的形象。一般描绘性语言表达要慢于议论、叙述性语言。描绘性语言在风情片和科教片中比较多见。

解说中"叙、议、抒、描"的运用,应当注意把握以下几点。

(1)在解说备稿时便理出叙述、议论、抒情、描绘的语言,规划如何表达。

(2)不能处理成单独的议论或单独的抒情,要有机融合于解说语体之中。

（3）在整段叙述的解说词中，即便有一句议论、抒情、描绘的语言，也要做相应处理，避免使其淹没在叙述语言中。

三、解说表达样式的多重性

解说者不能有表达定势，喜欢什么语言样态，就用什么样态解说；或表达能力欠缺，只会一种表达方式；或仅凭个人好恶将不同解说样态任意处置。不同种类的片子，会有不同的解说样态。

我们从模糊思维角度划分出五种解说样式。

(一)议论型(政论片)

表达的声音、气息力度较强，咬字饱满；语言严肃、质朴、庄重、大方，有主体感，视角有一定高度。

(二)叙说型(人物片)

用声以半实为主，有时需要用半虚声来表达内心之言；表达感觉有很强的交流感；语言亲切、自然，不宜过扬。

(三)抒描型(风情片)

用声轻美柔和；咬字多柔长；节奏多轻快、舒缓；语言亲切、甜美、柔和、真挚，不能基调沉、语言硬、语速快、语调嗲或情感冷漠。语言有表意、表情的作用，富有音乐美感。

(四)讲解型(科教片)

用声多平缓；语言较稳实、质朴。表达不宜飘、快，要有耐心，有兴味感。

(五)字幕型(人文片)

表达需客观、平实、不露声色，只起字幕作用。

字幕型解说也有基调和感悟。语言表层的不动声色，不等于内心深处没感觉、没感悟。不动声色只是一种表达样态，这种解说要根据片子的内容、立意设计一定的情感、基调，也要使用一定的表达技巧参加创作，气息、用声、停连、主次、语言色彩都要融于自然、平稳、恬淡的语流之中,犹如红装素裹,内涵深蕴,具有一定美学品位。

解说样式的选用应避免两种误区:一是认为无论什么样的解说词都可以用一种方式处理;二是以为没经过训练的人反倒可以播好解说词。实际上,由于纪录片创作多样化,在一部纪录片中,往往不只采用一种表达样式,有时也有两种及以上表达样式的交叉。

四、电视纪录片解说提示

(一)感觉与感受共同发挥作用

感觉,指"第一信号系统"作用。当画面内容与解说内容对位时,画面中的一切会对解说者产生感官刺激,使解说者产生相应的情感、态度,用以支撑自己的解说表达。感受,指"第二信号系统"作用。当画面内容与解说内容不对位时,解说者只能通过文字符号还原客观现实,将自己的理解转变为内心感受,产生相应的情感、态度,用以支撑自己的解说表达。好的解说表达状态是脑中有形象、耳边有音乐、心中有真情。

(二)解说要有身份感

解说者解说电视纪录片时应确立身份感,否则会使解说的基本语气散乱,不统一。无论是第一人称还是第三人称的解说,都须有明确的身份定位,产生统一的基本语气,形成"解说气质"(不完全是"本人气质"),从而使解说贴合主题、自然、统一。

(三)解说的"最佳效应感"

解说的"最佳效应感",是指解说语言在纪录片画面与音乐中不知不觉地进入,完成解说任务,又不知不觉地撤出,进出自然,不夺人耳目。和谐为美为创作的原则。局部之美不是美,整体之美才是美,解说也是这个道理。因此,不要怕"弱化"甚至"牺牲"部分片段解说的"完美"程度,要追求全片的"最佳效应感"。

第四节　电视纪录片解说实例分析

一、电视纪录片解说实例

前面,我们已对电视纪录片解说再创作的诸方面技巧进行了探讨,但在实践中,仍有一些具体问题需要注意,因为解说是一项复杂、灵活、细致的工作,若想做好,必须具备正确的认识,娴熟的技艺以及多样、灵活的处理能力。

(一)气质

电视纪录片解说的实践充分表明,一部片子的成功解说,与解说者本人的气质特征及创作个性有很大关系,二者相合则成功一半,相悖则必然失败。

有言道:文如其人。对于解说者来讲,声也如其人。每部片子的编导在选择本片的解说者时都有着一定的审美追求,不管对方是演员、是电台播音员,还是电视台播音员,只要其符合这部片子的气质要求,都可能被选作这部片子的解说者。我们也看到,不少好的纪录片解说,不是由电视台播音员,而是演员或电台播音员解说的。

从总体角度考察,演员、电台播音员与电视台播音员都有自己的特征,自然有其优势,也有其不足。

演员(舞台、影视演员),一般表达方式较灵活,语言自然、生动。但有时易抢戏、角色化、位置感不当(播人物片、风情片有一定优势)。

电台播音员,一般语言造诣相对较高,表现力较强。但缺少画面感,播味较浓(播政论片有一定优势)。

电视台播音员,一般表达中有画面感,但表现力欠缺,语言较平淡。由于人的职业、工作特点,对其气质的形成有一定影响,故在此提及。

以上区分仅就整体、一般而言,不存在绝对性。意义在于提示解说者在解说时,既看到自己个人气质的局限,又调动自身的各种潜能形成自己的气质,与片子的气质要求相适应。当然,无论是演员、电台播音员或电视台播音员,优秀播讲者都具有兼容性和调整能力。

通常编导不会将一部政论片的解说任务交给一位气质清纯、声音甜美的人去播,也大多不会将一部风情片的解说任务交给一位气质深沉、声音苍劲的人去播,除非特殊需要,而是二者互换,这是解说者本身气质决定的。

但如果在选择范围有限而又具有可塑性时,编导也会将不同片子的解说任务交给同一个人。这时,演讲者就要清楚地了解自己的气质特点,包括个性、音色,找出优势与缺点,加以定位和调整,以明确自我的承受能力,营造片中解说所需要的解说气质。

所谓"气质",在此应指两种:解说气质和本人气质。

"本人气质",一般很少能改变;"解说气质"已经蕴含、确定于片子的创作中,能够变通,解说再创作时需要体现这种气质。形成"解说气质"的要素有两点:一是心理感觉,二是生理感觉,其基础是先天条件、文化素养与表达技能,可依据、参考的因素有:片子的风格、基调、题材与解说角度。

例如,《八闽风情》一片,风格是抒情的,基调是轻缓、明丽的,解说的角度,可以定位为导游或当地的报社记者。片子的题材是表现当地风情习俗的,此片不是新闻片,也不是文艺片,而是纪录片即专题片。基于以上诸多方面的考虑,此片的解说气质定位于柔美、清丽(男生可略有不同)。

然而,如果解说的气质与片子内容不相符,则使人难以接受。

例如,《一个永远讲不完的故事》一片,解说是第一人称的,如解说者的气质不对,也令人难以接受。比如,此片解说应为中年女性内在、朴实的气质,但如有的解说者不加深究,将其处理成年轻女子娇嫩、单纯的气质,这就十分不妥,会严重影响片子的整体感觉,解说技能再高,也于事无补。

因此,在解说再创作中,应重视解说的气质问题。

(二)身份感

身份感在电视纪录片解说中也很重要。它可使解说者心理到位,语气统一。这是因为解说不同于一般播音,身份感基本是固定的。由于片子的创作多种多样,人称位置也应多种多样,甚至一种人称位置,也会由于角度、气质等因素不同,而产生不尽相同的身份感。

例如,同是第一人称,也可以形成记者、教师、学生、科技人员、医生、文艺工作者、体育工作者、战士、家庭主妇等不同的身份感。

那么,身份与身份感有什么关系?它们的区别如何?身份感的作用又如何呢?

首先,身份与身份感关系很紧密。一般而言,有什么样的身份就有什么样的身份感。但二者并不是等同的概念,各有其内涵。

其次,身份与身份感的区别在于:身份,是一个人职业与社会地位的反映,是客观性存在,不可人为改变;而身份感,却是人的主观性产物,是个人主体的内心感觉。身份感的形成有两种途径:一是由人的身份自然形成,二是由主体想象而形成,所以,身份感可以改变。它是表演艺术中的重要创作要求。一名演员不可能饰演各种不同的角色,而且演谁像谁,原因在于不同角色改变了内心感觉,需要用想象的身份感来取代自己演员的真实身份感。

再次,身份感的主要作用是调整主体内心感觉。如前所述,一般而言,有什么样的身份便会具有什么样的身份感。但社会中的人各异,绝大多数人如此,符合这种规律,但也有极个别人不尽如此。例如,有的人是工人身份,却具有知识分子的气质,很大程度上是其内心感觉和自己的追求如此。也有的是其身份有所变化,但内心感觉却尚未适应,没跟上。这在社会交往中,往往还会发生矛盾或误解。但这毕竟是少数。

而在表演艺术或艺术语言创作领域,身份感却成为一种极为重要和有效的创作要求,应以适当的身份感形成相应的表演或表达来适应工作的需要。所不同的是,在表演艺术中,演员需要从内到外全方位即语言、相貌、形体甚至习惯等成为某一特定人物。而播音员由于工作性质决定,只需内心感觉到位,语言感觉到位,具有一类人的共质即可,不必像表演艺术中必须演出独特的"这一个"人物才行。但是特定人物的心理感觉一定要到位,只有这样,才能表达到位,尤其在多样的解说中,身份感的作用很明显。身份感不对,解说也难以准确。

有不少播音员在解说时总像播新闻,或是解说什么都一个劲、不对味,排除表达方面问题,很大程度上是缺乏身份感及变化。

例如,《一个永远讲不完的故事》一片是以第一人称写的解说,片中又以五个孤儿中的女性周同贺为主线来表现。因此,此片解说的身份感应当符合其特征:中年知识女性、大学毕业、国家干部、性格较活泼、生活质朴。表达应有一定深度,不能太飘,让人一听即感觉是片中这一形象所说的。

但是,有的解说词由于作者功力不够或认识上有偏差,解说词写的角度是第一人称的,但语言却中性化,第一人称感觉不明显,或不统一。这时,解说者就应如上所述,做全面、细致的研究、定位,用自己明确的特定人物感和语气、方式来处理全部解说,给受众一个准确的、统一的印象。千万不可处理得身份感混乱、面目不清。解说处理关键的一点是身份感准确、统一,其次是表达功力够。绝不可总站在一个角度,用播新闻,甚至以一种固定腔来播解说。这也许就是为什么说不是会播音(狭义播音概念)就会播解说的原因所在。当然,与表演艺术相比,解说中的第一人称感与配音,也仅是准第一人称感,不可能惟妙惟肖,这里既有职业分界,也有创作的局限。

从解说的大量实践来看,第三人称的解说,也可处理成不同身份角度的解说。以便使解说更内行,更热情,更亲切。

对于一些人称不明显的解说词,不要匆忙下结论,应当仔细从解说词整体和每一句解说词中去寻找、去体会。如《八闽风情》一片,初看似第三人称角度,细致品味才感到是第一人称。

此外,即使同一人称角度的解说,由于解说者性别不同、声音特点不同,也可在一定范围内处理成稍有不同的人物感觉。不过,这只限于第三人称解说,因为第一人称的身份感已明确,不可改变。总之,身份感的设定有原则和规律可言,同时,也有某些变通性,可有限度地灵活定位,关键是设想得是否合理、准确。

综上所述,身份感的确是解决解说定位千变万化的有效方法之一。因此,解说者在拿到一部片子的解说任务后,要先通过片子和解说稿分析、领悟、体味,然后,细致揣摩各种因素、条件,确定解说者的气质与身份感,才能形成准确、具体的解说表达。

(三)基调

电视纪录片的创作一般比较灵活,角度多样,内容丰富,因此,功力不足的解说者对片子基调的把握与体现有一定困难,而基调的准确,对一部片子的解说成功至关重要。

诚然,基调的形成有两部分内容:一是思想感情的色彩,二是表达用声的色彩,二者缺一不可。前者的形成主要来源于对片子立意的把握。

例如,一次一位地方电视台的播音员讲他们台做了一部有关抗洪抢险的片子,其中既有军民协力抗洪抢险的镜头,也有受灾惨重的画面,她问应当用什么基调来表达。这就要看片子的目的了,如果是赞扬解放军每到关键时刻都会挺身而出,或是表现中国人坚韧不拔的精神,应当用积极、赞扬的基调来表达。但这位播音员讲,他们台做这部片子主要是为了寻求救助。那如果是这个目的,片子解说的基调,应当是凝重、呼吁的。二者的语言色彩完全不同。

又如,有的解说者对《一个永远讲不完的故事》一片基调把握不准,将其处理出沉郁之感了,实际应为歌颂、怀念之感才对。

实践中存在的问题,有时解说者根据自己的分析、理解(不管画面多么灵活多样),了解、把握了片子的立意,也产生了相应的基调和心理感受,但解说语言却难以准确体现,甚至偏差较大。这时,就应从语言表达、声音形式等外化方面寻找解决办法了。

通常容易出现的问题是该歌颂、赞扬的基调,表达上却语尾下滑,这样,即使解说者主体内心想赞扬,但由于语言形式下滑让观众感觉似悲调。也就是说,即使你对基调的理解、把握是准确的,如果表达形式不对,也传达不出正确的心理感觉,甚至产生相反的效果。同样的道理,如果表现深情、沉重的基调,而语言形式却不匹配,语势上行多,下行少,语速较快,那也透露不出正确的解说基调。

因此,要找准正确的解说基调,必须关注两方面的内容:一是理解、感觉的内部因素,二是语言外化的外部技巧,不能只重视前者,而忽略了后者,也不能只重视后者,而忽略了前者。功力不足者,一定要备齐技巧,否则,将无法胜任解说工作。

(四)用声

电视纪录片解说的用声,一般音量小于广播播音,但一定要非常集中、小而实(需要时可加大),尤其是第一人称解说时,这样,可以给人以亲切、自语的内心独白感觉。即使是第三人称的解说,也会给人以解释画面、依附画面之感。

此外,解说用声一般要比广播低,也低于电视新闻口播。否则,就会有语言浮出画面之感。一般解说用声用自如声区的中低部为多,随着片子基调色彩不同,可结合自己的声音特点,调整声音位置。如声音偏低者,在播赞扬性质等暖色彩基调的内容时,便需使用自己自如声区的高音区。如声音偏高者,在解说凝重、低沉基调或典雅风格的片子时,就要调整自己的声音至自如声区的低音区,根据不同内容、情况,音量大小、高低也应调整,以与片子要求同步。千万不可播什么基调、类型的片子解说都使用同一种声音,保持在同一个音高或音量。那样,播不出多样、完美的解说。

应当注意,找准了与片子基调相适应的用声感觉后,还应随具体每段解说的任务、要求不同而进行调整,根据其需要而决定调整的幅度大小。这是因为,电视纪录片解说词一般比较散化、跳跃性强,每段词的内容、作用、表达不同,当然用声也不相同,需要适当调整。有时,两段邻近的解说词用声感觉却相差甚远,变化很大。这也是电视专题片解说与一般播音的不同之处。电视专题片解说要比一般播音变化多、零散。自然,用声也要多变,甚至变化幅度很大。否则,解说方式就显得过于单一化。

目前,电视纪录片解说实践中存在的问题,除了解说方式单一化,还有解说用声单一化。这点应当引起注意。比如,有的解说者拿起解说词就用一种定势处理,用声自然总是一个样。因此,每一位解说者若想解说好,都应在每次播音前,在理解、感受解说词的同时,对自己声音的运用有所设计与考虑,因为二者不完全自动化。尤其对于表达功力不足者,这点就更重要。可以在设计好解说处理后,将每一段解说词都上口播一播,感觉一下,也可录下音,自我反馈,做适当的调整,找到最佳感觉和效果。由于解说词跳跃性比较大,有时上下两段的反差都很大,因而,更要做这种事先的设计。解说音色的选择与使用,也应在设计之列,刚与柔、明与暗等性质,也应依片类、解说气质、解说身份及情感的不同而有相应的变化。例如,通常风情片的解说用声较柔,而政论片的解说用声则较刚。当然,解说用声同时还要受制于画面、音乐、音响效果等因素。

(五)用气

电视纪录片解说的用气也有其特点,应是一般播音与文艺作品演播用气的结合,即既有播音用气的深、匀、稳,也有文艺作品演播用气的灵活,可作为表情达意的手段。

比如在《一个永远讲不完的故事》一片中,对一段解说词的处理:

……把爱的春雨洒向人间大地,把爱的种子植入孩子的心田,它就会长出一片片新叶,长成一棵棵大树,变成一片爱的森林、爱的海洋!每当有孩子失去了父母,每当人们遇到意外的不幸,人们就会想起我们,就会讲述我们的故事,这是一个讲不完的故事。

这段解说位于片中第一人称自述的结尾,也是主人公心绪激动、万分感慨之处,因而,解说情绪不断推进,当说到"变成一片爱的森林、爱的海洋!"时,情绪已推至高潮,此时,吐出半口气,似唱歌中的空半拍,再紧接"每当……"后面的话,可以充分地表现出人物的此时心境,并有小小的转换之意。这样的气息处理,既与人的情感紧贴,又有很强的表现力。

解说中气息的显露,不仅在第一人称中,在第二、三人称中也可使用。气息的活用与显露,可以更好地表情达意,使解说语言生动、具体,更富有感染力。

除去显露气息以外,气息的灵活多变,也是解说表达中需要特别关注的。由于解说语言的跳跃、散化,气息的运用非常灵活多变。需要提示的是,从总体上讲,解说的用气要松于新闻性播音。

(六)重音

重音在语言表达中分为逻辑重音、结构重音和情感重音三种。一般播音中,播新闻评论多强调逻辑重音和结构重音,文艺性播音中又比较重视情感重音。而电视纪录片解说则几者兼而有之,区分不同片类,互有侧重,应根据不同内容和需要灵活选择和处理重音。

与一般播音的差别之处在于,解说中的重音选择,不仅看解说稿,还要参考画面。一般规律是:画面上有的东西,一目了然则不再给予强调,用语流自然带出即可。若该强调的点,画面上虽也有却不明了,结合解说词分析又需着意强调的事物则必须强调。

例如,《闽土神韵》一片,它主要表现了五个与石头相关联的事物:摩崖石刻、装饰石雕、石头佛像、石桥和石塔,由此形成了五个大层次。因此,在由一事物转向另一事物的介绍中,解说必须清楚地强调其名称,使观众从纷杂的画面中准确接收应当关注的点。千万不可因解说词写法灵活多样,有虚有实便不知其强调什么,或者为了追求自然的说而放弃强调,使受众不能从听觉渠道得到准确、鲜明的信息要点。如这样一段解说词:

佛像再大、再好,不过是供人顶礼膜拜。烧香念佛虽然暂时得到了内心的平衡,但毕竟解决不了肚子的问题,而这些石头造成的桥梁却在几百年内极大地造福于生息在这里的人们。

在此,"桥梁"二字一定要凸显出来,因为接下来的画面就是介绍石桥了,要与上段介绍的佛像区分开来。而与这段解说相伴的画面内,景物较繁杂,石桥淹没其中,因此,必须用有声语言将其点指出来。大层次如此,小层次也是一样,每一层该介绍什么,一定要清楚、鲜明而又自如地强调出来,不要淹没在语流中,使观众不得要领。

总体上讲,电视纪录片解说的重音选择原则与一般播音规律既有重合之处,又有其自身的特点,即要结合画面选择重音。因而,有时解说中的重音要少于一般播音,并且强调的方式也有一定的限制。比如,鲜用停顿与放轻的方式来强调。然而,无论怎样,解说都不应为追求自然的说,而无重音意识和相应的表达。

(七)处理

对一部片子解说的处理,既要有宏观层面的把握,也要有微观层面的把握。宏观是指对一部片子基调、风格和语言样式的把握,微观层面则是指对一部片子具体内涵与表现形式的相依性进行细致处理。如前所述,电视纪录片解说的表达处理不同于一般播音,有其自身的特点,解说员除了需具有播音员和演员的双重功力,还需在具体解说中与画面相依,以解说词为参照来进行解说再创作。

首先,若想解说成功,除了注重以上所讲的各方面要素以外,对解说词的具体写法也需要高度关注,并结合画面语言进行具有细致、准确地处理。例如,系列片《我爱国旗》的第五集《世纪的目光》中的解说词就写得很有文采,在片首与片尾出现了句式整齐、虚实结合的对偶句和排比句。

(片首)听得见儿女的脚步声,看得见儿女的笑容,50年了,五星红旗飘扬,都知道沧海变桑田;

听得见祖国的脚步声,看得见祖国的笑容,50年了,每当金秋来临,谁心里没有一份喜悦,一份祝福?

……

(片尾)有这样一种目光,有这样一种歌唱,每天都汇聚在黎明的东方,汇聚在中国北京的天安门广场;

有这样一种步伐,有这样一队卫士,每天都带着民族的尊严,走向一个神圣的地方;

有这样一种期待,有这样一种渴望,每天都来自天南海北,此刻都朝着一个高度,一个方向;

有这样一种喜悦,有这样一种情怀,每天都要和母亲倾诉,每天都融入共和国的晨光。

伴随着这样的解说词,在片首呈现的是共和国一个个节日的喜庆场面,片尾呈现的是威武的国旗护卫队和汇集在首都天安门广场上的各族人民翘首以待的升旗仪式的场景。这样的文辞、这样的画面,肯定会掀动我们心中的美好情感。倘若我们再播出其中的韵律、节奏和整齐的句式感,便会给人以美的享受。这也是解说的功能之一。

解说词的写法一般具有思想性、文学性、知识性、哲理性和趣味性等,写法上也有虚有实,并将叙述、议论、抒情、描绘融于一体,根据不同内容,有时几句话就需变一种感觉及语体。比如,前几句话还是第三人称的介绍、说明,下面几句便是第一人称的自我倾诉,或一会儿叙述,一会儿议论,一会儿抒情。所以,从某种角度讲,解说跳跃感很强,语言灵活多样,还要兼顾画面语言进行配合,须有多种素质,处理较复杂,难度较高。因此,要想完成解说任务,就要先将解说词吃透,不但要把握其内涵,也要把握其形式,看是寓实于虚,还是以抒代叙,对每段、每句解说词都要细致研究,快速跟上其变化,才会产生好的效果。反之,不可能有好的效果。

试举《八闽风情》中一段解说词的处理:

旅游胜地武夷山,九曲溪水依傍着群峰娓娓流淌,在临溪的悬崖峭壁上,我们可以看到高悬着的木板,当地人称之为"虹桥板"。其实,这就是大约四千年前生活在这里的古越族人的悬棺葬。为什么要把人葬在峭壁上?是对山和水的崇拜,还是想表达什么意念?这当然应该由观众去揣度,但我想这里面肯定包含了一种对生活、对生命的认识和理解。大概那时人们跟水的关系太密切了,所以这些棺木都由整根楠木雕凿成船的样式。每个到过武夷山的游客都会想到这样的问题:在科学极不发达的古代,人们到底用什么方式才能把棺木架上去呢?岁月悠悠,虽然我们无法想象当时的情景,但是我们却不得不惊叹先民们完成这种葬俗的心智和魄力!

以上这段解说词介绍了福建地区的"悬棺葬"这一风俗,以及作者的所思所想。如果这段词都用叙述一种语气来表达,便不能充分传达作者的思路和我们二度创作的感悟与体会,因而,也就不能很好地调动受众,引导他们的心灵与我们一起思考、体悟。结合画面,这段解说可做如下处理。

伴随着这段解说词的开头,画面上是高耸的峭壁,下面是蓝绿清澈的溪水。所以,这开头的一句"旅游胜地武夷山,九曲溪水依傍着群峰娓娓流淌",应用描绘的语气抒开来说,稍舒展些,使画面语言与解说语言同步同感。后面的话就要用叙述的语言感觉说出,再往下"为什么要把人葬在峭壁上……雕凿成船的样式"这些话则是伴随着游人正漂游至此,站在船上抬头望着悬棺的画面说出,因此,需用议论的语气说出以接通作者、解说者、游客与受众的心灵,引导人们的思考,用声可以稍虚一点,以表现出内心的声音;下面的话"每个到过武夷山的游客……把棺木架上去呢"这又可以用叙述的语气说出;而后面"岁月悠悠"一句话则应以感慨的语气说出为好,并在语言里注入一种时空感,将每个字拉开来表现;最后再以带有感怀议论的语气说出此段解说词的结尾,这正好与画面上由博物馆转至大自然外景的嶙嶙古石相对应。如此处理,就比较贴合、准确、有韵味。

对于某些画面内容一般,写得也一般的解说词,解说者也应尽心尽力调动自己的情感,加强处理,追求"化腐朽为神奇"的效果。比如,《大地永远不会忘记》一片中有这样一段解说词:

①我国隋朝的安济桥和它的设计者李春,是广大设计者有口皆碑的。尽管已经一千三百多年了,却仍然冲击着今天的设计者。②古人以他们的聪明才智与勤奋刻苦创造出光辉历史,这固然使人自豪,但今天是仅仅发思古之幽情,沉湎于回首,还是面向未来去思索,创造更辉煌的文明?③市政工程设计者们当然选择了后者,④于是标志着抚顺市政工程设计新水平的戈布大桥便应运而生了。

与这段解说词相伴的画面:开始是安济桥,后来是市政设计人员在野外进行测量,结尾落在雄伟的戈布大桥画面上。

这段解说词如果不经细致的体味与处理,一口气播到底,也未尝不可,与画面基本可以吻合,但那只是平庸之作,与画面的精巧配合感、解说语言的深准及立体处理效果根本出不来。如将这段解说分成四节处理:第一节伴随安济桥的画面用亲切介绍的语气平缓说出;第二节以议论的语气说出,用声低且慢,显出思维的性质,在"沉湎于回首"一句完了处空一拍,再用渐扬、渐快的语言说出"还是面向未来去思索,创造更辉煌的文明",为下一节的处理做过渡;第三节就一句话,可伴着设计人员野外测量的画面以肯定、自豪的潇洒语气,用明亮、结实、快速、有力的语言说出;第四节伴随戈布大桥的画面,用比较舒展的语言、赞扬的语气说出。我想,这样处理必定让解说语言有一种虚实、快慢、高低的立体感,以及色彩、语气的灵活、深准感,甚至有种潇洒感。再精心找准每一节解说语言与相应画面的转换点,这样的解说便可称得上是较有水平的。

综上所述,解说的处理没有固定模式,也没人告诉你该如何处理,只有解说者自己结合解说词的样式与内涵,画面的内容、节奏,以及镜头的运动方式等条件精心体会、巧妙处理,自己既是导演,也是演员,既要处理构思准确,又要有表现的功力。总之,要具备整体素质和高度的工作责任心,方能设计出解说的上乘之作。

二、实操演练

(一)训练提示

电视纪录片解说的训练,主要是让学生了解电视纪录片的理论要点、类型、特点、创作元素、创作手段。让学生掌握电视纪录片的表达特点、表达技能等,特别强调对不同片类的解说把握。

(二)训练要求

(1)了解电视纪录片解说与新闻消息片配音及广播播音的区别。
(2)把握电视纪录片解说与其他创作元素的配合。
(3)掌握电视纪录片解说的备稿特点与解说作用。
(4)掌握不同类型的电视纪录片解说特点。
(5)把握电视纪录片解说的身份感、气质、位置感。
(6)掌握电视纪录片解说的各种样态及表达技能。

思考题

(1)电视纪录片解说的创作要素有哪些?
(2)电视纪录片解说有什么备稿特点?
(3)电视纪录片解说的作用是什么?
(4)如何把握电视纪录片的解说?
(5)电视纪录片解说的表达技能有哪些?
(6)电视纪录片解说的表达样式有哪些?
(7)电视纪录片解说与广播播音及电视新闻片配音有何不同?

第七章

电视访谈主持

▶ **内容提要**

电视访谈,是指主持人与嘉宾在镜头前就某一主题、目的、题材所进行的谈话交流。所有利用谈话交流形式作为节目创作方式与手段的节目都可以叫作电视访谈。电视访谈可以分为"电视专访"与"群言谈话"两种形式。

本章将就电视访谈的创作规律、创作要素、节目功能、主持技能等相关问题进行探讨。

第一节　电视访谈概说

如今,"电视访谈"已经不是"一类"节目的概念了,而成为一种节目创作手段或形式,与不同的内容结合,可以构成新闻访谈、科学访谈、法制访谈、心理访谈、情感访谈和娱乐访谈等。电视访谈是被广泛运用的一种节目形式。基于以上原因,我们将以往所称的"电视访谈类节目"改称"电视访谈"或"电视访谈节目"。

改革开放以来,我国电视访谈节目发展较快,主要有以下原因。

一是拟人际交流优势。电视访谈使受众享受到平等的"拟人际"交流,这是吸引受众关注的主要因素。另外,受众在这种节目中能得到沟通、宣泄、帮助,甚至可以自我展示,它迎合了受众的自我实现心理。以往的受众是"沉默的大多数",他们大多只能"听",而没有"说"的权利,他们希望获得"话语权",能够自由发表自己的见解,倾诉自己的内心,得到他人的共鸣。虽然在电视访谈节目中得到的仅是有限的"话语权",但也足以引起受众的兴趣和参与的热情。

二是社会变革需要。中国的电视访谈节目兴起于20世纪90年代,这并非偶然,而是因为在当时的改革开放转型期,有一部分人处境动荡,思想模糊,心理压抑,有不少事他们搞不清楚,弄不明白,加之道德、情感、理想、家庭、社会关系等都有所变化,因而带来某些思想混乱。而正是这种电视访谈形式,让他们有了提出疑问,亮出观点,寻求帮助的平台,使他们对社会转型期所带来的变化有了宏观了解,并且发现原来有不少与自己的处境、心理相同的人。在专家的分析、主持人的引导及参加访谈的普通百姓的交流沟通中,他们的内心平静了许多,由不解、悲观、质疑甚至愤怒变为平和与理解。可以说,电视访谈节目本身已经从某种意义上成为时代变革的"解压阀"、社会关系的"润滑剂"。正如美国的媒介研究专家斯克特所说:"脱口秀成为一种供公众交流的渠道。因为许多人觉得他们找不到一个对话的对象来对他们的想法做出反应,幸好,他们在脱口秀节目中找到了一个由媒介明星和公众人物组成的精英阶层。脱口秀既维护了这个阶层的观点的权威性,同时又通过轻松的方式拉近了彼此之间的距离,普通人通过他们场内和场外的交流,得到一种沟通和提升思想的满足。"可以说今天的电视访谈节目担负了两重任务:一是对国家、政府的方针政策进行解读;二是给予平民百姓帮助与引导。

三是真实性效益。电视访谈可以给现场内外的受众带来真实的感觉,电视访谈的真实感来自诸多因素:首先,电视访谈是一种真实谈话的自然流程;其次,电视访谈主持人头脑中只有"预设"的蓝本,一切都要现场发挥,访谈过程中始终伴随观察发现、随机应变、见缝插针、穷追不舍、提炼变通等即兴之作,给人带来期待、发现、沟通等真实体验。

但在电视访谈形式出现初期,编导往往用自己的策划构想给被访者"定调画框",这引起被访者的极大反感。原因是某些编导或主持人没有相应经历,或许只想完成任务,或是头脑中的条条框框太多,还不真正了解"访谈"的真谛。值得欣慰的是,现在这种幼稚的行为日趋减少,尤其一些名牌栏目的主持人,访谈前他们要么不见访谈者,只看其资料,要么见了对方却不提及访谈内容,就是为了求得一种新鲜感、现场感和一种真正意义上的"人际交流"。

四是主持人的魅力。"电视访谈"的英文 Talk Show 被形象地译为"脱口秀",意思是:不重准备,重临场发挥,脱口而出(国外的"脱口秀"意在展现主持人的技艺,与我国的国情及访谈功能有所不同)。这种脱口而出的能力,加之睿智、幽默的独特风格与亲和力,便形成了主持人的魅力。实际上这种脱口而出的功夫是主持人的先天条件和后天能力的集合,主持人表现于现场,却累积于平日。

媒体中的一个栏目与其主持人的命运息息相关,有时主持人能激活一个栏目,带来众多人的青睐;也能毁掉一个栏目,使其原有的辉煌不再。如我国优秀的访谈主持人董倩独特的主持魅力与《面对面》栏目,熠熠生辉。董倩具有良好共情能力,可以很好地把控节目节奏,从而达到节目预期的传播效果。可见,主持人的魅力具有极大吸引力。

在不同节目中,主持人的任务、作用、主持方式各有不同,最有驰骋空间、发挥余地最大、与受众最为接近的应是电视访谈主持。目前中国有不少观众是因为对主持人的欣赏与喜爱而收看他所主持的节目。

五是电视媒介本体回归。"电视访谈"形式发端于美国，脱胎于广播谈话，之所以发展较快，一方面在于其制作较为简单、经济；另一方面归功于电视人对其电视化的改造。"电视访谈"初期，只是将广播谈话照搬于屏幕，访谈双方就不同主题、不同内容进行着静态的与广播谈话绝无二致的侃谈。随着节目影响的扩大、受众的关注、竞争的加剧、传播理念的更新以及技术的发展，我们看到各种形式的电视访谈纷纷问世：有谈话之间穿插资料片进行形象化叙事的，有与受访者同游戏、共起舞的，有化为受访者身份帮助嘉宾袒露内心的，有边访谈边演示操作的，有主持人独自专访的，也有各界专家助阵主持的……总之，各种内容、多种主题、不同风格的访谈，使电视媒介视听兼备的优势得到进一步发挥，促成电视媒介本体的回归。探寻电视访谈的视觉文化之路，收到了良好效果。

另外，随着传播技术的更新，多媒体的开发，人们对文字、语言的依赖逐渐转为对视觉文化的青睐。视觉会给人带来一目了然、直观、简单、省力的传播效果，加上文字、语言的深度挖掘功能，这种视听双重效益的传播力量无疑是巨大的、吸引人的。

电视访谈节目分类

谈话节目的类型，可以从多种角度来划分。

从节目选题看，谈话节目的选题范围很广，既有政治、经济、文化、社会公共事务方面的"硬性"话题，也有涉及个人生活经历、感情生活的"软性"话题。或者说，既有社会热点、焦点话题，也有"个案"话题，归纳起来大体有两类：公共性话题、个案型话题。公共性话题偏重理性认识，以开阔的视野、智慧的思辨取胜；个案型话题则侧重以小见大、以情感人，以个案的特殊性、情感性及蕴含其中的人生启迪取胜。这种节目类别的划分并非以栏目为界，如在《面对面》节目里，两类话题兼而有之，交替出现。

从节目风格看，谈话节目基本有两类：言论性（纪实性）、娱乐性（表演性）。谈话节目风格的区分是一个比较复杂的问题，一般是从话题范围和节目形式两方面来划分，它既跟节目的主旨、形式、风格的定位有联系，又与嘉宾的表现、主持人的把握有极大关系。由于后者的原因，同一个节目由不同的人主持很可能出现节目风格定位的偏移。

"言论性""纪实性"风格的谈话节目，一是从谈话内容看，谈话者的关注点在思想观念,在了解关于某个话题各种不同的看法,大家感兴趣的是相互间沟通中的议论;二是从谈话者的态度看,谈话态度真诚、真实,不居高临下,不虚与委蛇,不自娱自乐,不自我欣赏;三是从谈话目的看,谈话的目的指向沟通、指向思想。

"娱乐性"风格的谈话节目,其关注点往往集中于演艺明星,由主持人与明星嘉宾的对话、明星的现场表演、音像资料,观众向明星的提问穿插进行,谈话的风格轻松活泼,有较多的娱乐色彩。但是,这种节目可能向两个不同的方向发展:一种是带有较浓的"追星"味道,谈话更多地关心明星的花边新闻,满足部分观众对明星的崇拜心理和窥视心理,有些明星并不肯敞开心扉,只在既定的设计包装中表演;另一种则是主持人引导得好,明星嘉宾也真诚面对,能在谈话中多侧面地展示明星的生活道路、内心世界,从而让观众在亲切赞赏的心境中备受感动并有所启迪,这种谈话兼有娱乐和言论、纪实的风格。如谈话节目《艺术人生》,从观众与嘉宾的共同点——热爱艺术、珍惜人生切入,谈艺术、谈人生,还穿插嘉宾或观众的即兴演唱,真情互动,节目艺术性、情感性突出且意味隽永。

"表演性"谈话风格是相对于"纪实性"谈话风格而言,一般没有现场观众,主持人与几位谈话高手谈笑风生、痛快淋漓,"意识流"般的随意性既是这种节目的谈话方式,也是其风格包装,如凤凰卫视的《锵锵三人行》就是一种谈话"秀"。

在我国,谈话节目的兴起依托政治宽松、思想解放的大背景,人们参与社会公共事务的热情空前高涨,同时日益紧张的生活节奏、飞速变化的社会现实使人们对彼此的沟通有迫切的需求,人们更渴望面对真实的世界,而不是远离生活的虚幻景象。人们虽然也十分需要放松、娱乐和欣赏,但习惯于让综艺、娱乐类节目分担这种功能,因而在群言式的谈话节目中,大家钟情于"实话实说"的真情实感和真知灼见,而反感甚至排斥调侃的、人为的、有表演色彩的"娱乐性""表演性"的谈话,无关痛痒的闲言碎语哪怕再轻松、再幽默也不能满足受众对谈话节目的需求。如果把"娱乐性"理解为让节目的形式更加丰富、更加好看,那么现有的谈话节目一直在做这方面的努力,如《艺术人生》。20世纪90年代末,中央电视台推出的《朋友》,穿插歌手或乐队的演奏,有一定的娱乐成分,有心理测试的游戏性环节,但仍以主持人与演艺界明星谈友情为主,现场的观众只是"看客",还没有实际的参与。今后,谈话节目的风格类型如何发展和变化,主要取决于谈话节目的市场,即观众的需求和评价。

另一种关于风格的区分主要指谈话氛围方面的特色,这方面的风格特色因不同的话题、不同的主持人、不同的主持风格而产生不同的谈话氛围。比如,新闻性、社会性话题,以观点的碰撞和气氛的热烈见长;情感性话题带有温馨宽厚的色彩,也许是语重心长、循循善诱的点拨,也许是不露痕迹地开阔眼界、活跃其心情的感染方式。若以单纯追求"还原生活"为谈话节目的目的,则有本末倒置之嫌,谈话节目不是简单地等同于日常谈话,而是进入大众传播的谈话,理当"源于生活,高于生活"。

从制播方式看,电视谈话节目有真正的直播和直播状态下的录播两种方式。后者谈话在主持人、嘉宾和现场观众当中进行,采用录播形式,有剪辑的回旋余地,这样既能再现现场讨论的真实情形,又可删繁就简、优化节目质量,提高可看性。直播有直播的优势——鲜活、真切,主持人及参与者思维反应、话语反应、表情神态的细微变化,机敏也好,卡壳也罢,都一览无余;此外,在直播中还能实现电视机前实时收看节目的观众通过电话或网络直接参与,留下更多可能的空间。当然,直播对主持人的压力和考验非常大,若主持人没有主持谈话节目的实力和经验,节目的质量、直播的效果将难以保证。在电视谈话节目出现初期,有些电视台采用直播方式时,为了确保节目质量,甚至预先进行充分的磨合和排练,直播时执行导演还在摄像机拍摄不到的角落不时对主持人举起提示的牌子。后来,随着电视人对谈话节目"真实即兴""原汁原味"本真性审美价值的认识,那些在前期准备阶段就认真投入,能够深入把握话题的主持人,反而不赞成"举牌提示",并忌讳在现场开机前与嘉宾有过多的话题接触,要的就是真实谈话的情景,哪怕是录播也一律按直播状态进行,只要不是设备技术原因从不"叫停"重拍。因此可以说,对于谈话节目主持人来说,虽然有两种制播方式,但是实际的要求都是同样的。

第二节　电视访谈主持人要求

一、主持人的素质

(一)思想政治素质

主持人应具有清醒的政治头脑、较强的政策观念和马克思、列宁的理论基础。谈话节目有一个突出的特点:谈话就是节目的内容,也是节目的主要形式,外采和事先制作的片段一般较少。电视谈话节目是节目制作群体通力合作的结果,虽然在前期准备阶段对话题的展开、话题可能有的走向,都有预先的设想、有引导谈话的方案、有插入大屏幕等其他手段的安排,但是,节目是在谈话过程中进行的,什么人发言,发言人将要说什么,都存在一定程度的不可预知性,现场就完全听凭主持人机敏正确的判断和灵活有序的调遣,主持人从始至终都在拍摄区与现场观众在一起,而无法像综艺节目主持人那样在串联间隙的候场时有与导演磋商的机会。因此,主持人的思想政治素质高低对谈话的导向是否正确、内容是否深入有至关重要的影响。

(二)广博的社会知识、深厚的文化积累和丰富的生活阅历

主持人面临的话题方方面面、林林总总,面对的谈话参与者包括男女老少、来自各行各业,如果不了解社会,不熟悉民情,缺乏对生活的感悟,没有对现实的深入思考,只凭书本的空头理论或现成答案,是无法让现场观众产生谈话愿望的。

(三)敏捷的思维反应、深刻的思辨能力和高超的话语组织与表达能力

谈话节目主持人在思维速度、思维广度和思维深度方面必须具有良好的思维品质,能够灵活、敏捷而深刻地对谈话各方的观点、态度做出正确判断和语言的快速反应,能有宽广的视野,从新的角度看问题;主持人的语言及反应,除了将思维转化为语言的组织能力外,在保证语言内容经得起推敲的前提下,还要善于讲究语言的表达方式,要有幽默感,努力做到平易近人、生动有趣、左右逢源、操纵自如。

(四)健康的心理及良好的与人交往的能力

谈话节目由一个个参与者的对话连接构成,主持人的重要任务是做好语言内容及语言外部关系的连接,而不是自己或哪一个人的"独白"。因此,主持人必须怀有热情,以人为本,尊重和善待每一个节目参与者。要有善于倾听的亲和力,要有一颗善于理解、懂得包容的心,善于迅速地与人达成心灵上的沟通。

(五)一定的组织协调能力

无论在节目的准备阶段还是实施阶段,抑或是后期编辑阶段,主持人都要能够积极地与节目制作班子的同仁、与现场参与者打交道,及时沟通,通力协作,建立起多种声音的交互式平台。

二、主持人的核心作用

主持人在谈话中的引导、控制作用,清楚地说明了主持人在谈话节目中的核心地位和灵魂作用,因此有人说,"谈话节目是真正意义上的主持人节目"。

(一)"主持"从策划开始

由于节目形态和主持人在节目中的具体作用不同,有些节目的主持人临到"上场"才接过串联词,听编导解释节目意图、交代注意事项,而后经过一番"职业化"的消化、处理,便煞有介事地披挂上阵了。尽管这种做法在某些只需主持人简单串联的节目里似乎尚能对付一时,但是在谈话节目里的主持人也如法炮制,对节目的"伤害"可就是显而易见的了。对于谈话节目来说,"主持人的核心作用"必须从前期准备介入。一言以蔽之,谈话节目的"主持"是从策划开始的。

(二)主持人是谈话现场的中心

谈话节目无论是直播还是模拟直播,节目的魅力主要是来自现场的、即兴的、广泛参与的、双向交流的、不可预测的谈话。前期的精心策划和准备,是为了谈话的集中、有序和有趣,现场激活的有信息价值的实话、开诚布公的真话、妙趣横生的智语,才能保证谈话节目具有鲜活的时代气息和贴近观众的生活气息。一次谈话节目,具体的节目意图、所有人员的准备,最终都系于主持人一身。谈话节目非常看重"现在时"制作方式,节目由主持人、现场观众及收看节目的电视机前的观众共同构成一个开放的、专注于"说"与"听"的"言语场"。主持人作为谈话的中心,有两层含义:一是主持人是谈话的组织者;二是"现在时"谈话的不可预知性所带来的"风险"由主持人承担和处置。

三、主持人的"听"与"说"

(一)善于倾听

"倾听"是谈话节目主持人的重要法宝。一位传记作者在《奥帕拉·温弗丽:真实的故事》一书上写道:"一般来说,广播电视的访谈者只是提出问题,却并不认真听回答,他们的心思放在其他事情或下一个新问题上,但奥帕拉仔细地倾听客人们的谈话,并且利用谈话的内容把主题步步引向深入,这使她适应当今时代的风格,由于对观众和嘉宾的生活进程充满关切,由于能与他们进行交流,这种风格大获成功。"无独有偶,美国另一位备受欢迎的谈话高手、现供职于CNN的著名谈话节目主持人拉里·金(Larry King)认为"谈话的头号守则:聆听",泰德·柯波(Ted Koppel)在美国《时代》周刊撰文说:"拉里会听他的来宾说话,他注意来宾说了些什么,而很少主持人能做到像他那样。"

"善于倾听"是谈话节目主持人的重要基本功。"听"的心理活动并非被动地接收信息,主持人的思维要走在参与者和观众前面,在"听"的过程中,一要迅速对信息做出判断——观点、情感;二要对其话语内容走向做出预测——能够"听到发论句、预测后续句",及时发现并抓住新冒出来的、有意思的话头;三要在瞬间决定自己接应的语言对策——继续追问还是就此"打住",还是另找不同观点的人再说?总之,"听"的同时主持人还要从全局考虑:话题进展到了哪一步,是按准备方案走,还是需要进行调整?是否有预设之外的新问题需要展开?因此,主持人只有认真倾听、善于倾听,才能准确理解对方的观点并迅速做出反应,不露痕迹地"把主题步步引向深入"。

(二)组织谈话

1.主持人的任务

主持人是节目意图的贯彻者,是节目进程的主导者,在热烈的讨论中,对于话题要注意以下几点:第一,清醒地把握话题的方向,即谈话的集中性,不能跑题;第二,掌握话题展开的层次,即谈话的逻辑性,不可"天马行空"毫无章法;第三,要很好地控制节奏、掌握时间,不能因营造气氛而拖沓、松散。

2."言语场"的组织调控

对于谈话参与者来说,主持人是"言语场"中多向交流的协调调度者,要充分发挥各位嘉宾及观众的作用,不能"厚此薄彼",要敏锐捕捉参与者相同、相近或相异的观点,通过插话、提问,建立他们之间的接触,活跃气氛,激发兴趣,促进友好谈话。对于谈话氛围,主持人是情绪的激发调动者,一方面,要调动所有参与者的积极性,冷场时要"加温",活跃气氛,保持参与者的谈话兴趣和合作关系;另一方面,如遇因观点冲突、情绪激动引起的对立,要由主持人协调和扭转,在"失控"的临界点及时"降温",确保谈话"言语场"的热烈、有序和融洽。总之,主持人承担着建构谈话节目"言语场",支配和协调参与者的谈话,完成预定目标的责任,主持人无可争议地拥有谈话现场的主导地位,享有控制权、决定权、主动权,是组织引导话题、穿针引线、承上启下、驾驭节目的灵魂。

3.主持人语言表述的原则

主持人要以适当的方法和话语起承转合,无论提问、启发引导、强调观点,主持人语言表述都要具有通俗性、简洁性、条理性。只有这样,才能使不同层面的参与者和观众迅速而有效地实现沟通,使讨论顺畅地进行。因此,过于专业的话、叠床架屋的话、矫饰卖弄的话、"东一榔头,西一棒子"的话、云山雾罩的话是主持人要竭力避免的。为使话题讨论有序,环节清晰,观点突出,主持人在讨论中要用插话、接应等方式把参与者的观点提炼出来。一般地说,对于偏于感性的叙述性发言要给予"提纯",可采取"概括地说""归纳起来说"的方式,强调其观点;而对于偏于理性的结论式发言,易于理解的可采用重复的方式,比较抽象的则需要加以"稀释",采用"换一种说法""也就是说"的方式使其变得通俗易懂。

四、处理好几对关系

(一)主持人与创作群体

谈话节目话题十分广泛,世界之大、世情之复杂,非个人目力之所及,主持人有"盲点"是必然的,如果不依靠社会的智慧,不借助专家、学者的点拨,就没有主持人在现场看似内行的谈吐。谈话节目虽然制作手段不复杂、制作费用比较经济,但同样需要各个工种的密切配合、通力合作,主持人不仅要尊重群体的每一位成员,还要善于调动大家的积极性,能够把具体的智慧和努力汇集在一起,方能在众人配合下胸有成竹地主持谈话节目。主持人是节目创作群体意志的具体体现者,谈话节目"以主持人为中心"实际上是以"节目"为中心,如果主持人把"中心"理解为"等、靠、要"别人为自己服务,不能全身心地投入,是无法成为合格的谈话节目主持人的。

(二)主持人与参与者(嘉宾、现场观众)

如果说群言式的谈话节目就像众人在一起写作一篇言论,那么主持人就是撰写这篇文章的组织者,是主编,而不是具体动手写的人,更不可越俎代庖一人独揽;如果把群言式的谈话节目比作一台演出,那么主持人就是导演和舞台监督,主持人将此二任集于一身并直接出面组织调度。此外,主持人不可能样样精通,而请来的嘉宾却是话题领域的专家、权威,或最了解情况的当事人,他们能从各个角度为讨论提供宽广的、纵向横向的参照系,提供理论研究的最新成果或事实的依据。虽然主持人经过认真的准备,对话题的主要观点已了然于心,但嘉宾毕竟是这一方面的行家里手,如果主持人总是充当观点的"轴心",作为"智者"出现,其结果:一则是对嘉宾、对参与讨论的受众不尊重,显得缺乏诚意;二则"无事不知无事不晓"反而让主持人失去真实感,给人留下炫耀卖弄的印象。总而言之,在众人参与的谈话节目中,主持人是起主导作用的组织者,但是"主导"不等于"主角",不等于"主说",面对嘉宾和其他参与者,主持人的责任在于能够激活参与者的谈话愿望,有条不紊地调度好发言的顺序,让持有不同见解的人充分发表意见,把现场琐碎而微妙的议论组合串联起来,显示出事物的内在联系或因果关系。谈话节目的成功不仅取决于"谈什么",还取决于谈话双方相互接触的方式,因此,在谈话节目中主持人切忌喋喋不休、占尽风光,也不可唯唯诺诺、简单接应,像个"接线员",前者令人扫兴,后者让人缺乏信赖,这都会妨碍谈话的正常进行。

(三)个性风格和传播目的

在谈话节目中,人们期望与有吸引力的主持人打交道,这符合人与人语言交往时心理需求的客观规律,因此谈话节目主持人的个性风格是节目成功的一个重要因素。主持人的个性魅力确实能提高节目的收视率,这是客观存在的,但个性风格归根到底还是吸引受众使谈话成功的手段,而不是目的,谈话节目不是为了展示主持人的个人风格。只有当主持人的个性风格与节目风格、与受众审美心理相符时,其个性风格能够自然地渗透融合到主持的进程中,才能发挥理想的互动作用。因此,主持人必须清醒地把握其中的分寸尺度,过犹不及。游离于传播目的之外的"个性风格"必然会走向反面,变异为"强加于人"或"哗众取宠"。

第三节　电视访谈主持人的驾驭方式

一、进入话题的方式

主持人应力求在瞬间唤起观众的注意和兴趣,使观众明白议论的题旨,跟随主持人的引导进入谈话节目的"言语场"。此外,需要在进入话题时介绍嘉宾。"开场"有很多方法,既可以单独使用也可以搭配使用,核心是根据具体情况精心选择、设计开场的入题方式。

（一）开门见山，揭示题旨

一般用于近在眼前或众所周知的热门话题，可单刀直入切进话题，简洁明了地拉开了大幕。例如，各位朋友，大家好！欢迎大家收看我们的《×××》节目。

（二）触景生情，借题发挥

援引眼前的景物或环境因素（时间、节令、气候、地域、场合等）发出感慨，诉诸情感，这种方式与现场气氛和谐，入题自然。例如，春天到了，万物复苏，大地一片绿色。南方的鸟儿已经开始长途跋涉，它们要迁徙到北方，开始它们繁衍子孙的工作。我们今天的话题就跟春天有关，来谈谈鸟。

（三）议论导入，激发思考

常用于"永恒主题"，对于人生回避不了、似有真理永存又总有不同情况发生的、人们总在议论的话题，一般从主持人的议论开始，提问要具体，嘉宾和受众才能迅速进入状态。

（四）新闻由头，以小见大

从新近发生的事件生发开来，或是个案，或是现象，由此引发事件背后意义的深入讨论。新闻的真实、人们对新闻的关注及不同的反应，是激发受众谈话兴趣的重要缘由。

（五）侃谈聊天，兴趣盎然

多用于社会性话题，由日常的"身边事"切入，看似信手拈来十分随意，实际要选择或常见或反常规的（包括杜撰的笑话）、有趣的现象或事儿做话头，使入题显得自然、亲切、轻松、幽默。

（六）其他

以话语方式入题的还有很多，如引用名人名言、警句俗语、设置悬念等，不再一一列举。以非语言的方式入题也有多种，如大屏幕、小道具、实物等，如《木牛流马》一集，就把新疆高校教师亲手制作的复原木牛流马的小车推到了现场；畅谈改革开放的《凤阳乐》，是从唱凤阳花鼓伴奏乐器的实物开始的。

从以上举例中看出,进入话题的各种方式经常是组合在一起运用的,所有的考虑都出于一点:说明题旨、引发兴趣,迅速进入谈话情境。如《走进沙漠》的入题就用了引用名句、大屏幕、新闻由头等多种手法。

(七)介绍嘉宾

在进入话题的同时介绍嘉宾,是谈话节目的必要环节,介绍方式大致分为两种:一是单纯介绍,二是与话题的展开结合在一起介绍。前者比较简单明了,但可能有些呆板;后者采用介绍嘉宾与入题、展开讨论相结合的办法,自然而然营造了谈话氛围,有"一石三鸟"的复合作用。

二、话轮的衔接与转换

在谈话节目里,人们总是轮番说话,有问有答、有阐述、有质疑、有声援、有反驳、有接应、有插话、有打断……这些言语的往返回合就构成了一个个的话轮,话轮是讨论中最基本的结构单位。在准备谈话节目的案头工作中,话题的范围、方向、层次是主持人反复考虑的内容,也是临场操作时要时刻重点审视和把握的。一般几个话轮完成话题的一个层次,需要适时向前推进,一个层次内部话轮的衔接转换,以及层次之间话轮的衔接转换,是主持人驾驭话题的基本程序,其方式从总体上说,有话语内部接应——指各种语言手段,有话语外部接应——画面、音乐、实况音响等广播电视再现情境的手段。话语内部接应方式和作用多种多样。

(一)适时小结,厘清思路

从各种不同表达方式中拎出有代表性的观点,像树立"路标"一样,厘清思路,避免"原地打转",引导讨论的深入。

(二)引用资料,转折推进

谈话节目的参与者大多是以自己的知识、见闻和经验参与讨论,为了对话题有尽量深入、全面、客观的认识,在前期准备时最好收集有关的统计资料,或调查研究典型录音、录像,以便为大家拓宽视野,开阔思路提供服务。一些典型材料的引用,能起到因势利导、自然转折或顺势推进的作用。如《鸟与我们》的第一个层次是请嘉宾和现场观众谈"养鸟的乐趣",在向第二个层次转换时,主持人先以诙谐的语言归纳小结,接着引用了一个调查材料,并做了现场调查,然后又用大屏幕转向"对笼养鸟的不同看法"的讨论,过渡自然,形式活泼。

(三)提示"对立",加温催化

"灯不拨不亮,话不说不明",不同观点的争论、辨析,是探讨性话题中必不可少的内容,如果各说各的,互不搭界,互不交锋,不仅难以把问题辨明,而且节目也不好看。因此,主持人要善于发现不同观点,并把它们"捉对"对比,凸显矛盾使讨论升温,催化讨论的深入展开。

(四)言简意赅,画龙点睛

主持人在提问、回应、插话时,除了承上启下、衔接转换之外,并不是不偏不倚、不置可否的"传话人",不是虚设的"礼宾司仪"。虽然主持人不应喧宾夺主,大发议论,但是主持人应"实话实说",必要时要有精当的评议——语言精辟,时机恰当。这样的评议,或是对众人发言的概括,或是对某位发言者观点的补充、引申和纠偏,言简意赅,耐人寻味。例如,在《走进沙漠》的讨论中,主持人问观众中的一位男孩:"你觉得我们居住的城市会不会变成这个样子(指大屏幕播放的沙尘暴景象)?"男孩说:"不会。"主持人追问:"为什么呢?"男孩回答:"因为只要有他们那样的志愿者,我们就不会。"主持人的一句回应意味深长,他说:"不过,我觉得还得有你这样的志愿者才行。"这时,现场观众都深解其意,欣慰地笑了。还是在这次讨论中,当众人从各个角度谈论志愿者植树的意义后,主持人适时地以理解人们的观点的方式做了概括和升华,他说:"就是通过这种植树活动,对整个地球有一种新的理解。"

(五)巧用"重复",突出重点

主持人在话轮的衔接转换中经常通过"重复"的手法来突出重点,"放大"正确的观点或论据,从而把控话题走向和层次的主动权。"重复"是借用现场捕捉的来自群众的话语,它既表达了主持人的倾向,又不会给人强加于人的感觉。

(六)选择时机,巧妙"打断"

在日常交谈中,如果说话中途被人打断,会觉得对方不懂礼貌、不尊重人,心里很不舒服,这是人们一种普遍的心理。因此,有教养的人在友好的交谈中尽量不去打断别人的谈话。在谈话节目中,尽量不打断参与者的谈话仍然是一个重要的原则。但是,由于谈话节目有一定的时间限制,有既定的主题,而且参与谈话者的谈话水平不一,有的简洁明了,有的拖泥带水,有的语无伦次,更何况个别片面、偏激或不健康、不正确的观点可能会在讨论中冒出来,因此,为了把握谈话节目的正确导向,为了使讨论集中和深入,为了给更多的人发言机会,主持人在必要时还必须"打断"某些发言。为了避免引起发言者的不快、避免参与者对主持人的误解、避免影响大家的积极性和谈话氛围,主持人在"打断"时,一要谨慎从事,注意礼貌,选择时机;二要灵活巧妙,注意方法,让人接受。

三、结尾的方式

谈话节目结尾方式多种多样,大体可分为两类:一是围绕话题加深印象;二是围绕节目通报情况。

(一)首尾圆合,议论收尾

主持人在众人讨论的基础上,对有明确结论的,宜提炼主题,或升华、或引申、或寄语、或祝愿、或警示、或激励,留下浓墨重彩的一笔。主持人最后的议论切忌居高临下、强加于人,而应情理交融、平易近人。

(二)补充论据,"加料"收尾

主持人精心选择感人事例或统计材料,用无可辩驳或感人至深的事实论据,再起高潮,让结论更加可信、更加有力。

(三)创造意境,触动心灵

主持人事先有策划、设计和准备,运用不同手段,既出人意料,又切合题旨,进一步升华话题的立论和意义,意韵隽永,回味无穷。

(四)安民告示,沟通传授

在结尾时,主持人也完全可以重申节目宗旨、通报以后的选题、表示感谢等,在众人热情参与的气氛中进一步拉近传者与受者之间的距离,吸引受众更多地参与进来。

第四节　电视访谈主持实例分析

一、电视访谈主持实例

案例 7.1

《对话》节选

地点：演播室

主持人：靳强（以下简称"主持靳"）

嘉宾：李东辉（以下简称"嘉宾李"）

　　　刘静瑜（以下简称"嘉宾刘"）

　　　高纪凡（以下简称"嘉宾高"）

主持靳：（中景，主持人画面）各位好，欢迎收看《对话》。中国是外贸大国，上个世纪以来，我们把服装、家电、家具称为中国出口的"老三样"。如今我们有中国出口的"新三样"，这"新三样"究竟是哪三样？今天我们请到了三位嘉宾，他们都来自不同的行业，不同的产业。一开始先请各位给我们做一个自我介绍，说一说你们来自这"新三样"当中的哪一样。

嘉宾李：（中景，嘉宾画面）我是李东辉，来自吉利控股集团。近些年来，我们在新能源汽车领域取得了长足的发展，也在国际市场中占有一席之地。

嘉宾刘：（中景，嘉宾画面）大家好，我来自动力电池和储能电池行业（锂电池）。动力电池和储能电池这一块是我们中国的一张名片，我们公司也做了比较大的贡献。

嘉宾高：（中景，嘉宾画面）我们从事的是光伏产业，中国的光伏产业连续十六年排名全球第一。

主持人靳：（中景，主持人画面）（2023年）一季度，电动载人汽车、太阳能电池和锂电池这三项，加起来总共出口额达到2646.9亿（元），同比增长66.9%，增量超过了1 000亿（元）。这也是"新三样"之所以能成为"新三样"的底气。几位在实际工作当中的感受，是不是跟这个数据相匹配。

嘉宾李：(中景，嘉宾画面)是的，我们在今年(2023年)一季度，整个的销售额取得了11%的增长，出口额取得了53%的增长，新能源的出口额增速更快，达到75%以上。

嘉宾刘：(中景，嘉宾画面)我看锂电池的数据是翻了一倍，我们公司的增长比这个速度还快，那么这里面的成绩，一个是锂电池，我们有直接出口的。还有一块就是电动汽车，其实我们跟李总这边有配合。太阳能电池这一块，我们也做，一个是动力，一个是储能。配套高总那边，我们做储能电池，高总，很快我们就合作起来了。

主持人靳：(中景，主持人画面)不是抢生意吗？

嘉宾刘：(中景，嘉宾画面)不是抢生意，我们是给高总配套。

嘉宾高：(中景，嘉宾画面)天合光能作为太阳能电池的龙头企业，它的增速高于了行业平均水平。同时我们的锂电池既包括了动力电池，也包括了储能电池。因为天合光能做的储能电池也是锂电池，所以锂电池的增速比光伏增速更快。应该说确实和我们的感受是一致的。

主持人靳：(中景，主持人画面)您说天合光能增速比这个图表上显示要更好一些。什么样的产品卖得好？

嘉宾高：(中景，嘉宾画面)更高效率的，更高功率的光伏组件产品卖得更好。它不管是在地面电站，还是在分布式屋顶方面，都能够给它们带来更大的成本下降，可以说是供不应求。

嘉宾李：(中景，嘉宾画面)每一个国家的市场的需求是很不一样的。欧美市场对新能源，尤其是纯电动车的接受度非常高。东南亚对于小批量的，油耗低的，包括传统车和混合动力车需求度更高。

主持人靳：(中景，主持人画面)其实关于出口的地区我们也做了一个统计，你们出口的这些目的地国，跟我们这些统计图表上的数据相对来说比较一致吗？

嘉宾刘：(中景，嘉宾画面)相对一致，我们公司就韩国没那么多，但是英国、东盟、欧盟和美国，是一致的。

嘉宾李：(中景，嘉宾画面)吉利总体的感觉也是一致的。但是我想用一个国际化的布局来说会更加准确。因为我们的出口不仅仅是做贸易，我们从产品、技术、品牌、管理、人才方面，全方位输出。光伏产品出口最多的地区是欧盟、美国、东盟地区。但是我们的储能电池出口额增长最快的是英国。所以基本上和整个图表是比较一致的。

主持人靳：(中景，主持人画面)你们认为这样爆发式的增长到底是偶然的，还是背后有它的必然性。

……

《对话》是中央电视台财经频道高端品牌谈话节目，于2000年7月8日首次播出，自创办以来不间断记录，上千期节目，数千位重量级嘉宾伴随着中国经济发展。《对话》记录着中国经济从追赶世界到引领世界的全过程。该节目在企业家等高端人群中一直备受高度关注，节目话题一度成为商政界人士探讨交流的热门话题，并走进众多高校MBA课堂成为商业教科书。

1.节目类型方面

《对话》属于综合类节目，其特点是不拘泥于某种特定内容，而是把多种元素融入节目中，形式丰富，内容广泛。节目既有专访名人、政要、学者，也会涉及新闻热点、社会事件、文化风貌等多个方面，使得观众能够获取全面的信息。

2.节目策划方面

《对话》一直保持着较高的策划水准。每期节目的选题都非常有深度，并不断探索和创新，注重找到与当代社会发展紧密相关的话题，反映和引领社会发展的方向。同时，采用了先进的制作形式，如跨媒体互动、网络直播等，以满足当代年轻观众的需求。

3.节目创作及制作方面

《对话》注重传播价值和学问内涵。通过用心的制作和精心的策划，将生动有趣的内容和深入浅出的语言相结合，让观众感受到了知识和艺术并重的视听盛宴。

4.节目主持特征方面

《对话》以高水准的主持人为核心。每一位主持人都具有较高的素养和知识水准，能够对嘉宾等提出有针对性的问题，展现自己专业且敏锐的洞察力。主持人在节目中的角色定位也非常明确，既是桥梁和纽带，连接嘉宾和观众，又是引导者和启示者，引导观众深入思考，开阔眼界。

二、实操演练

(一)训练要求

(1)语言表达能力:主持人应具备良好的口头表达能力,能够准确、流利地表达思想,并运用恰当的语言技巧进行沟通。

(2)情绪控制能力:主持人需要具备稳定情绪的能力,能够在紧张或复杂的情况下保持冷静,有效地处理突发状况。

(3)主题理解和准备能力:主持人要对访谈的主题有深入的理解,并进行充分的准备,包括对嘉宾的背景和话题的了解。

(4)互动与引导能力:主持人应具备良好的互动和引导能力,善于提问、倾听和回应,能够引导嘉宾发表观点并保持对话的流畅性。

(5)知识广度和深度:主持人需要具备广泛的知识储备,并能够灵活运用各种专业知识,对多个领域都有一定的了解。

(二)训练方法

(1)观摩优秀节目:通过观摩优秀的电视访谈节目,学习优秀主持人的技巧,包括语言表达、互动方式、沟通技巧等,并分析他们在访谈中的成功之处。

(2)模拟访谈练习:进行模拟访谈练习,可以选择一些贴近实际的话题或场景,分别担任主持人角色和嘉宾角色,熟悉访谈的流程和技巧,训练自己的主持能力。

(3)主题准备与研究:针对每个访谈主题进行充分的准备和研究,了解相关背景和相关领域知识,提前准备好问题和引导思路,以确保访谈的顺利进行。

(4)反馈与改进:在训练过程中,及时向导师或同事请教,接受反馈,并有针对性地改进自己的不足之处。通过不断地反思和改进,提升主持能力。

(5)多样化训练:主持各类访谈活动,包括学术讲座、校园演讲、社会实践等。通过主持不同类型的访谈,锻炼自己在不同场景下的主持能力和应变能力。

在进行电视访谈主持实操训练时,要注重理论与实践相结合,不断积累经验并进行反思与总结。同时,培养自信心和自我调节能力也是提升主持能力的重要方面。

思考题

(1)谈话节目兴起的原因有哪些?
(2)谈话节目选择话题的原则是什么?
(3)谈话节目可以有哪些分类?举例分析一档谈话节目的风格类型。
(4)谈话节目主持人需要具备哪些方面的素质?
(5)谈话节目主持人应如何发挥在节目中的核心作用?
(6)为什么说"善于倾听"是谈话节目主持人的重要基本功?
(7)请举出主持人进入话题的四种方式。
(8)谈话节目中话语衔接转换的方式主要有哪些?
(9)谈话节目的结尾方式主要有哪些?

第八章

电视社会生活类节目主持

● 内容提要

"电视社会生活类节目",也就是以前所称的"电视社教类节目"。随着时代的变迁、电视事业的发展,近年来,电视节目日益频道化,新栏目不断涌现、老节目不断改造,使我们对电视社会生活类节目也有了新的认识,它的节目内容、功能、形式、创作手段、主持方式、主持人素质和风格等也发生了较大变化,值得我们探究。

第一节 电视社会生活类节目概说

目前在我国,电视社会生活类节目指除新闻类、娱乐类、体育类节目以外的所有关于社会与生活内容的节目,是电视节目中内容涉及面最广、节目形式和主持手段最丰富、最贴近人民生活的一类节目。它的表现内容和表现手段与新闻、娱乐节目有部分交叉。它立足于各种服务:有社会服务与生活服务,有精神层面的服务与物质层面的服务。

"电视社会生活类节目"这个名字似乎使人感到既熟悉又陌生。它与以往的"电视社教类节目"是一体同胞,所不同的是,这一名字更有时代感与人文性。当前的电视社会生活类节目从以往的宣传教育为主,转变为服务引领为主,最重要的是它摒弃了媒体高高在上的"教育"意味,更适应当今中国的政治氛围与社会生活现实。因而,以"电视社会生活类节目"这个名字取代以往的"电视社教类节目"有其积极意义与现实意义。

众所周知,当今的电视受众有一个共同的心理:不喜欢听别人教育自己,却愿意受人启发,以便更好地了解社会、认识世界、享受生活。以往的"电视社教类节目"中的"社教"二字包含有两层意思:一是社会教育,二是文化教育,这里的"教育"不仅有政治性内容,还有经济、法制、文化、科技等社会生活各个方面的内容,作用是向受众传授维系社会发展所需的社会规范与知识,承担起个人社会化的功能。如今人们总易对"教育"二字持抵触情绪,好像"教育"与"教化"有什么必然联系。为了与时俱进,适应当今的社会氛围,我们有必要将其名称做相应修改,以更加适应这类节目的内涵与作用。

电视社会生活类节目大致有:法制、科学、文化、服务、交通、旅游、财经、汽车、住房、时尚、购物、生态、气象、厨艺、情感、健康、农业、军事、民族、青少年、老年、女性、少数民族等内容与对象的节目。电视社会生活类节目最具综合性、丰富性,也存在复杂性、交叉性。对其划分可按社会功能,可依具体对象,也可按不同内容,无论如何划分,这类节目都具有知识性、服务性、实用性、针对性与生活紧贴性。

当前电视社会生活类节目的创作纷繁多样,新闻性与艺术性交叉与渗透,服务性愈加明显,创作手段更加大胆、出新,这一切都来源于创作理念的更新。

知识经济、注意力经济的时代,精品节目、品牌栏目当仁不让地成为"立台之本""生存之本",谁拥有信息量大、美誉度高的品牌,谁就可能拥有更多的受众,抢占竞争的"制高点"。电视是一种大众文化商品,而要有个好销路,除了内容质量高,还必须有适合受众喜好的包装,吸引人的眼球,进而抓住买主的心。也就是说,除了商品"内容"的竞争力,还应具有"形式"的吸引力,内容与形式和谐统一,方能成为一个好商品。媒体工作者认识到:人们在接受一个事物时,不只是接受其内容,也看重其形式,而创作手段单一、创作形式缺乏吸引力,势必会削弱其传播效果。在电视社会生活类节目中,知识点在节目中占多少比例合适,科学、法制等内容如何穿上电视的外衣,如何让受众在娱乐身心的同时较容易地接受你想给予他的内容,这些都需要进一步探讨。抓住这些规律性的东西,也就握准了节目的命脉,掌握了节目的归宿,才能更好地实现节目的价值。因此,我们在电视社会生活类节目的创作理念中,在注意电视的传播引导、服务大众功能的同时,应更加重视电视的娱乐功能。

当前,娱乐元素、娱乐手段等是实现电视非新闻类节目创作诉求的"操作宝典"。人们在紧张的工作、学习之余,在情感失意、经济窘迫的境遇中,在身心成长、探索心切的状态下,都希望在轻松的氛围中接受知识、抚慰心灵、了解社会、得到服务。需要指出的是,"娱乐"只是一种手段,不是电视社会生活类节目传播的目的,因而,把握电视社会生活类节目创作的"分寸"与"度"就很重要。

当前,电视社会生活类节目中涌现出不少受人喜爱的节目。这些节目较好地贴近生活、有丰富的表现手段与方式,打破了以往电视社会生活类节目制作形式单一、手段贫乏的现状,能更好地吸引受众。

电视社会生活类节目创作理念的更新,不仅表现在意识方面,还有创作方式、创作手段的更新及主持人主持理念和功力的进步。

一、电视社会生活类节目的分类

电视社会生活类节目内容丰富,作用不同,形态交叉,按照节目的内容和功能划分,大体可分为教育类(思想、文化)、服务类、对象类三类。

(一)教育类

教育类节目指讲授思想、文化、历史、法制、科学、道德、环保、心理、健康等多方面各种知识的教育性节目以及社会科学、自然科学知识的讲座。

(二)服务类

服务类节目指为满足人们衣、食、住、行等生活各个方面的需求而设置的节目,涉及多种直接、具体的服务内容。

(三)对象类

对象类节目指针对人的性别、年龄、职业、文化、兴趣等特点及需求而设立的节目,节目适应目标受众的身心特性,满足目标受众的不同要求。

二、电视社会生活类节目的基本形态

(一)专题型

专题型节目具有"集中性"的特点,一个节目可以集中表现一个内容,一个主题。如央视的社会与法频道播出的《生命线》,每一期节目都会向我们展示一个灾害案例,并告诉我们如何应对灾害。央视的法制栏目《今日说法》,在整期节目里,通过一个案件来集中说明增强法制意识的重要性。

(二)杂志型

杂志型节目具有"丰富性"的特点,可以在一个节目中分解出不同内容、主题、体裁、形式的小板块,对它们加以组合,串联成一个有机整体。杂志型节目,可以增加节目的多样性。如河北电视台和安徽电视台共同打造的生活服务类节目《家政女皇》,就分成了"老方琼叨叨"等几个小板块,用各种形式介绍了家庭医生、厨房美食、养生美容、旅行购物等生活知识。

(三)访谈型

访谈型节目具有"深入性"的特点。主持人和嘉宾可以就一个科学原理,或一条法律条文,或一个心理问题,或一种情感困惑等问题与专家进行专门讨论,达到解开疑惑指点迷津的效果。如央视的《心理访谈》节目就是主持人与心理学专家合作,通过专业知识,帮助当事人解开一个个具体的心理困惑。

(四)纪录片

纪录片节目具有"纪实性"的特点。可以将所要介绍的内容跟踪拍摄或将纪实资料剪辑,形成一部片子,有解说、同期声、音乐等元素的参与,展现一个有价值的主题,让受众在有限的时间内得到丰富的信息与知识。如央视的《舌尖上的中国》节目,通过介绍中国各地美食,挖掘其文化根源,让观众在有限的时间里充分了解有价值和韵味的中国饮食文化,从历史演化过程中探究中国美食的迁徙与融合,深度讨论中国人与食物的关系。

(五)真人秀

真人秀节目具有"贴近性",可以选择不同题材,由普通民众参与其中,就某种知识、技艺进行专项竞技与展现,或进行职场选拔、婚恋交友等,产生真实、生动的现场效果。如央视的《中国诗词大会》、江苏卫视的《非诚勿扰》等节目。

三、电视社会生活类节目主持的基本样态

(一)讲解型

讲解型电视社会生活类节目侧重对各种知识、技术操作的讲解,因而,主持这类节目需要大量讲解,如对教育、法制、科学、文化等内容的讲解。当前,由于电视媒体更加注重电视化手段的运用,因而有时会在讲解中加进一些画面资料进行形象化展示,然而主持人的讲解仍是主要的,讲解中需要体现出内容的连贯性与整体感。

(二)串联型

串联型电视社会生活类节目,很多是由影视资料和主持人的串联相结合完

成的,体现出视听结合的特点及电视传媒的优势。串联型电视社会生活类节目与讲解型电视社会生活类节目的不同之处在于,主持讲解型节目是以讲解为主,而主持串联型节目则是以串联不同节目板块或表现内容情节的影视资料为主,主持是配合其存在的,起到过渡补充的作用。因而主持这类节目需有整体视野的有机性和与影视资料衔接的承送感。

(三)演示型

演示型电视社会生活类节目内容繁多,表现形式多种多样,主持样态灵活多样。主持这类节目,以演示所谈内容、边谈边做的较多。演示型电视社会生活类节目与讲解型电视社会生活类节目的不同之处在于,演示型以动手操作或人物行为的演绎为主。如谈美食内容,主持人边讲解边操作或化身为某一具体人物在某一设定场景中操作,展现制作的全过程。所以,主持这种类型的节目,需讲解口语化、生活化、内容通俗易懂。

(四)谈话型

谈话型电视社会生活类节目的不少内容都是通过主持人与专家、嘉宾的互动交流传递知识点,或帮助嘉宾解开情感困惑。主持人有时像专家的助手,帮助专家讲解知识、示范操作;有时又像受众代表,提出一个个带有知识点和要点的问题;有时又像调解员,听取嘉宾倾诉,帮助其分析问题、梳理内心。这就要求主持人有娴熟的谈话技巧。

(五)竞赛型

在竞赛型电视社会生活类节目中,经常会有不同领域、不同内容、不同目的的各种竞赛。从某种角度讲,主持真人秀节目就是主持竞赛型节目。主持人往往担当裁判或穿针引线的角色。因此,主持人要相当熟悉相应的知识点、操作标准。在主持这类节目时,应注重活跃气氛、即兴应对。

四、电视社会生活类节目的功能

电视社会生活类节目在电视媒体中占据很大比例,与人们的生活有着紧密的关系,尤其当前经济社会中,人们的观念、生活方式都有了很大变化,受众的需求也更加多元化、细分化。我们在很多法律、科学、服务、情感类节目中,可以看到不少嘉宾、当事人通过节目了解了自己的知识盲区,获得了具体的帮助,解决了心中的疑惑,缓解了自己的心理压力,缓和了与亲人、他人的关系。我们看到多少家庭成员由怒目相向到含泪相拥,多少恋人由准备分手到和好如初,多少关于家庭财产的纠纷在专家团的调解下迎刃而解,多少生活中的奇怪现象在专家解析下使人豁然开朗……总之,电视社会生活类节目既有丰富的内容、领域和实用性,也有一定解决社会问题的功用。优秀的电视社会生活类节目既有好的内容,又有好的表现形式。

电视社会生活类节目的内容涵盖人们工作、学习、生活的各个方面,是人们求生存、求发展的参照。大致而言,电视社会生活类节目具有传递信息、传授知识、服务大众、提升修养等功能。

信息功能:电视社会生活类节目具有各种内容、信息的传递功能。

教育功能:电视社会生活类节目具有社会科学、自然科学知识的教育功能。

服务功能:电视社会生活类节目具有社会精神、物质生活的服务功能。

审美功能:电视社会生活类节目具有提升思想道德与文化修养的审美功能。

第二节　电视社会生活类节目主持创作

一、电视社会生活类节目主持的重点

电视社会生活类节目不同于新闻类、娱乐类节目,但它具有这些节目的某些要素,渗透着这些节目的某些创作手段,具有综合性、丰富性和复杂性的特点。根据节目内容与节目功能,电视社会生活类节目主持有自身的特点,主要把握以下几点。

(一)服务类节目主持

电视服务类节目涉及面广,涉及生活领域的各个方面。因而,主持这类节目应对生活知识非常熟悉,达到灵活运用知识的程度;还应当热爱生活,熟悉生活,有较强的动手能力,这样,才可能自然、亲切地主持服务类节目。

(二)对象类节目主持

明确收视对象是电视对象类节目的前提,主要涉及不同性别、年龄、职业、文化、爱好的不同人群。因此,主持这类节目应当充分了解目标人群的特点,与之靠拢,熟悉他们的生活,了解他们的要求,爱他们之所爱。这样,才能更好地贴近他们的心灵,服务于他们,得到他们的肯定。

(三)法制类节目主持

电视法制类节目主要涉及法规、法理、法情、伦理道德。当前,新时代与旧法规、法与情、法盲与法律等构成了十分复杂的局面。主持这类节目,首先要学法、知法、懂法,只有让自己真正步入法律的殿堂,才能在主持节目时处处以法律的眼光看待世界与人情,不致走偏,起到较好的社会效益。

(四)科学类节目主持

电视科学类节目主要涉及科学理念、科学人生、科学知识、科学技术、科学成果、科学之谜等方面的内容,它们离一般受众较远。因此,主持这类节目应当不断补充自己的知识,摆脱"科盲"境地,使自己具备与专家对话的资格,可以深入浅出地讲解科学原理,还可以亲自动手操作、演示,只有这样才有利于主持好这类节目。

整体而言,电视社会生活类节目主持的语言特点是:语速较慢,讲述感较强,语言亲切、自然、生动、可感性强。

二、电视社会生活类节目表现方式与主持手段

表现方式是指说话、做事所采取的方法和形式。主持手段是指主持时为达到某种目的而采取的方法和措施。任何作品的创作都要追求方式、手段与内容的适应。当前电视社会生活类节目的表现方式与主持手段有以下诸种。

(一)静态型

静态型主持,多指演播室主持,它是最传统的主持方式。在静态型主持方式中,一般主持人一人(或两人)坐在演播台前或站在演播室内,面对镜头对某一知识或操作进行讲解。它可以给人一种稳健、安定的感觉。电视社会生活类节目中的老年节目、财经节目、知识讲座等节目经常采用这一种主持方式。

(二)动态型

动态型主持是一种较新的创作手段,与静态型主持相对应。动态型主持不同于一般主持中的"体态语",它是一种主持方式,表现为主持的多空间、多景区及主持人的边走边说或在运动中主持,过程充满变化与活力,给予全方位信息的展示,可拉近节目主持人与受众的心理距离。同时动态型主持能够使信息传达更加生动、具体。

(三)讲解型

讲解型主持,以讲解为主,主要通过主持人的叙述讲解,将节目中所要介绍的知识、原理、情节、事物等表现出来,有的配以相应的画面、适当的道具加以辅助。目前,电视社会生活类节目大多不是从节目开始就直奔主题进行专业内容的讲解,而是多以"法律个案""科学之谜"等作为"切入点",充分引起受众的兴趣,吸引受众关注后,再由主持人进行具体知识点的讲解。当前,此类节目语言形态越来越多样化。

(四)演示型

演示型主持,是指根据节目需要,主持人与嘉宾合作将需要介绍、讲解的科学原理、操作技能等,进行语言介绍,并利用道具或实物,演示其具体的操作过程,这种主持方式,可以增强受众的视觉感,利于其理解和感知。

(五)竞赛型

竞赛型节目主持,是指主持人与受众一起参与跟文化、生活、教育、技术等有关的某项比赛中,主持人担任裁判或评委,节目的内容即竞赛活动的全过程,也可称这种形式的节目为"真人秀"节目。节目的主角是参与者,他们动嘴、动手、动脑、动身、动情;主持人穿针引线,把关裁判,与参与者融为一体,共同完成一个完整、生动的节目。

(六)情景剧

情景剧也是当前电视社会生活类节目的一种表现方式。情景剧是将生活中与法律、情感等有关的真人真事编成剧的形式,挑选一些群众或演员扮演剧中人物,利用剧的一切元素,形成一部完整的情景剧,借以表现一个事件、一个人物的命运、一个法律案件、一段情感历程等。以前,只有文艺性节目才使用"剧"的方式,而今,在电视社会生活类节目中,为了适应受众接收的有效性,也在使用这一种方式。情景剧重在展现节目所要讲的内容。可以说,情景剧是一种实用性强,又易于受众接受的表现方式。

(七)情景再现

情景再现是节目叙事的一种手段,它或是由群众演员参与表演,可感性很强的叙事、演绎片段,或是用影视资料片段,再现节目中叙事涉及的人物、情节、事件、场景、问题等。情景再现为主持人或当事人说人、叙事提供方便。这种手段既可将沉闷的叙事"形象化",增强其"可感性",又可把抽象的语言符号"活化",发挥电视传播的优势,因而成为当前电视社会生活类节目中经常使用的一种手段。

(八)讲故事

讲故事也是表现内容的一种手段,即把节目所要表现的内容编成故事讲给受众,适应人们喜欢听故事的心理,以求受众易于接受,乐于接受。当前,"讲故事"这种表现手段已成为一种潮流,有科学故事、法律故事、情感故事等。

(九)悬念手段

悬念是一种文艺创作手段,也是吸引关注的一种常用手段。目前,在电视社会生活类节目中经常会用到这种手段,尤其在科学、法制类节目中,多以悬念方式打开局面,引出主要内容。

(十)角色型

角色型主持指主持人改变真实身份,进入节目需要的"规定情境"中,化身为一个"特定人物"出现,表现人物的性格、行为、语言。角色型主持的意义不在于"扮演",它更加关注被扮演人物的思维、行为,目的是借"人物"之口说出主持人应该说或想说的话,只不过是通过情节性、故事性、人物性的形式加以表现。

其实,角色型主持只是主持的一种表现手段,为的是在有限的时间里,让观众更易于理解和乐于接收节目提供的信息。从这一角度出发,我们不妨将角色型主持看作"间接主持"。

在电视社会生活类节目中,角色型主持可以分为以下几种。

一是"固定角色",即主持人化为某一角色在节目中出现,成为节目创作的一部分。如中央电视台少儿节目主持人刘纯燕在节目中扮演"金龟子"——一个可爱的小昆虫;湖南卫视《新闻大求真》节目里,主持人穿上白大褂化身为"方博士",通过实验为小朋友们讲解科学知识;北京电视台《快乐生活一点通》节目,主持人王芳、秦天化身为"妈妈""爸爸"两个固定角色,专门教大家各种生活常识和生活小窍门。

还有一种情况:在大家熟悉的少儿节目中,被叫作"月亮姐姐""小鹿姐姐""强子哥哥"的节目主持人,他们虽然在外形上没有特殊的造型,但他们的身份化为一个特定角色,具有角色的心理、角色的人物关系,表现角色的行为,这也是一种"角色型"主持手段,可称为"内化妆"。

二是"临时角色",即主持人(包括嘉宾主持)虽然外形上没有特定造型,但她(他)根据节目需要,在说他人的话和表现他人的心理与行为时,主持人的身份已经变为他人了。这种主持经常是"临时性"变身,即主持人临时以角色面目出现,进行特定人物的思想行为演绎,所以,主持人身份与角色身份经常相互转换,目的是生动表现节目的主题及内容,增强节目可感性和吸引力。

应当看到,"角色"分为"社会角色"与"艺术角色",前者是人的客观身份,由社会地位形成,如"主持人"是人的"社会角色";根据剧内容或节目需要,运用表演元素和技巧化为的"他人"是"艺术角色"。

与此同时,还应了解"表演"与"表演元素"的不同。表演是整体性的,表演元素是其元素之一。在电视社会生活类节目中,主持人借用表演元素与手段扮演"特定人物",以更充分、生动地展现节目的主题与内容,也是一种行之有效的创作手段。

在进行角色型主持时,无论是"固定角色"还是"临时角色",都应对其身份进行准确定位,进入规定情境,真实交流,真实感受,行为、语言都要符合"角色"需要。

(十一)体验型

体验型主持,是当前运用越来越多的一种主持方式,这种主持生动活泼,可感性强。通常是主持人置身于某一环境中进行实地主持,边走、边看、边说、边体验,将自己具体、真实的感受传递给受众。这种主持方式可以将现场的自然条件、社会环境及主持人的主持过程一并呈现在受众眼前,加大节目的信息量,增强主持的氛围感、现场感、真实感与生动性,可更好地传达信息,表现节目立意。

(十二)辅助手段

电视社会生活类节目的创作除了运用画面、语言设计外,还应充分发挥道具、布景、化妆、音乐等多种元素的作用,形成合力,方能收到更好的传播效果。优秀的电视节目,一定是运用丰富的电视手段、内容与形式和谐统一的作品。

道具是电视社会生活类节目一个不容忽视的创作要素,因为这类节目涉及多种知识的讲解、多种操作的演示,有时,道具还上升为节目的主要表现元素。这里应注意两点:一是节目中道具的设置;二是节目中主持人对道具的使用要适时、恰当,让道具发挥应有的作用。

(十三)娱乐手段

娱乐是制造轻松、愉快的手段,它往往给人带来兴奋,形成一定的刺激,是当今电视社会生活类节目中的一味重要调料。娱乐手段能使受众在轻松、愉快的体验中观看节目,使节目传播效益最大化,因此,在电视社会生活类节目中有相当一部分内容离不开娱乐元素的运用。如央视的《黄金100秒》节目,表演者可以通过100秒的表演来寻求观众的认可,节目的经典口号是"是金子总会发光",参加者不限才艺,不论年龄、性别,展现了节目的包容性和积极性。主持人在节目中用鼓励性的话语激励表演者的比赛热情。虽然节目设定100秒的时间限制,给表演者带来一定的压力,但通过主持人与表演者幽默风趣的对话,调节了表演者的紧张情绪,为现场带来轻松的氛围和欢乐的情绪。

采用娱乐风格主持时,主持人应放得开,启动娱乐思维将娱乐元素与知识点有机融合,表现出娱乐语言、娱乐形体,让受众在轻松、愉快中接受知识和操作技能。

总之,节目表现方式与主持手段是影响电视节目传播目的和传播效果的重要因素。电视社会生活类节目的创思与主持最需要让受众"易懂乐受",只有受众清楚节目所传达的各种知识、服务内容、节目主旨,并乐于接受其表现方式与手段,才能更好地实现传播目的,优化传播效果。

第三节　电视社会生活类节目主持要求

一、电视社会生活类节目主持人应具备的能力

(一)具有较高的政策水平

电视社会生活类节目主持人必须具有较高的政策水平,原因不言而喻。此类节目所涉及的不仅是家长里短、鸡毛蒜皮的生活小事,还涉及社会生活精神与物质的方方面面,要求主持人具有微观、中观、宏观的广阔视野。如果主持人偏离了时代特点和国家政策,便不能正确、有效地完成主持任务,有时甚至伤及创作整体。

因此,电视社会生活类节目主持人要了解国家各方面政策,清楚自己所主持的节目是什么性质,主旨是什么,特点在哪里,主持任务是什么,如何把握节目导向及主持言语等。尤其是主持法制、科学、心理类节目时,更应关注这些问题。如"法律"与"家暴"的关系问题,之前在我国法律中是如何规定的?现在对此问题是怎样规定的?法律、政策方面有何变化?除此之外,还要了解在当前社会中,女性犯罪与家暴有多大关系,怎样认识法律修订的意义等。因为对这些内容、信息的思考与把握,往往会不经意间表露于节目主持人的言语及态度中。有时处理不好,还会带来场上场下受众的种种议论,并以此判断主持人的素质水平。

所以,电视社会生活类节目主持人,一定要正确认识自己的工作性质及素质构成,努力提升自己的政策水平,以更加胜任自己的工作。

(二)具备节目创作能力

电视社会生活类节目主持人是以主持节目为主,但若主持人不懂得其他环节的创作,就不能很好地完成自己的主持任务。实践证明,优秀的主持人不但能胜任节目的主持工作,同时还具备策划选题、编导、制作节目的能力。由于电视社会生活类节目的主持人相对固定,主持人是节目创作团队的一分子,因而能参与创作节目的机会远远多于其他类型的节目。主持人往往既是节目的创编者,也是节目的主持者,即使主持人不是节目的编导,也应对节目编创提供意见。从节目策划到后期制作,主持人都应积极参与,这样才能更好地驾驭节目,在主持节目时才会有更出色的表现。

（三）了解受众心理与需求

电视社会生活类节目最具综合性与针对性,尤其在当今人们生活需求多元化的情况下,这类节目的主持人更要了解节目的定位、目标受众的心理与需求,做到对症下药、有的放矢。如有的人关心法制问题与科学进步,有的人喜欢旅游与摄影,有的人倾心健康与烹调,有的人关注心理与情感问题……在这个充满不同人群的社会,宽松的政治环境释放出多元化的个性需求。把握时代的脉搏,切准不同人群的喜好,是我们制作、主持好节目的基础。可以说,在电视社会生活类节目中,没有针对性的节目是效率低下的鸡肋节目。所以,若想主持好这类节目,首先就要体察社会、了解目标受众,按照每期节目的对象,调整好自己的心理频道,接近目标受众,选择最有效的方式与手段处理或应对。

（四）有较强的语言表达功力

如前所述,电视社会生活类节目具有综合性、交叉性、娱乐性,与其他类型的节目有融合。当前,电视社会生活类节目的内容丰富,体裁多样,手段创新,因此,语言表达样态也呈现多样化,语言表达的多样性也是电视社会生活类节目的特点之一,这要求主持人的语言表达随节目的创作方式而变化。在电视社会生活类节目中除了访谈的会话语态外,还有自然平易的介绍、生动幽默的讲解、评书式的叙述、角色性的对白及电视片的解说、内容评述、节目串联等各种样态。语言表达的多样性,可使节目生动活泼,耐听耐看,不落俗套。优秀的电视社会生活类节目主持人应当具有较强的语言表达能力,而这也是节目主持人进行节目创作的重要部分,因为,在电视社会生活类节目中,许多知识的讲解、内容的叙述都要通过生动、易懂的语言形式表现出来,这些都离不开全面、高水平的语言表达功力。

（五）具有表演素质与能力

当前,电视社会生活类节目经常出现"情节性""角色性""动态化"的主持方式,对主持人各方面的素质、能力都提出了更高的要求。

首先,电视社会生活类节目主持人要有出色的专业素质与能力,能运用不同的主持方式或手段准确表达节目内容。其次,面对节目主持新的要求,电视社会生活类节目主持人应当学习、运用一些表演元素来丰富自己的创作手段等。主持人还要挖掘自身表演潜能,勇于尝试,能根据节目需要,在"社会角色"与"艺角色"的双重身份中相互转换。当然,表演元素的应用要符合节目创作的需要,不应超越界限。尤其电视社会生活类节目的策划应注意娱乐元素与知识(操作技能)传授的比例分配,不能与电视娱乐节目混同。

在此,我们甚至可以大胆地说,现今的电视社会生活类节目主持人必须具备表演能力,否则将不能适应这一工作岗位。

(六)适应栏目、节目风格

主持电视社会生活类节目有着多种要求与风格。如主持服务类节目多为亲切、热情的风格;主持法制类节目多为稳重、大气的风格;主持科学类节目多为平易、自然的风格;主持对象类节目,要区分不同栏目与对象:主持少儿节目可清新、活泼,主持老年节目可亲切、温和,主持女性节目可优雅自如,主持农业节目可朴实大方,主持旅游节目可热情明快……主持人应根据节目的风格,主动调整自身风格与之相适应。

在当前媒体激烈竞争的现状下,节目内容同质、节目形式雷同、主持方式克隆现象泛滥,主持人只有学习借鉴前辈的成功经验,勤奋探索,形成自己的特色与风格,才能在激烈的竞争中脱颖而出。

(七)具有专项知识水平

电视社会生活类节目内容繁多,需要主持人有更全面的知识、素质、能力,因此,电视社会生活类节目主持人不但要具备专业基础技能,还要精通某一领域。具体来讲,电视社会生活类节目主持人应当具备节目策划、写稿、编导、主持、制作各个环节的能力,有较深厚的专业知识积累,能与嘉宾、专家就相关知识进行有一定深度的对等交流;针对自己所主持的特定领域,如科学、法律、医学、心理、农业、健康或饮食等领域对口学习,才能有资格、有条件创作并主持好某一特定领域的节目。如今,电视窄众化,节目细分化,更强调主持人的专项知识与素质,只有主持技能是不够的,还要精通某一专业领域的知识。因而,不断地、有针对性地学习就是必需的。

二、电视社会生活类节目主持应避免的问题

(1)不会策划:初学者学习主持此类节目初始,不会策划选题,不懂策划的意义与实施要领。

(2)没有针对性:初学者学习主持此类节目初始,抓不住节目类别、内容与对象的特点。

(3)电视手段欠缺:初学者学习主持此类节目初始,不会运用电视思维与电视手段处理节目与主持,与广播主持区别不大。

(4)缺乏创新:初学者学习主持此类节目初始,多套用已有的表现方式,不善于通过自己的思考,结合具体内容进行创新。

(5)语态不当:初学者学习主持此类节目初始,语言表达不能随节目不同形态与表现方式变换语态。语言表达不够口语化,尤其在学习新闻评论播音后,往往有种新闻语体表达定势。

针对以上问题,可以给初学者观摩、分析不同类型的电视社会生活类节目,分析每档节目创编、主持的优点与不足,再让初学者自己定栏目、寻找选题,制作节目。从一开始就训练初学者从节目整体入手创编并主持节目的能力,培养初学者对节目的整体意识。

第四节　电视社会生活类节目的策划与创新

电视社会生活类节目主持人应当具备创作节目的能力。这类节目很多时候需要主持人自己策划中小型节目,创作空间较大,自主性强。因而,主持人不但要掌握电视社会生活类节目的创作规律、创作方式与手段,还要具有创新理念与实施能力。接下来,就电视社会生活类节目策划中的几个主要问题略做分析。

一、节目策划的选题

要创新策划一档节目,首先必须依据栏目的宗旨与任务,找到适合的选题。选题不仅适合节目,还要符合受众的需求,更要适应时代、社会氛围,具有社会和经济双重效益,这也是当今媒体的双重属性所决定的。

现今的媒体发展迅速,竞争激烈,除了报纸、广播电视等传统媒体,还涌现出不少新媒体。全媒体、自媒体等概念人们早已不陌生。某位业内专家指出,以前的电视节目是"宣传品""作品",而今的电视节目是"产品"。也就是说:过去电视传媒承担着"宣传教化"功能,本体功能尚未真正显现;改革开放后,电视媒体积极探索与借鉴,研究本体传播特性,借鉴艺术元素,产生新理念、新节目。现在,随着市场经济、产业化的发展,收视率、市场回报等经济色彩加重,电视节目更成为满足受众需求,以盈利为导向的产品。电视社会生活类节目离受众的生活最为接近,因此,了解时代、了解社会、了解受众,从服务受众的角度出发,是节目选题的关键要点。

对于播音与主持艺术专业的学生而言,可能暂时没有担负大型节目的策划工作的机会,但可以从策划小型节目开始,拓宽眼界,提升专业素质。以下是在教学实践中学生策划的选题,具有可供借鉴之处。

叠衣小妙招:将出远门要装箱带走的衣服卷成一个个卷,码放于手提箱中,既可以节省空间,也不会使衣服产生褶皱。

选题特点:从小事着眼,服务受众。

手提袋变围裙:将平时送的或买的各种长方形手提袋(不能是纸做的)顺两边剪开,不再加任何材料,巧做成做饭时用的围裙。

选题特点:符合时代主流精神,表现出节约就在我们身边。

以上几个选题存在的可取之处:一是受众需要,二是可以实施,三是视觉化展示与生动解析。由此可见,电视社会生活类节目的策划一定要善于使用"视觉化"手段,还要讲解通俗易懂,最好能呈现生动、具体的实施过程。

二、节目创新的方式

电视社会生活类节目的策划,要打破常规,逆向思维,多向思维,这样,在选题策划中才有可能有创新。

(一) 节目形式的创新

目前,很多一线的节目相较数年前的节目内容变化不大,但节目形式和主持手段变化较大,这也不失为一种创新。如同是法制节目,中央电视台推出的《撒贝宁时间》就是《今日说法》周末版。该节目具有以下创新点,其一,丰富的演播室(场景)。这个节目初期将演播室分为虚实结合的两部分,虚景有小撒刑侦工作室、案发现场。这样,主持人可以在视觉上形成穿越时空感,从"现场"带回证据,并在"工作室"进行分析研究。其二,主持人角色转换。受众称这个节目的主持人撒贝宁为"撒尔摩斯",可见主持人在这个节目里已经不是传统节目样式中的讲述者、阐释者和串联者,而是案件的亲历者和解析者。这样的节目设置一改以往严肃有余、生动不足的法制节目叙事面貌,增强了对受众的吸引力。虽然从节目属性而言,有人将《撒贝宁时间》归于探案推理类节目,但其普法、服务的节目内容与功能没有改变。这说明,在节目创新中,节目形式变化也是一种创新。

(二)节目内容的创新

安徽卫视的《超级演说家》是一档原创语言竞技真人秀节目。它的内容独特、另辟蹊径,节目形式虽然简单,但其选手和演讲内容都颇具看点及话题性,表现了社会问题的多个侧面。该节目中不仅选手全情投入,袒露心声,导师有时也参加演说,敞开心扉,真情流露,使得台上台下理性、感性交融,形成了理解、交流的真情场面。同时,这个节目更注重语言表达的魅力,体现出语言是心灵的外化、是文化的载体这一重要命题。北京电视台的《我是演说家》真人秀节目效果也不错。其中给人印象深刻的是一位心理医生的演讲,他在接诊时,一对父女因尖锐矛盾(女儿早恋,遭到父亲的坚决反对,管教方式武断)导致女儿跳楼而去,女儿身上留给父亲的字条和严酷的现实使大家深刻感悟到:当今社会,父母也应学习"怎样做父母"。这一命题打开了新的视角,对于我国社会具有积极意义。随后,各个电视台各种"演说"类真人秀节目纷纷问世。这一选题,打开了我国电视媒体的一片新天地,产生了较大的社会价值,发挥了媒体的引导功能。

在电视社会生活类节目的创新中,应当杜绝一个问题,即形式大于内容。内容与形式相合,才是"完美"的定义。尤其是贴近人们生活的电视社会生活类节目的创新,更应关注这个问题,否则,就会使创新变了味。例如,某婚恋交友节目。该栏目编导创意的初衷可能是想变换一下节目的表现形式,以获取更多关注。于是与外国某节目团队合作,打造出中国首档户外慢相亲真人秀节目。节目全部是在国外实景拍摄,四男与六女相处五天四夜,执行节目组给出一个个任务,效仿韩剧或欧美电影中的男女主角亲密的经典画面等(指定任务,也可以拒绝完成)。这种男女不均的安排,必定会有人落单,爱情争夺战在所难免。于是在节目中我们看到有几女与一男约会的,也有一女与几男约会的,除此之外,约会对象还多有变化。其间还有不少期盼、忌妒、失望、尴尬、欣喜的细微表情与眼神,更有流泪伤心的表现。这简直就是一部没有剧本的偶像剧。

婚恋交友节目是电视社会生活类节目的一部分,是为处于紧张工作生活状态当中的适龄男女寻找另一半而设置的,它的主旨是服务,虽然这类节目可以引进娱乐性创作手段,但其服务的性质不能改变。在这一原则下,这个节目的创新有些错位,混淆了节目属性,形式大于内容,所以让人感觉是一部偶像剧。人的真心真情是极为珍贵的,经不起这种"秀"。所以,无论这个节目定位于"婚恋交友真人剧"还是"婚恋交友综艺节目",都有偏差。

这说明,节目创新的前提是明确节目属性,其次找到有意义、有价值的选题,找到新的表现角度,还应摆脱克隆与模仿,才会使人产生健康的新鲜感,节目才有强大的生命力。

三、节目与主持人的相依性

节目策划面临的一个重要问题是挑选合适的主持人。主持节目中的关键一点就是主持人与节目的适应度、相依性。优秀的节目必定离不开不可替换的主持人。

然而,在一线实践中,我们经常看到主持人与节目的结合存在各种各样的问题。如有的节目,主持人与之十分贴合,效果上佳,但可能换了编导或领导,于是这个栏目便撤掉或更换主持人。面对这种境况,主持人要想杜绝这种现象不太容易,也没有相应实力,只有提高自己的专业素质和主持能力,使自己处于无可替代的优势地位,方可减少这种不愉快事情的发生。在此基础之上,主持人还要有一定的策划能力,在允许的范围内积极参与节目策划,可以与编导、领导就节目宗旨、节目内容和节目形态等进行有分量的对话,提供有价值的思考,还可对节目的创意有更深入、全面的认识与了解,提高主持人对节目的掌控水平,进而提升节目效果。面临当前主持岗位的激烈竞争,主持人只有真正成为"复合型"人才,才可能在主持舞台上更好地立足。综上所述,我们在策划和创新节目时,一定要理念正确、思路清晰、与时俱进、独辟蹊径。

第五节 电视社会生活类节目实例分析

一、电视社会生活类节目实例

案例 8.1

《撒贝宁时间》节选

地点:演播室、案发现场

主持人:撒贝宁(以下简称"主持撒")

嘉宾:吉林通化警察(以下简称"刑警……")

……

画外音:每一个细节都让我沉思,每一起案件都给人警醒,这里是《撒贝宁时间》,让我们用证据说话。

主持撒:(中景,画面切回直播间)在一具无名女尸的身上,除了一张火车票,再也没有任何可以证明身份的东西了。而这张火车票,却又不是死者本人的,而是一个男子的。那么通过对这张火车票的追查,是不是就能够查到死者的身份呢?事情却远远没有想象的那么简单。现在是《今日说法》周末特别节目《撒贝宁时间》。2015年吉林通化警方就碰到了这样一桩案件。

画外音:(中景,案发现场)死者是一名中年女性,仰面躺在地上。

刑警张:(中景,案发现场图片)死者面貌已经严重损毁了。(中景,案发现场)通过面部看不清这个人的长相了。

画外音:(近景,案发现场)在死者身上,法医没有发现开放性伤口,只是在颈部发现有类圆形表皮剥落。

刑警金:(近景,案发现场)我们分析她应该是被人扼颈导致机械性窒息死亡。

画外音:(中景,案发现场)法医在死者手腕处,还发现了环状的勒痕。

刑警金:(中景,案发现场)应该是绳索之类捆绑造成的。

画外音:(近景,案发现场)警方在死者身上没有发现其他任何的抵抗伤。

刑警张:(近景,采访现场)很明显就是(死者)自己在比较配合的情况下(被)捆绑的。如果不配合,硬绑,在捆绑痕迹的周围,也得留下其他的一些痕迹。

画外音:(中景,案发现场)而死者身上的众多擦伤表明,尸体被搬运过。(远景,案发现场)经过初步尸检,法医推断出了死者的死亡时间。

刑警金:(特写,案发现场)我们推断死者死亡时间有5天左右。

画外音:(中景,案发现场)死者的上衣翻卷至胸口上方,下身只穿了一条内裤,脚上没有鞋袜。

刑警金:(近景,案发现场)死者生前很可能遭受过性侵害,所以我们立即对死者进行了阴道分泌物的提取。

画外音:(中景,案发现场)现场的勘查人员,对死者的衣服检查了几遍,也没有找到能证明死者身份的物品。

刑警李:(中景,采访画面)因为她身上的包或者身份证、手机、钥匙都没有。

刑警于:(中景,采访画面)从她的衣着打扮和容貌上来看,我们感觉这个人不是我们当地农村的,有可能是附近城镇里面的。

画外音:(远景,案发现场)死者被发现的地方是一块农田,周围也都是成片的田野,一位村民路过这里时看见了尸体,赶紧报了案。

刑警张:(中景,采访画面)我们在现场发现一条长约16米的拖痕。拖痕一直延伸到苞米地尽头的田间小路上。

画外音:(近景,案发现场)据此,侦查员张广辉分析,嫌疑人应该只有一个。

刑警张:(近景,采访画面)考虑应该是一个人作案,如果要是两个人或多人的话,用不着拖(尸体)了,就应该是抬或者搬运进去了,因为往里拖挺费劲的。

画外音:(中景,案发现场)除了这条拖痕之外,警方在现场再也没有发现其他痕迹。

刑警张:(中景,采访画面)他(嫌疑人)在往玉米地走的过程当中,后边拖着她(死者),在往里拖的过程当中,就把自己的足迹也都掩盖了。

画外音:(中景,案发现场)在对现场进行了一番勘查后,侦查员张广辉分析,这里很有可能不是案发的第一现场,而是抛尸或遗尸现场。而案发的第一现场很可能就在附近。于是,柳河警方对现场周边地区,进行了仔细的排查,却没有任何发现。

刑警于:(中景,采访画面)有可能是嫌疑人作案之后,用车辆或用其他办法,把这个女的(死者)运到这儿。

画外音:(中景,案发现场)柳河县位于吉林省南部,隶属于通化市,这里地处长白山区,境内多山地。死者被发现的地方,就在柳河县北部的山岭地带,周围是一些村落,位置十分偏僻。只有在农忙的时候,附近的村民才会到这里干活,平时很少有人会过去。

刑警张:(中景,采访画面)这个玉米地,外来人很难找到。只有对当地环境特别熟悉的人,才能找到。

画外音:(中景,采访画面)张广辉分析,犯罪嫌疑人应该就住在附近,或者曾经到过现场。他还推断,死者和嫌疑人应该是认识的,甚至很可能是熟人。然而,现场有用的线索太少了,张广辉他们一时还无法给案子定性。

刑警张:(中景,采访画面)是仇杀还是情杀,或者其他什么原因杀人,这就很难判断了。

刑警李:(中景,采访画面)案件性质确定不了,侦查方向咱就确定不了。

主持撒:(中景,直播间)一名无名女尸被发现在一片偏僻的农田里,而且现场留下的证物少之又少,这让警方感到案件非常棘手,我带各位到现场去看一看。(直播间场景转换到模拟案发现场)在尸体身上警方没有发现明显的开放性伤痕,唯一能够看到的伤痕就是颈部的掐痕。所以,法医初步判断死者应该是被掐死的,而且死亡时间应该是在尸体被发现之前的4天到5天。死者的手腕上有明显的被绳子捆过的痕迹,很有可能在生前受到过控制。而且死者的衣着凌乱,脚上的鞋子也没了,很有可能受到了性侵害。那么在尸体的旁边,警方发现了一条拖痕,这个拖痕长大约16米,一直延伸到农田旁边的小路上。那么在拖痕的起点处,警方没有发现任何搏斗的痕迹,而且在这周围也没有发现任何能够证明死者身份的物证。警方觉得非常奇怪的是,如果犯罪嫌疑人想要拿走所有可以证明死者身份的东西,他没有必要连死者的鞋也带走。在现场周围,警方始终没能找到死者的鞋,那么警方判断,这里很有可能并非案发的第一现场。很有可能在其他的地方,犯罪嫌疑人对死者采取了强暴和杀害的手段,然后把尸体转移到这里,进行抛尸。尸体被发现的地方是一片非常偏僻的农田,平时若不是农忙时节,几乎很少有人会到这儿来,所以警方判断犯罪嫌疑人应该对这一带的环境非常熟悉,而且很有可能就住在附近。眼下当务之急,是要立刻确定死者的身份。

刑警于:(中景,采访画面)我们对附近的村屯进行逐一摸排,看看有没有符合死者这个特征的人。

刑警张:(中景,采访画面)逐户、逐家、逐人地进行调查走访。没有发现特别明显的线索。

画外音:(近景,工作场景)与此同时,柳河警方还把死者的DNA信息上传到全国失踪人口信息系统进行比对,但是没有任何结果。

刑警李:(中景,采访画面)虽然我们付出了很多努力,但是案件迟迟没有进展。

画外音:(近景,工作场景)就在法医对死者DNA进行比对的同时,他们还在死者的体内检验出了男性的分泌物。

刑警金:(中景,采访画面)但是在咱们全国DNA库中没有比中。

画外音:(近景,工作场景)根据柳河警方之前的推断,嫌疑人熟悉现场环境,很可能是本地人。他们决定提取尸体周围村落的部分男子DNA进行筛查。

刑警金:(中景,采访画面)任何一个姓氏家族的所有男性,他们的Y染色体是一样的。

画外音:(近景,工作场景)一旦警方发现某一家族成员Y染色体与死者体内精斑的Y染色体一致,那么凶手很有可能就是这个家族中的男子。

刑警金:(近景,工作场景)在对这个家族的男性,从作案时间上、年龄段上(中景,采访画面)包括案发后离家出走这块,再进行筛选,他(嫌疑人)这个范围就缩小了。

画外音:(近景,工作场景)理论上虽然如此,然而真要做起来,工作难度很大,需要耗费大量的人力和物力。

刑警金:(近景,工作场景)首先把每一个姓氏,(中景,采访画面)张、王、李、赵这些家族的人员,绘制出一个家族的表,上三代,下两代,所有男性都得统计出来。

画外音:(近景,工作场景)在没有其他线索的情况下,柳河警方似乎已经没有其他的路可以走了。

刑警张:(近景,工作场景)对现场是不是还有遗漏的地方。

画外音:(远景,案发现场)多去现场看看是张广辉的一个习惯,尤其是在破案没有思路的时候。技术出身的他总是希望能在现场获取一些灵感或者发现蛛丝马迹。

刑警张:(中景,采访画面)我们就再去一趟现场,主要是围绕尸体附近,在附近的玉米地里又详细看一下,想要找到有关的东西。

画外音:(远景,工作场景)然而,这一次张广辉在现场并没有什么新的发现。于是,他把注意力又转移到了死者身上。尸体经过尸检已经没有什么特别的发现了。张广辉的目光落在了死者的衣服上。

刑警张:(近景,工作场景)主要通过衣服的商标、产地,(中景,采访画面)看一下她原来的生活区域,另外一个就是看衣服上面,有没有其他的痕迹。

画外音:(近景,工作场景)令张广辉感到失望的是,死者的衣服并不是什么品牌服装,很难查到它的销售商家和产地。

刑警张:(中景,采访画面)衣服又全都是湿透的,微量物证方面,没发现比较明显的东西。

画外音:(远景,工作场景)对尸源和嫌疑人的排查都没有任何的线索,柳河警方一下子陷入了困境之中。很多人都觉得这个案子很可能要挂起来了。

本期导视:一张火车票给案件带来新的方向,查找尸源有了方向,有了地点,吉林警方赶赴辽宁,发现异常情况。赵磊没有上沈阳到熊岳的火车,用这张车票上了沈阳到通化的火车。火车票主人和死者会是什么关系,这张火车票的去向,他也不清楚。他的火车票为什么会出现在死者身上?现在是《撒贝宁时间》敬请关注:一张火车票。

画外音:(远景,工作场景)面对眼前的困境张广辉并没有死心,他让技术中队的人把死者的衣服晾干之后,再进行一次详细的检查。果然,法医金志国有了一个意外的发现。

法医金:(近景,工作场景)我们又对她(死者)的衣服进行了细致的检查,(中景,采访画面)发现死者衣服有一个只能伸进一个手指的装饰性的假兜,我们对这个衣服的假兜外表一摸,感觉内部有一个纸团状的东西。

画外音:(近景,工作场景)金志国试着用手指想把纸团勾出来,但是试了几次都未成功,他只好把那个假兜给剪开了。

法医金:(中景,采访画面)我把那个兜剪开以后,取出一个纸团。(近景,工作场景)展平打开一看,是一张火车票。

刑警张:(中景,采访画面)特别高兴,查找尸源有了方向,有了地点了。

主持撒:(中景,直播间)这是一张沈阳到熊岳城的火车票,火车票上写着乘车人的名字叫赵磊,乘车的时间是在尸体发现的5天之前,也就是法医推断死者死亡的时间。根据这张火车票上的身份证号码,判断赵磊并不是死者本人,因为身份证号码显示是一个男子。但是,由于这张火车票在死者的身上,所以,这个叫赵磊的人应该会和死者有着某种关系。经过一番调查,柳河警方了解到,这个叫赵磊的人是在营口市的一家建筑公司上班,34岁,而熊岳城是营口市辖区的一个乡镇。由于长春到大连的铁路经过这里,所以熊岳城是营口地区一个非常重要的火车站。张广辉就分析,会不会是死者死亡的当天,她和这个赵磊一起出行,而火车票都放在了死者的身上呢。如果真的是这样的话,看来张广辉他们就有必要去一趟沈阳了。因为这个叫赵磊的人有可能存在重大的作案嫌疑。

……

《撒贝宁时间》是中央电视台综合频道于2013年3月推出的一档全新的周播栏目。2016年4月10日起,《撒贝宁时间》正式作为《今日说法》周日特别节目,由撒贝宁主持。中央电视台是国家的新闻舆论机构和思想文化阵地,所以以《今日说法》为代表的电视法制类节目承担着党和政府赋予的普法使命,通过电视媒介宣传社会主义法制制度、维护社会主义法律权威,帮助人们增强法律知识,引导公民学法、用法、守法。《一张火车票》便是其中极具代表性的一期节目。

(1)虚实结合的演播室,让观众"亲临"破案现场。

法律条文本身是严肃、冰冷的,只有当一条条法律条文被嵌入使用场景中,才能让使用它的人真实感受到它的深度、温度和力度。而在1999年开播的《今日说法》就具备这样的场景化思维。它是一档需要观众用心观看,用眼力参与的节目。分析、演绎、推理是这个节目的三大"武器";撒贝宁既是主持人也是侦查员,节目采用全新视角解读经典案例,运用影视手法展现刑侦魅力,通过善与恶的较量,诠释正义与法治的力量,达到警醒世人的目的。

传统的法制节目中演播室的功能是叙事、讨论、与观众互动,主持人被隔离在案件侦破之外,《撒贝宁时间》节目的演播室一改传统演播室的单一实景或单一虚拟设计。在虚拟的演播室的左侧安排部分实景,作为撒贝宁的刑侦工作室;右侧则通过电脑技术,还原一个又一个的"案发现场"。

如在《一张火车票》这期节目中,撒贝宁在刑侦工作室讲述完案件背景后说道:"我带各位到现场去看一看。"随着撒贝宁起身,虚拟演播室的背景迅速切换到一片玉米地中,随后在主持人讲到死者是经凶手拖拽至这片玉米地时,演播室的"地上"则相应出现一道明显的拖痕。随着案件的不断深入,警方掌握的证据越多,演播室中的"犯罪要素"也就越发集中,一直到警方终于发现本案的关键性证据——一张火车票,演播厅中的撒贝宁也手拿一张皱巴巴的火车票讲述着火车票上的重要信息,让观众仿佛置身于案发现场。因此《撒贝宁时间》中虚实景相结合的设计,让主持人能从现实"穿越时空"进入"案发现场"寻找破案线索,也可以让主持人从"案发现场"回到现实当中,在实景部分的刑侦工作室分析从"案发现场"带回来的证据。

(2)多元演绎的推理过程,让主持人"化身"福尔摩斯。

传统法制节目的主持人,基本上都是起着一个串联故事或探讨法理的作用。虽然也有极少数主持人出现在案发现场的节目,但也都是以出镜记者的身份对案件进行报道。而在《撒贝宁时间》中主持人则要"化身"侦探,引导观众"重返"案发现场。

在《一张火车票》这期节目中,撒贝宁带着观众们从细枝末节的证据中,梳理出了案件的全部经过,并最终锁定凶手,解开受害人和凶手之间爱恨情仇的故事。随着案件的最终告破,演播室背景又从"案发现场"回到了案件开头时的刑侦工作室,撒贝宁在刑侦工作室中回顾了案件的发展,并且告诫观众任何带有个人信息的材料必须谨慎保管不得随意丢弃,以免被有心者用作他途。

在节目类型定位上,《撒贝宁时间》节目属于探案推理类节目。全新的演播室功能设计、全新的主持人定位使得《撒贝宁时间》节目有了不同于一般节目的开场和转场。为了让观众也能参与到破案当中,在《撒贝宁时间》节目的小片部分,主持人除了对案情进行介绍之外,还用影视手法、多角度的表现形式,艺术地再现了案件发生的若干种可能性。不仅让刑侦人员的逻辑推理得以形象地展示,还使得观众能够在若干种可能性中分析、判断、选择。既形象地展示了主持人的逻辑智慧,又让节目充满了影像表现的魅力。

案例 8.2

《2023中国诗词大会》节选

主持人:龙洋(以下简称"主持龙")

嘉宾:马保利(以下简称"嘉宾马")

　　　朱彦军(以下简称"嘉宾朱")

　　　田大地(以下简称"嘉宾田")

　　　许　辉(以下简称"嘉宾许")

　　　谢雅丹(以下简称"嘉宾谢")

　　　向芝谊(以下简称"嘉宾向")

　　　王嘉逸(以下简称"演员王")

　　　蒙　曼(以下简称"嘉宾蒙")

演播室:(远景,演播室舞台画面,主持人登场)

画外音:(远景,演播室舞台画面)有请主持人龙洋!

主持龙:(中景,主持人画面)飞来山上千寻塔,闻说鸡鸣见日升。不畏浮云遮望眼,自缘身在最高层。欢迎收看《2023中国诗词大会》,大家好,我是龙洋,欢迎各位。人生最美好的事情,莫过于拥有诗与远方。海上生明月,天涯共此时。这是望月怀远、人间深情。欲穷千里目,更上一层楼。这是登高望远、人生壮志。路漫漫其修远兮,吾将上下而求索。这是爱国、报国,任重道远。红军不怕远征难,万水千山只等闲。这是奋斗之路,行稳致远。面对远方,纵使崎岖坎坷,也坚信柳暗花明又一村;纵使风高浪急,也坚信直挂云帆济沧海。因为当每一个你我,都坚定理想信念,勇毅前行,我们的国家和民族就一定能完成那充满光荣和梦想的远征。今天,就让我们从《2023中国诗词大会》总决赛之夜一同出发,怀抱对诗词和生活的热爱,乘风好去、长空万里,直下看山河。

所有嘉宾:(远景,嘉宾画面)飞来山上千寻塔,闻说鸡鸣见日升。不畏浮云遮望眼,自缘身在最高层。

主持龙:(近景,主持人画面)那就让我们正式开始今天的总决赛比拼,来了解本场的比赛规则。

画外音:经过九场的激烈比拼,我们迎来了《2023中国诗词大会》总决赛。康震、蒙曼、杨雨、郦波,四位点评老师齐聚巅峰之夜。与百人团、云上千人团共同见证《2023中国诗词大会》总冠军的诞生。本场比赛分为四个部分:个人晋级赛、复活赛、冠军资格争夺赛和巅峰对决。在个人晋级赛中,积分排名最高且用时最短的三位选手将直接晋级下一环节的比拼,剩余的三位选手将通过千人提问进行复活赛的比拼,锁定最后一个晋级冠军资格争夺赛的名额。进入总决赛的六位选手,分别是诗意机长—马保利、农民工—朱彦军、阳光少年—田大地、体育老师—许辉、杜甫草堂小小讲解员—谢雅丹、北大博士后—向芝谊。究竟谁可以进入下一环节的比拼,精彩马上开始。

主持龙:(中景,主持人画面)您正在收看的是《2023中国诗词大会》总决赛之夜。经过前九场的激烈比拼,一共有六位选手闯进了总决赛的舞台。此刻他们是怎样的状态呢?我们也来感受一下。

嘉宾马:(中景,嘉宾画面)富贵必从勤苦得,男儿需读五车书。

嘉宾朱:(中景,嘉宾画面)咬定青山不放松,立根原在破岩中。

嘉宾田:(中景,嘉宾画面)时人莫道蛾眉小,三五团圆照满天。

嘉宾许:(中景,嘉宾画面)但知行好事,莫要问前程。

嘉宾谢:(中景,嘉宾画面)千磨万击还坚劲,任尔东西南北风。

嘉宾向:(中景,嘉宾画面)君臣一梦,今古空名。但远山长,云山乱,晓山青。

主持龙:(中景,主持人画面)那按照我们的比赛规则,在个人晋级赛过后,排名前三的选手将直接晋级到冠军资格争夺赛,向我们的冠军发起冲刺。那接下来就让我们做好准备,一同进入今天的晋级赛。个人晋级赛的第一回合,我们将通过沉浸式表演出题方式,来给大家呈现情景共答题,六强共同作答,看看第一道题目。

演员王:(中景,演员画面)各位诗词大会的选手们,我是来自大汉的太史令,接下来由我带大家游历星空。小朋友,要不要和我一起呀?

小朋友:(远景,演员画面)好啊,我们先去哪里呢?

演员王:(中景,演员画面)我们先去北方的天空,你看,那里有七颗明亮的星。

小朋友:(远景,LED画面)这七颗星好像一个勺子啊。

演员王:(中景,演员画面)它叫北斗,古人就是通过观察它来确定位置。

小朋友:(远景,演员画面)那为什么北斗能确定方位呢?

演员王:(中景,演员画面)你看,因为沿着北斗星的勺头,画一条延长线,约五倍勺头的距离就可以找到正北方向的北极星。

小朋友:(中景,演员画面)我听说,今天我们的国产卫星导航系统仍然叫"北斗"呢。

演员王:(中景,演员画面)接下来的题目就有关于"北斗"。

主持龙:(中景,主持人画面)题目来了,请问以下三联诗词都提到了北斗,哪一联写到了北斗指示方向呢?A.尽挹西江,细斟北斗。B.夔府孤城落日斜,每依北斗望京华。C.更深月色半人家,北斗阑干南斗斜。六位选手请答题。我们的六位选手都选择了第二个选项B。祝贺六位旗开得胜,回答正确,各得一分。

嘉宾蒙:(中景,嘉宾画面)第一个选项尽挹西江,细斟北斗。那就是把这个北斗看成一个酒勺,可以想象这个张孝祥眼里的世界是何等大,尽挹西江,我把整个西江水都给装进来。万象为宾客,这博大的心胸。这北斗第一个意象,其实也是最原始的那个意象,它就像斗。第二个,夔府孤城落日斜,每依北斗望京华。北极星,它不像北斗星那么亮,其实大家更容易看到的是北斗,但是我们看北斗要干什么,要寻找北极,北极是什么,北极是天帝。每依北斗望京华,是杜甫无论身在何处,他看着国家,这是第二个意象。第三个,更深月色半人家,北斗阑干南斗斜。这是一个天文现象,在八月份前半夜九十点钟的时候,你能同时在天上看到北斗和南斗。如果再说的话,北斗这个意象比这还要复杂。你比方说北斗还可以表示什么,表示"兵锋",就是要打仗,北斗有的时候有这个意象,所以我们才知道这个:北斗七星高,哥舒夜带刀。我觉得这一点要向张衡致敬,向很多很多让我们看到星辰大海的人致敬。北斗代表什么,代表了不起的人,其人"如泰山北斗云",泰山北斗也是一个成语,还有一个成语,斗南一人,说狄仁杰北斗以南一人而已,这就是了不起的人就像北斗一样。我想这就是我们中国人内心深藏的一个北斗信仰。

主持龙:(远景,主持人画面)谢谢蒙老师。

……

《中国诗词大会》是央视首档全民参与的诗词节目,该节目以"赏中华诗词、寻文化基因、品生活之美"为基本宗旨,力求通过对诗词知识的比拼及诗词赏析,带动全民重温那些曾经学过的古诗词,从古人的智慧和情怀中汲取营养,涵养心灵。

相较于其他文化类型综艺节目,《中国诗词大会》更具专业性,它是通过选手对于诗词的不同储备量,来获得比赛的胜利。比赛过程高潮迭起,而在比赛之余,主持人的诗词开场白和针对诗词的特别解读部分也都是节目中的亮点所在。主持《中国诗词大会》不是一件容易的事情,因为它对于主持人的知识储备、文化素养、舞台气质是一个综合性的考量,主持人稍有失误便会被贴上"文化修养不足"的标签。但是龙洋不但经受住了观众们严苛的考验甚至一度留下"教科书般的神级开场白"的佳话。如在《2023中国诗词大会》总决赛之夜中的开场白:"飞来山上千寻塔,闻说鸡鸣见日升。不畏浮云遮望眼,自缘身在最高层。""人生最美好的事情,莫过于拥有诗与远方。海上生明月,天涯共此时。这是望月怀远、人间深情。欲穷千里目,更上一层楼。这是登高望远、人生壮志。路漫漫其修远兮,吾将上下而求索。这是爱国、报国,任重道远。红军不怕远征难,万水千山只等闲。这是奋斗之路,行稳致远。面对远方,纵使崎岖坎坷,也坚信柳暗花明又一村;纵使风高浪急,也坚信直挂云帆济沧海。因为当每一个你我,都坚定理想信念,勇毅前行,我们的国家和民族就一定能完成那充满光荣和梦想的远征。"寥寥数句,用多位诗人的诗词来鼓励选手们勇敢前行,拿下属于自己的那份荣誉。

我国古典文化源远流长,但是近年来因为受到现代多元化思想的冲击与影响,一些优秀的传统文化无法得到继承与发扬。而《中国诗词大会》通过对诗词知识的比拼及诗词赏析,带动全民重温那些曾经学过的古诗词,从古人的智慧和情怀中汲取营养,涵养心灵,坚定中华文化自信,一度被网友称为"诗词界的饕餮盛宴"。

二、实操训练

(一)训练要求

(1)知识广度与深度:主持人应具备广博的知识储备,包括社会、文化、经济、科技等多个领域,并能够运用这些知识进行深入地分析和解读。

(2)情绪控制能力:主持人需要具备稳定情绪的能力,能够在紧张或复杂的情况下保持冷静,有效地处理突发状况,并与嘉宾和观众建立良好的情感连接。

(3)互动与引导能力:主持人应具备良好的互动和引导能力,善于提问、倾听和回应,能够引导嘉宾表达观点。

(4)公正客观的态度:主持人应该保持公正客观的态度,不带偏见地对待不同的观点和意见,促成各方面的交流和对话。

(5)抗压能力和应变能力:主持人需要具备较强的抗压能力和应变能力,能够灵活应对突发状况,保障节目正常进行。

(二)训练方法

(1)观摩优秀节目:通过观摩优秀的电视社会生活类节目,学习专业主持人的技巧,包括语言表达、互动方式、控场能力等,分析他们在节目中的成功之处。

(2)模拟主持练习:进行模拟主持练习,选择一些与社会生活相关的话题,扮演主持人角色,与嘉宾进行对话和互动。通过练习,熟悉主持的流程和技巧,提升自己的主持能力。

(3)主题准备与研究:针对每个节目主题进行充分的准备和研究,了解相关背景和相关领域知识,提前准备好问题和引导思路,以确保节目的顺利进行。

(4)现场互动训练:参与现场演讲或辩论活动,锻炼自己的互动和引导能力。通过与观众和嘉宾的互动,提高自己的临场应变能力和情绪控制能力。

(5)反馈与改进:在训练过程中,及时向导师或同事请教,接受反馈,并针对性地改进自己的不足之处。通过不断反思和改进,提升主持能力。

(6)多样化训练:参与各类电视社会生活类节目活动,例如,调查采访、访谈栏目、纪录片等。通过参加不同类型的节目活动,锻炼自己在不同场景下的主持能力和应变能力。

在进行电视社会生活类节目主持实操训练时,还要注重团队合作能力和创新能力的培养。同时,积极参与社会实践和观察社会现象,拓宽自己的视野,以便更好地适应电视社会生活类节目的需要。

思考题

(1)什么是电视社会生活类节目?
(2)电视社会生活类节目的基本形态有哪些?
(3)电视社会生活类节目主持的基本样态有哪些?
(4)电视社会生活类节目的创作方式与手段有哪些?
(5)电视社会生活类节目的主持要求有哪些?
(6)当前的电视社会生活类节目创作与主持有何特点?
(7)如何策划与创新电视社会生活类节目?

第九章

电视娱乐类节目主持

> **内容提要**

当前,我国的电视娱乐类节目有不少已从以往的"克隆""低俗"中走出,很多娱乐节目越来越精致、好看、有意义,它们种类繁多、形式丰富,已成为人们生活中不可或缺的精神产品。本章主要探讨的是电视娱乐类节目的类型、功能、元素、手段、思维等内容。

第一节 电视娱乐类节目概说

当前,人们对于"电视娱乐节目"的概念认识有别,恐怕是对其内涵、外延不统一造成的,在具体使用时有的用其"广义概念",有的用其"狭义概念"。我们的认识:其一,"娱乐"与"娱乐节目"两者概念不等同;其二,我们这里所称的"电视娱乐类节目"不包括带有某些娱乐元素及手段的其他类电视节目(新闻类、社会生活类等),也不是指能带来轻松、愉快的"游戏节目",而是侧重于文艺娱乐。我们不妨将其定位于"电视文娱节目",更能体现我们的研究特点。同时,也可避开单纯聚焦游戏娱乐的狭义概念的错误认知。

电视娱乐类节目,指能给人带来多种心理满足,以愉悦受众为主要目的的节目。娱乐是人的精神需求,电视娱乐类节目在此特指在文艺领域中带有娱乐特征的节目,所谓的"综艺节目"也在其中。

娱乐,在《现代汉语词典》中这样解释:一是使人快乐或消遣,二是快乐有趣的活动。虽然,娱乐以快乐为核心,但是,娱乐不仅仅带来快乐,还能满足人性本能的猎奇、刺激、宣泄、替代等心理。当前,人们把追求娱乐看成一种时尚,可彰显时代气息,体现社会的进步。娱乐与文艺分不开,与欣赏分不开,与生动、活力、舒畅、美感分不开。因此,文艺领域应是娱乐节目的主体,它能够给人们各种心理与情感上的满足。当前,在中国娱乐已成为人们生活中必不可少的调节剂。

一些欧美国家将电视节目分为两大类:一是新闻类,二是娱乐类。他们将新闻节目以外的科学、服务等节目都划归为娱乐节目,并将娱乐元素渗透在其创作理念和创作实践中。

在中国,娱乐节目的兴起离不开时代的变迁、电视事业的发展和受众的需求。社会财富的增加、人们生活环境的改善以及人们眼界的拓展,都促使人们对精神生活的需求、娱乐个性化的追求愈加强烈;同时,受本位传播理念认知的影响,我国社会的政治、经济、文化进一步发展,传播语境发生了变化,电视媒体工作者更加了解到娱乐对人的巨大作用,以及娱乐的真正内涵、娱乐形式的意义。

需要指出的是,娱乐是一种精神品性,不是肤浅、搞笑的代名词,更不与庸俗、低俗为伍,有些人之所以将娱乐与搞笑、恶搞视为近邻,恐怕是没有弄清娱乐的真正内涵。对此,电视媒体一方面要创作丰富多彩的娱乐节目满足受众的不同要求,另一方面可借鉴国外经验,关注我国现实,细致、深入地探究娱乐节目的本质属性、社会功能、创作元素及创作手段等,使这类节目朝着更加健康、富有活力的方向发展。

目前可将我国电视节目大致分为三类:新闻类节目、社会生活类节目和娱乐类节目。当前,在社会生活类节目和新闻类节目中也存在不少娱乐元素和娱乐手段。

电视娱乐类节目是指在娱乐理念的统领下,从内容到形式,从元素到手段,都可以引发受众产生轻松、愉快、刺激、宣泄等心理,并蕴含特定意味、有益启示的电视节目。它包括音乐、舞蹈、戏曲等各种文艺形式的表演;游戏、竞技、真人秀等不同内容、形态的电视节目及电视文艺专题节目、电视剧等(由于电视剧的创作具有特殊性,故在此不做具体探讨)。

需要说明,"益智节目""婚恋交友节目"从严格意义上讲,按照我国三分法(新闻类、社会生活类、娱乐类)划分,可以看作是带有娱乐元素、娱乐手段的社会生活类节目,属于服务性节目;如果按照国外两分法(新闻类、娱乐类)划分,那么"益智节目""婚恋交友节目"则可以看作是娱乐类节目。

一、电视娱乐类节目基本形态

电视娱乐类节目从形态角度划分,除了访谈类外(访谈类主持中已涉及),可将其大致分为四类:资讯类、专题类、竞技类、晚会类。

(一)资讯类电视娱乐节目

资讯类电视娱乐节目主要报道娱乐界的明星逸闻、影视动态、演出近况、文化交流等各种相关信息。如《中国电影报道》是中央电视台电影频道一档资讯类节目,专门报道中国境内中外电影人活动和精彩电影内容的栏目;北京电视台的《每日文娱播报》是一档报道各种文娱信息的节目。

(二)专题类电视娱乐节目

专题类电视娱乐节目,应当包括两部分:一是对不同文艺内容、文艺形式、文艺知识、文艺人物等进行介绍、讲解、访谈的专题文艺节目;二是具有不同娱乐形式或内容的专题文艺节目。如中央电视台的《舞蹈世界》《经典咏流传》《影视留声机》等节目,是专门介绍讲解各种音乐、舞蹈知识等内容的节目;中央电视台的《民歌·中国》节目是介绍我国各地民歌的节目。这些文艺专题节目都具有较高的艺术性、观赏性、知识性、服务性,能提高受众的欣赏水平。

(三)竞技类电视娱乐节目

竞技类电视娱乐节目形式多样,除了专业的舞蹈、声乐、相声等各种大赛外,还有平民大众参与的各种"真人秀"节目等。

电视真人秀节目是当今娱乐节目的创新形式。以往广大受众只能观看他人的节目,而今节目的互动性增强,使广大受众也可以成为舞台的主角,有的还能与大明星同台表演,从而大大提高了受众的参与意识和观赏欲望,吸引了许多有兴趣、有特长、有能力、有勇气的受众参与其中,这给此类节目带来了生机和活力。

(四)晚会类电视娱乐节目

晚会类电视娱乐节目,一般可分为两种:一是指某一专项艺术形式的演出,如音乐、舞蹈、戏曲、杂技等演出;二是指将多种文艺形式集合在一起的综合性演出,也被人们称作综艺晚会。如春节联欢晚会、中秋晚会、赈灾义演晚会,以及各种纪念日、行业、主题的综合文艺晚会。

二、电视娱乐类节目主持基本方式

电视娱乐类节目的主持方式比较丰富,具有多样化特点,除了访谈主持外,还有资讯播报、串联介绍、竞技互动、舞台主持等。因此,主持人应具有较强适应力、主持功力和语言表达能力。

(一)资讯播报

资讯播报指电视娱乐类节目主持人在镜头前播报各种娱乐信息,其形式较灵活,语言表达较轻快,服装、化妆等造型较时尚,经常加入音乐、道具、图片、视频等表现手段来增强娱乐气氛,让受众在轻松、欢愉的心境下接收娱乐资讯。

(二)串联介绍

串联介绍指电视娱乐类节目主持人在演播室中配合图像对音乐、舞蹈、戏曲等各种文艺形式的历史、特点、创作、人物、表演等各方面内容进行串联介绍及专题讲解。它要求主持人语言有艺术性,表达亲切、清楚,具有较强的表现力与感染力。这类节目的主持人一般较沉静、优雅,具有较高的艺术素养。

(三)竞技互动

竞技互动指竞技类游戏、真人秀节目主持人对节目的参与和互动,并对其进行组织、评判、把控、应变,与参与者及现场观众的情绪融为一体。这类节目的主持人需要具有相关的知识与动手能力,因为娱乐节目中很多时候都需要主持人亲自上马督战,甚至参与竞技。

(四)舞台主持

舞台主持指电视娱乐类节目主持人在各种主题、形式的舞台演出中串联节目,对嘉宾、观众进行采访互动。但娱乐节目中的主持人不是传统意义上的节目报幕员,而要履行更多主持职能。这类节目的主持人或优雅大方,或清新活泼,具有较高的艺术修养、优美洒脱的舞台形体、诙谐幽默的主持风格,能很好地与舞台节目融为一体。

三、电视娱乐类节目功能

(一)休闲愉悦

娱乐节目具有适应人们追求轻松、愉快天性的功能,作为普通受众,追求娱乐功能是最普遍的现象。休闲愉悦应当是娱乐节目的核心功能。

(二)提高品位

娱乐节目具有满足人们对不同文艺节目的观赏需求,以及提高受众的艺术修养、艺术品位的功能。

(三)减压宣泄

娱乐节目具有缓解现实生活所带来的各种心理压力,宣泄内心不良情绪的减压功能。

(四)丰富生活

娱乐节目具有使人从心理上暂时脱离枯燥的工作与平凡的生活,让自己感受生活丰富多彩的服务功能。

第二节 电视娱乐类节目创作

一、电视娱乐类节目的策划

先进的电视娱乐理念,主要体现在对娱乐节目的策划方面。首先,看选择的娱乐节目内容的主题,是否适应时代精神,符合受众需求。其次,看选择的节目形式、手段,是否能引起受众的兴趣。

二、电视娱乐类节目主持的准备

电视娱乐类节目的主持,首先要落实到主持的准备工作上,为主持节目打下坚实的基础。

实践证明,无论主持何种娱乐节目,要想获得成功,都应做许多深入细致的准备工作。

来自一线的主持人还告诉我们:大家千万不要太相信拿到手的节目稿,因为你手中的稿子很可能出自一位新编导之手,他不清楚你要的是什么。有时节目稿上只列了提纲,但真正要落实到节目中的时候,肯定不够用。如前后的逻辑线在哪儿,情感线在哪儿,思路在哪儿。有时稿子是空白的,你需要自己往里填东西。记得某位演员看到娱乐节目主持人的工作后,开玩笑地说:"你们就是'泥瓦匠',专门管抹墙缝的。"意思是说主持人是为节目服务的。另外,在节目中场上场下会发生什么情况,你的衔接是否能足够自然让人看不出,你都要有设想、有对策,心里有底上场才不乱。因此,优秀的主持人做节目之前,往往习惯于先将稿子看一遍、想一想,然后按自己的方式再捋一遍。把自己说的话全都写进去。提前做好的准备工作会让你的主持事半功倍。例如,某节目主持人春妮拿到节目稿后,会把稿件内容重新整理并书写一遍,把自己要说的话加进去,她说这样记得清楚、记得牢。

从一线主持的实践中我们可以看到,主持节目前的准备工作是何等重要。因此,主持人在节目录制之前,一定要做认真、深入、细致的准备,这是节目取得成功的重要保障。

三、电视娱乐类节目的构成要素

电视娱乐类节目的创作大致分为娱乐策划、娱乐主持、娱乐编辑三大部分,这之中有各种娱乐元素及娱乐手段参与,形成娱乐策略。

(一)娱乐策划

娱乐策划,指在坚持正确政策导向的基础上,运用娱乐思维,借助娱乐手段,创编出激发兴趣、具有新意的节目思路。

策划是制作一期节目的基础。在娱乐节目的策划中,除了要有一定的主题、目的、内容的设想外,还要特别注意对节目嘉宾的选择、节目表现方式及创作手段的运用以及对后期节目编辑的整体思路,这一切都需具有鲜明的娱乐意识并将其渗透于整个节目的策划当中。

(二)娱乐思维

娱乐思维,指以娱乐为基点的思维方式,通常是超出一般性的思维方式,它可以帮助节目产生娱乐效果,带给受众轻松、愉快的传播效果。

娱乐思维的产生是难得的,是打破常规的,也是迎合时代特点与观众需求的,更是精心设计的结果。它绝不是单一性、常规化思维所能得到的。为了更好地服务受众,让受众在开心与轻松的情绪中增长知识、欣赏节目,娱乐节目制作人员应在娱乐类节目中注重娱乐思维的运用。

(三)娱乐主持

娱乐主持,指在娱乐精神的引导下,主持人在主持娱乐节目中以个性化方式,运用各种主持技能、才艺表演、娱乐造型等手段,使节目呈现出生动、活泼、新鲜、刺激的效果。娱乐节目分为欣赏性节目和参与互动性节目两类,不同节目的主持要素也不尽相同。

欣赏性节目,如舞台文艺演出的主持及演播室文艺专题的串联、讲解主持,更多地需要对节目内容的了解、对文艺形式的喜爱以及语言表达的艺术性;而在真人秀、竞技互动一类参与互动性节目中,则需要主持人身体力行地参与进来(演起来、跳起来、唱起来、动起来、兴奋起来),主持人可能是竞技裁判者、学习技艺者、表演者或娱乐访谈者。

(四)娱乐内容

娱乐内容,指能引发受众愉悦、欣赏、刺激、猎奇、宣泄心理的节目内容。选好能引起人们兴趣的内容,就能使节目成功一半。

(五)娱乐形式

娱乐内容是通过娱乐形式外化出来的。值得提及的是,在娱乐节目中,形式对内容不完全是依附关系,有时可以表现出反作用,或具有特殊意味。因此,在娱乐节目中,娱乐形式是很重要的表现要素。

(六)娱乐编辑

娱乐编辑,指遵循娱乐精神、利用娱乐方式和手段,对节目内容进行娱乐化处理,除了剪辑最能表现娱乐气氛的内容外,还应在节目中加入娱乐化的辅助手段,如音乐、字幕、动画、动漫、特技等各种视听元素,使整个节目的各个方面都体现出娱乐色彩,增强娱乐效果。

如在娱乐节目中,我们经常可以看到字幕起到的娱乐作用,各种不同颜色、字体、形式的字幕在特技的帮助下能起到突出语言重点、揭示人物内心、表现节目进程、活跃画面气氛的娱乐作用;各种画外语言、音乐、音效起到或讽刺、或强调、或丰富表现力的娱乐作用,甚至画面组接形式的快慢变格、动漫景物、特技、颜色等也都有着巧妙的娱乐表现力。但应注意,在编辑节目中对这些娱乐视听手段的使用要有真实感、要适量,频繁的音响效果及太多的字幕,会使人产生厌烦的感觉,干扰受众的收看心理。

娱乐节目主持人也应该熟悉节目生产流程,了解后期制作经常采用的各种娱乐手段,以便在节目录制过程中有与后期编辑进行配合的意识,做出相应的表情、动作,留出相应的时间和空间,为后期的编辑工作提供方便,使节目的娱乐性得到较好的展现与发挥。

(七)娱乐道具

娱乐道具,指运用新鲜、刺激、有笑点的道具来配合表现娱乐内容,以引起受众的观看欲望,获得良好的传播效果。

娱乐道具是多种多样的,运用道具要注意把握新鲜、适当的原则。克隆、重复地使用道具是没有生命力和吸引力的。

(八)娱乐造型

娱乐造型,指利用服装、化妆等外部造型手段,创造出一个个适合节目内容与风格的主持人形象。其实,造型不仅指外形上的化妆,还包括心理、身份感等因素"内在化妆"。

(九)娱乐语言

娱乐语言来源于主持人的先天性格,以及后天习得。有的人平时说话就带有惹人发笑的特性,毫无疑问这是天生的;也有的人说话中表现出"冷幽默",自己一本正经,却惹得别人发笑,这是后天的智慧,是一种文化修养与丰富知识储备的表现。娱乐节目主持人应当具备以上素质。当然,娱乐语言最终来自娱乐思维。在此,我们将能引起娱乐效果的语言策略大致归纳如下。

(1)夸张法:指一种夸大、言过其实的修辞手段,可以凸显某一特点。夸张法在娱乐语言中经常可见。

(2)变形法:指改变某一物质的原有属性及形式。在语言运用中往往表现为"就势"偷换概念,以形成娱乐效应。

(3)谐音法:指字词的音相同意思不同,在具体运用中常被用来制造娱乐笑点。

(4)转义法:指将现有语言内涵加以引申,变为不同内涵寓意的意思。

(5)误解法:指不正确的理解。实际上是故意制造理解上的错位,以引起娱乐效果。

(6)自嘲法:指将自己当作嘲笑的对象,以换取娱乐效果。

(7)拟人法:指把事物人格化,如将动物当作人来对待或让动物说出人类语言,以此取得娱乐效果。

(8)套用法:指稍做变化套用已有的语式、语意,表现出另外之意,产生娱乐效果。

(9)改词法:指对已有的歌词、诗词中的某个词进行改动,使之产生别的意味与笑点。

(十)娱乐形体

娱乐形体,指在娱乐节目中,为了辅助有声语言或单独营造出欢乐的气氛,把形体动作作为制造笑点的材料,运用夸张、变形等形体语言制造出笑点。

总之,充分认识各种娱乐元素、娱乐手段并善于利用它们,会使娱乐节目更加丰富多彩。

第三节　电视娱乐类节目主持要求

一、适应电视娱乐类节目主持特征

(一)渗透表演

电视娱乐类节目主持人要具备表演的能力。我们所说的表演:一是指化为角色的整体表演;二是指掌握表演的元素,并运用于娱乐节目主持中。

主持人表演能力的展现或表演元素的运用,能凸显主持人的综合素质及专项素质,提高受众对主持人的评价及喜爱程度。主持人也能取得与演员嘉宾的对话资格,更好地驾驭节目。

电视娱乐类节目的主持,首先,要区分演播室主持与舞台主持的不同,注意把握表现分寸,通常舞台主持时要比在演播室主持时表现得夸张一些;其次,要区分节目形态,如一般串联介绍型主持相较来说,没有竞技互动型主持表现夸张,因为二者主持的任务、目的不同。

(二)多才多艺

根据节目的需要,电视娱乐类节目主持人有时要在节目中展示才艺,所以主持人不妨在平时进行某项或多项才艺的训练,以便在节目中有更好的表现。

(三)语言有欣赏性

电视娱乐类节目主持对主持人的用声和语言表达功力要求非常高。一般语言表达可大致分为两部分:一是应用层面,二是欣赏层面。通常新闻性节目虽然也有某些语言表达技巧,但它还是更接近"应用层面"。因此,新闻性语言表达的总体要求是朴实、自然、准确;而娱乐节目主持的语言表达除了"应用层面"的要求,还有"欣赏层面"的要求,语言本身往往就是被欣赏的节目中的一部分。所以娱乐节目主持中的语言除了"自如性"以外,还应具有较强的表现力与感染力。语言表达有时需融入"朗诵式"语言;有时要注入"抒情性"意味;有的语言表达似激流涌动,有阳刚之美;有的语言表达似小溪潺潺,有阴柔之美;有的语言表达似轻慢柔美的乐曲,润滑、有美感;有的语言表达又似连珠炮,弹弹强发……在娱乐节目中,好的语言表达像在画一幅图画,既有素描的轮廓,又有油画的色彩。这一切都需要以最基本的声音元素(高低、强弱、快慢、长短、音色)来体现。只有语言与声音的完美结合才能达到理想效果。

通常,在"欣赏性"文艺专题节目中,由于主持语体多为介绍、串联,因而要求感觉具体、细腻。语言表达处理要与节目诉求、画面内容、音乐性质相吻合,与音乐旋律相融合,用声音量不大,充满情感。在舞台上主持,虽然有话筒,但也不能用声太低、太弱,显得没有精气神或缺少现场感;更不能一直高喊,显得没有艺术内涵,应当随稿件内容、节目性质、现场情绪等不时调整自己的语言表达。不能只是做"拖声带调"似的音长变化,而应顾及音高、音强和音色等多方面因素。否则,语言表达会缺乏表现力。

(四)形体上佳

电视娱乐类节目主持对主持人形体要求较高。主持人形体应具有控制力、协调性、美感及适应力。主持人需要进行专业的形体训练,掌握在演播室及舞台上站、走、跳、移位的规范,做到语言与形体有机统一。如主持联欢晚会时走上舞台,步态就应轻快;而主持赈灾义演晚会时走上舞台,脚步就要沉稳。电视娱乐类节目主持无论站姿还是坐姿,身姿都要挺拔,有表现力和美感;不同形态、内容、基调、风格的节目,主持人形体应与其所主持的节目相适应。

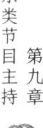

二、把握各类电视娱乐节目主持特点

（一）资讯类电视娱乐节目主持

（1）娱乐资讯的播报，语言应清新、活泼、自然、流畅、清楚，不应带调和大跳跃。

（2）娱乐资讯的串联，要自然勾连前后内容，有机承接与送出。播报应把握整体基调，但不能一直用一个语调，不能用相同语速。

（二）专题类电视娱乐节目主持

（1）区分节目是文艺欣赏性，还是娱乐互动性，并进行不同的处理。

（2）对于文艺欣赏性节目，应厘清自己在节目中的任务，是介绍讲解，还是承接串联，正确定位主持作用，确定表达基调、风格，确定表达任务。

（3）对于娱乐互动性节目，如娱乐访谈等，应保障预设环节的自然推进，临场适应、即兴应变。特别注意在场上要有真听、真看、真交流之感，不能表演交流。应与主持搭档及场上嘉宾、参与者形成有机、真实、和谐的互动场面，有效地推进节目。

（三）竞技类真人秀电视娱乐节目主持

（1）掌控现场、实现预设、自然推进、不留痕迹，具备相关知识、当好裁判，会现场采访，能营造娱乐气氛。

（2）根据已有主持提纲及预设，在现场注意抓取可以发挥或弥合的内容，进行即兴发挥，充分显现节目的纪实性、真实性。

（3）按预定方案与主持搭档有机合作；多人主持时，掌握好插话、递话、接话的时机，适时、适当发挥自己的作用。

（四）晚会类电视娱乐节目主持

（1）把握晚会主题、内容、性质、基调、风格。如节庆性质的晚会，基调应以欢快为主；赈灾义演性质的晚会，基调应凝重、高亢并举；主题、行业性质的晚会，基调应随内容而定。

（2）晚会主持的用声要通达、圆美。通常晚会的主持词大都是预先写好的（除采访互动内容），常具诗化风格，因此，表达处理应有节律感和美感。语言表达应有多重适应性。文艺晚会主持,语言表达多声圆语缓、大气潇洒、端庄典雅;节庆晚会主持,多用声明快、热情活泼、交流感强;赈灾义演晚会主持,多语实声抑、沉稳、朴实、深情,时而充满激情;主题、行业晚会主持,多声明语扬,互动性强,常有采访环节。

(3)应学会使用话筒。语言表达应有节奏、音色、音高、音强的变化,不能总用高音、强声、明亮的声音,要随内容有低、轻、柔的变化。在舞台上总用一种状态表达,会使受众感到疲劳。在内容需要强控制用声时,应离话筒稍远一些,否则,声音会出现破音;一般用声时,不能离话筒太近(应有一拳之隔为好,也要视话筒型号与调音大小而定),否则,声音混沌一团,不清晰,没有层次;在内容需要弱控制用声时,可离话筒稍近一些,应有更强的呼吸肌、咬字肌控制,声音可收一些,否则,声音没有表现力。

三、电视娱乐类节目主持人的素质与能力

(一)正确的创作意识

电视娱乐类节目主持需不需要坚持正确的导向,强调正确的创作意识?我们的回答是肯定的。

在国外,"真人秀"节目的基本特征就是"隐私公开化",但在节目策划中,不同国家有着不同创作意识的引领。某国有一个娱乐节目很受欢迎,内容是警察抓捕杀人犯,与杀人犯在极短的时间内短兵相接,最终取胜。节目简直就像一部跟踪拍摄的纪录片。后来人们产生怀疑:为什么警察能这么快就发现罪犯并进行追捕,并且还能展现杀人现场?再后来人们发现,这个节目的制片人以前是一名警察,这些案件都是他事先策划好的,不惜以人的生命为代价来吸引受众的眼球,满足人们猎奇的心理,其目的就是博取眼球,赚取巨额利润。自然,这名制片人得到了应有的惩罚。

再比如,在国外的一个真人秀节目中,节目组策划了一场人性测试,要求在72小时内引诱一个普通人变成杀人犯,在这个过程中演员用各种心理暗示刺激影响实验对象,并利用人性的服从性弱点,考验实验对象。

这些节目的策划的确很新颖、刺激,对受众具有极大吸引力,但它只满足了人的快感,却不顾道德、人性底线,这是决不允许的。大众传媒应当坚持正确的导向,否则,势必造成只追求猎奇、刺激、经济效益,而不顾社会效益的负面影响。

(二)综合的文化素养

电视娱乐类节目主持人同新闻等其他类节目的主持人一样,都需要具备丰富的文化艺术知识,没有文化含量的娱乐,只是低层次的戏耍、搞笑。

娱乐是让人轻松、愉快的,但高层次的娱乐不能只停留在感官层面,而要呈现高品位、有益的内涵。如历届春晚中的小品之所以受到人们的喜爱,是因为对原作品进行了思想性、艺术性的高度"包装",使之具有一定的文化含量,脱离了某些"原生态"的低俗娱乐,既有娱乐性,也有一定的知识、品位。作品只有表现出有意义的形式来,才能赢得受众的广泛认可。娱乐节目主持很多手段的实现都离不开主持人较高的文化素养储备。如娱乐元素中的语言运用,首先要了解构成语言"幽默"的因素及运用修辞手段造成娱乐内涵的知识。其次对于中国传统文化、地域文化、民间民俗、语言文字、社会变革、科技创新、自然科学、生活知识、医药卫生、教育心理、法律法规、婚恋家庭等各方面文化和知识也都应当有所了解,否则,激发不了笑点,对接不上幽默,会影响节目效果。

(三)多样的思维能力

主持节目主要依靠语言,而语言是思维的外化,尤其在主持娱乐节目中,笑点与幽默大多来自逆向思维、反常规思维及多种联想。

有人说,人之所以能成为地球上最聪明的动物,靠的不是肢体的力量,而是大脑神奇的思维功能。也有人说,素质比知识更重要,头脑比素质更重要。人的智力由内智力和外智力两部分构成。内智力指大脑的思维能力,外智力指人所拥有的各种知识、经验和技能。人的思维方式有单向与多向、聚向与发散、正向与逆向、同向与异向等,能够善于运用多种思维尤其是逆向思维是娱乐节目主持人所需要培养的基本能力。正是这种思维品性与智能,使得娱乐节目主持人能够制造出超乎人们想象的笑点与幽默。

(四)全面的专业技能

电视娱乐类节目主持人需要具备的素质与能力。

(1)具有一定的思想文化水平与艺术修养。

(2)具有较强的形象思维能力和多向思维能力。

(3)具有幽默感与快速反应能力,能发现、制造娱乐点。

(4)具有主持人与演员的双重能力。

娱乐节目主持人需要的专业技能很多。既要有播音主持技能，也要了解各种文艺形式、文艺知识；掌握娱乐技巧、受众心理；具备表演才能。作为娱乐节目主持人，应当具有主持人和演员的双重素质与能力。

电视娱乐类节目主持人还应当训练自己既能主持高雅艺术的专题节目和文艺晚会，也能主持活泼、互动的竞技真人秀节目的能力，把握两套主持技能，适应不同风格的主持，掌握不同的语言方式、用声表达方式。电视娱乐节目主持人还应具有较强的即兴主持能力与适应力；具有跟不同数量、不同风格的主持人搭档的能力，并能展现自己的个性魅力。

从学习与就业角度讲，无论何种节目的主持，学校学习的只是基础，是共性的知识。而到了一线工作岗位后，还需再学习，学习的是你所主持的具体专业的知识，让自己真正走进专项学科的主持知识，成为"专业化"的主持人。娱乐节目主持人也要时时学习，处处积累，将自己的先天特长与后天积累结合起来，用于娱乐节目的主持中，使自己成为合格的娱乐节目主持人。

（五）电视娱乐类节目主持形体

在电视娱乐类节目主持中，主持人的服装、化妆通常都由专业的服装师、化妆师负责，而主持人的形体却需要主持人自己掌握。

1.舞台主持的进、退场

舞台主持进场时，要求挺胸、抬头、提臀，对整个身体有所控制。不能全身松懈，对自己身体各部分毫无控制力，表现为不抬脚走路。舞台主持人从一出场就意味着与观众的交流已经开始，因此，主持人上场时身体应朝观众席微侧，目光平视观众席，一般应面带微笑。在到达舞台预定位置之前，主持人应始终保持这样的姿态，如果是两人或多人主持，主持人的脚步应该保持一致，女主持人在前，男主持人在后，依次行进。

主持人行进到舞台预定位置后，应完全转体面向观众，用目光从左向右或从右向左扫看全场，与观众交流。在给观众留下第一印象之后，再开始运用有声语言进行节目主持。当一段节目的串联结束后，主持人要退场时，男主持人应后退一步，伸出手做"请"的姿势，女主持人同男主持人目光交流之后，走到男主持人前面，男主持人随女主持人退场。对于不同主题、内容、基调的晚会主持，进场退场的感觉、步态、节奏也不相同。喜庆性质的晚会，脚步轻盈，节奏轻快；救灾义演等性质的晚会，脚步沉稳，节奏凝重。

2.舞台主持的站姿

舞台主持的站立应体现精、气、神,主持人的形体要有较强的控制力、和谐感及美感。站姿:男主持人的腿不能并得太拢,但腿要伸直,脚呈小八字步,脚尖开度不超过肩宽,显得大方潇洒;女主持人采用丁字步,左脚跟靠在右脚弓处,两脚尖对两斜角,如一"丁"字,所以叫丁字步,采用丁字步能使女性显得挺拔、优雅。

3.舞台主持的手势与体位

女主持人手臂动作应圆柔、伸展,男主持人手臂动作应舒展、大方。手持话筒的方式也是主持人应注意的。主持人在使用话筒时,应先用大拇指和食指捏住话筒的上四分之一处,再用其他三指轻握住话筒下部,食指与中指之间应留出一指的距离,这样握话筒的好处在于能灵活地调整话筒的方向,不论是自己讲话还是采访他人,都能够自如地进行调整,手型也比较好看,显得很放松。话筒握得太紧,用满握的方式拿话筒,显得较为拘谨,容易给观众留下紧张的印象;如果握话筒的部位较靠下,显得不太美观,而且在现场采访时,也不利于调整话筒的方向。

两人共同主持时,当一名主持人在说话的时候,另一名主持人的手可以放在身体两侧,也可以空手自然下垂,将持话筒的手斜置于身体的"黄金点"(肚脐部位)。电视娱乐类节目主持人的手势语不可太多、太杂,应有美感,举手投足都与内在情感相连。此外,主持人在用手势语进行辅助表达的时候,要注意摄像机和搭档的位置,要使身体有效部位正对摄像机,避免遮挡或与搭档互相影响、不和谐。

4.互动性主持的形体

电视娱乐类节目主持人的形体动作是构成节目的娱乐元素之一,特别是在互动性娱乐节目中,更需要增添娱乐效果,因此,主持人应具备丰富的形体适应力、协调性、模仿力、表现力,以适应此类节目要求。

电视娱乐类节目主持人一定要进行形体的基本动作与各种舞蹈组合的训练,培养自己动作的和谐性与美感。这和体育健身不完全一样,因为,体育健身多强调力度,而舞蹈训练更多的是训练和谐性与美感。除此之外,还要有表演的形体训练,使自己的身体更富有情感表现力。

总之,电视娱乐类节目主持与其他节目的主持相比具有独特性,需要具有多种相关能力,简言之:

主持:能创编、能采访、能串联、能访谈、能应变、能控场。

才艺:会表演、会唱歌、会跳舞、会唱戏、会乐器。

语体:播报体、谈话体、讲解体、朗诵体、议论体、抒情体。

表达:明亮悦耳、富于弹性、热情生动、亲切自然。

形体:整体和谐、自然得体、职业气质、个性魅力、富于美感。

作为娱乐节目主持人,这些都非常重要。

第四节　电视娱乐类节目主持实例分析

一、电视娱乐类节目主持实例

案例 9.1

《星光大道》节选

朱迅:我是朱唇皓齿,有着迅雷不及掩耳之势的推星人,朱迅。

莫华伦:我是才华横溢、无与伦比的推星人,莫华伦。

刘媛媛:我是温文尔雅、柳絮才媛的推星人,刘媛媛。

李伟建:我是雄才伟略,难得一见的李伟建。

朱迅:来吧!我们一起步入星光大道。

尼格买提:你们这个出场真的很帅气,我坐在下面都看呆了。

朱迅:为什么把我跟我的搭档分开。

尼格买提:导演说,小尼,你看啊,他们的名字都能够编出成语来,就你这个名字,实在不好凑成语。就让我坐在下面好好地反思。结果我一听他们的介绍词真的挺酷的,我觉得我的名字也是可以用成语来表达的,尼格买提,朱迅,我沉浸在你的美貌中,无法自拔,烂醉如泥。

朱迅:噢——

尼格买提:伟建老师。

李伟建:诶。

尼格买提:你的帅气跟这个舞台简直是格格不入。

李伟建:啊?这是说你呢还是说我呢?

尼格买提：媛媛姐，我知道其实你也带了很多的徒弟，你来星光大道不是来招兵买马的吧。

尼格买提：莫华伦老师，每一次听到您的点评我都感觉醍醐灌顶。

李伟建：我以为你要说啼笑皆非呢！

朱迅：你怎么不说哪壶不开提哪壶呢！

朱迅：好了，我们入座吧。

尼格买提：接下来为大家介绍一下我们助力推星团的各位成员，你们也要用成语来介绍自己，看你们到底介绍得怎么样。紫凝！

紫凝：我是紫气东来、凝而不散的紫凝！

朱迅：紫气东来，凝而不散。

周艳：我是群花当中的一朵微艳。

朱迅：周而复始，艳压群芳。

战学文：战无不胜，学识渊博，文质彬彬。

朱迅：好嘞。

尼格买提：唐薇！

唐薇：微微一笑，温文尔雅，就是我。

尼格买提：今天我们的选手跟你们的名字有点关系，虽然他们不会第一时间走出来，但是能让我们见微知著，通过他们小小的才艺展示能感受他们非凡的魅力。

朱迅：好嘞。那接下来今天上场的第一位选手将会是谁呢，我们拭目以待。来吧，你好。

（选手杨樾上场）

杨樾：大家好，我叫杨樾，来自古城西安，是一名录音师。

尼格买提：是给歌手录音吗？

杨樾：对。

尼格买提：帮谁录过音？

杨樾：一些《星光大道》的选手和主持人我都有录过，我给你也唱过小样。

朱迅：你唱得好还是小尼唱得好。

杨樾：小尼哥唱得好。

朱迅：那你就回去吧。

尼格买提：我每次录完歌都会给录音老师鞠个躬，老师你辛苦了。哪首歌？

杨樾：你猜。

朱迅：请问你是想让我们看还是想让我们听。

杨樾：听。

朱迅：来吧，选手请准备，投票通道开启。

（选手开始展示才艺）

……

这是近年来电视荧屏上比较多见的娱乐节目形式，有表演、有颁奖、有采访交流，主持好这样的节目，需要较全面的主持功力与经验。

这档节目有以下特点。

1.基调准确

节目的主持洋溢着浓浓的欢快情绪与基调。如尼格买提与选手的对话、李伟建的玩笑等，都让我们感受到喜庆的氛围。

但是，我们也注意到，当主持人朱迅有请选手开始展示时，她的语言充满了正经与严肃。而在节目主持的结尾，她又将内在、舒缓的情绪，变为一种高亢、昂扬的情绪。这种对于基调的把握既有主旨，又有变奏，不但把握准确，还能随表现内容适当调整，这是该节目主持获得成功的基础。

节目的基调是通过有声语言表现出来的。在这档节目的主持中，几位主持人都做到了主持内容、有声语言与现场气氛融为一体。如宣布下一个节目、引出颁奖嘉宾等，具有喜悦气氛的语言，都用一种声高语快的"引进感"或"挑气氛感"说出，既显出喜庆、热烈的气氛，也有富有节奏变化。

2.风格诙谐

这档节目适应时代风貌，主持比较活泼，并融进不少互动交流的环节，它一反既往这类节目主持的端庄、典雅风格，透出一种轻松、诙谐。如开场白，主持人以成语的方式进行自我介绍，尼格买提将自己的名字拆分并组成四个成语来介绍四位主持人，开玩笑地说李伟建"格格不入"；又如朱迅问选手，是你唱得好听还是尼格买提唱得好听，选手谦虚地说，尼格买提唱得好听，朱迅开玩笑地说，那你回去吧。这种节目搭档之间幽默诙谐的玩笑话语体现出节目的轻松、愉快，为整个节目奠定了欢乐的基调。

3.语体适宜

这档节目的主持，根据具体内容需要几种语体与表达方式配合，方可适应主持内容、语境、对象、形式的要求。

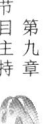

（1）朗诵体。节目开头、结尾是写好的主持词，句式整齐，具有文采，主持人以"朗诵体"处理。我们从首尾的主持词看到了诗一般的句子，具有整齐的句式、抒情的内涵。主持人在表达时，有语言的节律感、配合感，没有处理成一般的散文句，也没有处理成专门的朗诵，因它是在主持词中的朗诵，融入了交流的意味。

（2）谈话体。节目中存在不少采访、交流的互动环节，主持人都用"谈话体"自然、生动地表现出来。如朱迅与尼格买提、选手、现场观众的交流等，都使用的是"谈话体"。谈话体语言需要自然、流畅，充满真实感，不应带有"播音腔"。相比之下，有的年轻主持人的主持会略显稚嫩，容易出现问题：一是感觉缺少"真实感"，二是语言尚有"腔调"，三是表达缺乏表现力。

（3）播读体。节目中有宣布获奖节目名单与颁奖嘉宾姓名的内容，这也是主持中的一个内容，也应给予关注。节目中宣布获奖节目名单和颁奖嘉宾姓名用"播读体"表达，应有一种"宣读感"，语言饱满、整齐、规范，语势扬起。

（4）讲述体。当前，许多主题性、行业性晚会及各种颁奖晚会、专项文艺节目演出的主持中，讲述在主持中占了相当的比例，有的是对人物事迹的介绍，有的是对主题背景的说明，有的是对文艺知识的讲解等，这些讲述可以增加节目的内容与深度，如本节目的主持中讲述选手的事迹以及评委的留言等内容就应用"讲述体"。

主持人对这些内容的讲述，无疑会使受众了解到更多的信息，拓宽受众的视野，启迪受众的心灵，激起受众的情绪，为受众更好地观看、参与节目奠定基础。

本节目的主持人能较好地运用讲述语言，如介绍本次比赛升级后的规模、创新、选手的心声等。

4.有稿似无稿

从一线实践看，在电视娱乐类节目中，晚会类娱乐节目的主持，即兴成分要少于竞技互动类娱乐节目，因为它的节目环节通常都是既定的，主持台词大都是编导已经写好的。主持人要做的就是将别人写好的文字语言（或提纲）转化为口头语言，同时，还要表现出主持人的个性特征来，给人感觉这是主持人此时此刻根据场上情况即兴而出的个体语言。这是很难的！有不少"外行"总以为"即兴"语言最难，其实不然，有时这种"复现性"语言从某种角度讲更难，应该说，二者各有难点。转化得好，自然、流畅、有风采；转化得不好，像背词、刻板、无生气，更不用说有个性色彩了。

本节目的主持人较好地做到了这种"有稿似无稿"的语言转换工作。尤其朱迅的主持中，无论语言转换及形体展现，她都能做到自信、自如、大方得体，这之中必定有其扎实的表演能力、专业能力做基础。

5.策划新颖

本节目是展示才艺的比赛,在节目的开始评委们上台,表情甜美,有的还展现了自己的独家绝技,虽然他们已不再年轻,但他们对艺术的感觉和追求依然存在,并且引导他人一同进入这美好的比赛之中!

此外,节目中有些选手首先不露面,通过"看"和"听"的方式,先让评委主持人初步认识自己,再出现在观众面前的出场方式十分有创意,能吸引观众,激发其观看兴趣。

在文艺创作当中,新颖是"活"的创作因子,是吸引人的关键所在。因此,主持人不应只是他人思维创造的表达者,更应是本体思维创造者与他人思维表达者的结合。主持人只有积极发挥思维的作用,才可能更好地理解、诠释他人的思维成果。

6.串联到位

串联主要起承上启下的作用。在新闻类和社会生活类节目中,主持人的串联只是连接前后内容,而在电视娱乐节目中,还要参考语言内容的色彩方式及氛围等各种条件,做出适当的承接与送出。值得提及的是,有些初学者不懂得节目串联的作用与要旨,每段串联都处理成从零开始,缺乏前后串联的线性感,这类问题在娱乐节目主持中必须引起重视。

在这档节目的主持中,主持人的串联有机、自然、精彩。如在节目开始后,主持人朱迅满面笑容地与其他主持人走上台,尼格买提在台下与各位主持人开起了玩笑,又读起口播,这一串联很好地承接了开场欢乐、热烈的气氛。在引出本期嘉宾后,朱迅又以亲切、愉悦的语调说:"有请选手开始表演。"这一表现恰到好处,体现出节目串联的作用。这样就很好地承接了节目的欢乐。

7.注重形象

节目的女主持人往往身着靓丽的长裙,男主持人身着深色礼服,露出白衬衣,配上金色宽腰带。这样的服装搭配在身姿挺拔的主持人身上,加之主持人靓丽的容貌与发型,具有整体美感。

节目主持人也是被受众欣赏的一部分,因而对其身高、体型与容貌都有一定要求,这是为了配合台上漂亮的演员们,使整个舞台呈现出亮丽的色彩。因此,节目主持人一般都要求身姿挺拔,气质或典雅、大方,或清纯、活泼。

二、实操演练

(一)训练提示

电视娱乐类节目主持的训练,主要是让初学者了解电视娱乐类节目的形态、特点、功能、创作元素以及创作手段;让初学者掌握电视娱乐类节目的策划、主持特点、主持手段等,特别强调对节目特性与主持个性的把握。

(二)训练要求

(1)有初步策划设计电视娱乐类节目的能力。
(2)能主持各类电视娱乐节目并把握其类型特征。
(3)具有全面的电视娱乐类节目主持素质与能力。
(4)具有主持个性及幽默感。

(三)具体训练

初始训练,进行元素性训练,要求初学者释放天性、讲故事、说笑话、表演节目、模仿小品;之后训练,要求初学者自编、自导并自己主持小型资讯、专题娱乐节目,或与人合作,做出几档各种形式的娱乐节目;最后训练,可给出规定的情景与要求,让初学者自写晚会的主持词并主持各种主题、内容的晚会,把握串联、采访、互动、游戏、表演等各个环节的主持要点,训练初学者全面的娱乐节目主持能力。

思考题

(1)什么是电视娱乐类节目?
(2)电视娱乐类节目的形式有哪些?
(3)电视娱乐类节目的策划、准备有哪些内容?
(4)电视娱乐类节目的娱乐策略有哪些?
(5)电视娱乐类节目的娱乐元素、手段有哪些?
(6)电视娱乐类节目主持特征有哪些?

第十章

新媒体视频节目主持

▶ **内容提要**

21世纪初期,我国开始进入互联网快速发展的时代,短短十几年的时间里,各行各业的产业化进程都与互联网有着密切的关系。国内几家主流视频网站在近几年更是迅猛发展,短视频的热潮正席卷着互联网行业。伴随着新媒体短视频的发展,逐渐出现了若干不同于广播电视媒体的节目形态,这些新媒体节目目前并没有分类标准可以遵循。但是,新媒体节目无论如何划分类型,无论是哪一种类型,都毫无疑问地符合当下网民们的收视习惯和收视需求。新媒体节目是时代经济发展、互联网技术进步与生活方式转变的产物,它在不断地发展变化中涌现出越来越多具有创新性的形态。

第一节 新媒体视频节目概说

新媒体视频节目是针对传统媒体而言的,是对在除传统媒体之外的平台进行传播的视频节目的总称。与传统媒体视频节目相比,新媒体视频节目有传播速度快,即时性高,有良好的互动性,资源广泛,低成本,受众面广等特点。自媒体是指普通大众通过网络等途径向外发布他们自身的事件和新闻的传播方式。自媒体运营的门槛是比较低的,只需要注册账号,把身边的事情发布出去即可,谁都可成为自媒体人。自媒体最大的优点就是个性鲜明并且让大众拥有话语权,让运营者有更多机会传播个性化的内容,这使得自媒体成为新媒体产业中最主要的内容提供者。

一、新媒体视频节目分类

传统媒体视频节目从前期的策划到拍摄、剪辑制作,再到最后的传播过程,都是由极少数专业操作者运作的,即视频节目是所谓"守门人机制"的产物。随着网络的普及和与电视、计算机、手机等传播媒介的汇流整合,新媒体视频节目运作模式逐渐成熟,原本角色泾渭分明的"制作者、营销者、受众"所构建的结构形式早已成型。"制作者、营销者、受众"在视频节目传播行为里,都扮演着重要角色。新媒体视频节目运作结构中的公民已不再只是传统媒体中被动接受者与使用者身份,"个人"已经将视频节目运作模式中的"制作者、营销者、受众"角色集于一身。因此,在新媒体视频节目的制作与传播过程中,"个人"扮演着媒体公民角色并发挥着重要的贡献功能。

新媒体视频节目的分类没有明确的准则,下面根据新媒体的节目内容进行分类解释。

(一)新媒体文化类节目

新媒体文化类节目是指借助新媒体传播平台,制作并发布以文化及其相关的知识内容为主体的视频节目。如《见字如面》是由实力文化与黑龙江卫视联合出品,腾讯视频网络独播的文化类节目,节目以明星读信的方式,将受众带入那个书信流通的年代。

(二)新媒体美食类节目

自从《舌尖上的中国》引发了收视热潮,美食类节目呈现出了快速发展的趋势。哔哩哔哩和旗帜传媒联合制作的《人生一串》,以地域特色浓郁的烧烤为主题。《人民日报》这样评价:对于一部走心的文化作品而言,内里所含的"烟火气",绝不仅仅是食物,更多的还有借食物所串起的生活滋味。的确,《人生一串》不仅仅是为了满足食欲,更重要的是品尝美食,与美食交往。该节目既有真诚的创作态度,亦不乏对真实的表现力、对生活的洞察力。

(三)新媒体访谈类节目

新媒体访谈类节目是指主持人与访谈对象或嘉宾就预定的话题进行讨论,并在新媒体平台进行传播的节目。它有很强的针对性和时效性,有强烈的现场感。如《圆桌派》是由著名媒体人、文化名嘴窦文涛携手优酷"看理想"打造的全新"活色生香"的访谈节目,延续了窦式主持风格,神侃包罗万象的话题,立足网络,开启全新的"谈论+互动"节目模式,场景多变,嘉宾流动。又如《十三邀》,它是腾讯的创新准直播访谈节目,一改传统新闻访谈节目客观中立的态度,以许知远偏见的视角,带领观众在与13位"社会切片"的对话中,观察和理解这个世界。

(四)新媒体旅游类节目

新媒体旅游类节目是指利用新媒体平台给受众提供旅游的各个方面发展状况及其相关内容的节目。它的表现手法十分丰富，例如《侣行》，是由优酷网联合张昕宇、梁红打造的国内首档自制户外旅游节目，他们通过自己的旅行体验认识世界，感受人生。

(五)新媒体体育类节目

新媒体体育类节目，从广义上来讲，涵盖了纪录片节目、纪实类节目等多种节目类型；从狭义上来讲，是指具有特定主题，真实记录被拍摄对象，对体育领域中的内容进行加工，并用多种电视手段进行表现的体育节目类型。如美国职业篮球联赛，在腾讯体育进行直播，由专业的业内人士对比赛进行专业的分析。此外，腾讯体育还与多家体育媒体和体育机构合作，共同推出《足球100分》等原创体育节目，涵盖篮球、足球、网球、游泳等各种运动项目，为观众提供全方位的体育信息和娱乐服务。

(六)新媒体汽车类节目

新媒体汽车类节目，从广义上来讲，涵盖了汽车资讯类节目、汽车测评类节目、汽车文化类节目、汽车综艺类节目等多种节目类型；从狭义上讲，是指根据专业的汽车知识，对汽车进行不同方面的多角度分析，并加之以个人真实体验的节目，会给受众具体、直观的感受。如"某某说车"等自媒体人，制作相关短视频内容，矩阵式传播，通过专业的汽车知识解答受众在买车、用车等汽车生活中遇到的相关问题。

(七)新媒体科普类节目

新媒体科普类节目，是指在电视节目中对观众进行社会教育、文化教育的一类节目形式。这类节目寓教育于娱乐，寓教化于服务，寓宣传于信息、文化知识的传播之中，题材广泛。节目设置、编辑、播出手法灵活多样，是新媒体视频节目中集中体现电视特色和电视台水准的一类节目。如《时尚科技秀》是一档年轻的节目，每期由三个体验者带领观众认识新发明和新创意。在节目中，三个体验者不仅充当了传统的电视节目主持人的角色，还需要亲自替观众体验和演示这些新发明。将"主持人"转化为"体验者"不仅仅是名称上的转变,更多的是人物在科普类节目中功能的变化。

(八)新媒体新闻评论类节目

新媒体新闻评论类节目是指知名专家、评论员、主持人等,通过新媒体传播方式,对当前具有较高新闻价值的事件、问题或社会现象表达意见和态度,进行解释分析的节目形式。如中央广播电视总台新闻新媒体中心推出的《主播说联播》,该节目密切关注当下热点,结合当天《新闻联播》中的重大事件或热点新闻,用通俗语言传递主流声音。

二、新媒体视频节目特点

在新媒体环境下,抖音、微博、哔哩哔哩等新媒体平台影响着电视节目的形式。新旧媒体视频节目主要的区别在于节目风格、播放时间、互动方式等方面。新媒体视频节目更贴近观众的日常生活,用短小精练的语言让观众在较短的时间内收获满足感和获得感。

(一)新媒体视频节目的风格

新媒体视频节目的风格要基于传统电视媒体的视频节目进行研究,同时要关注到各大互联网平台视频节目的发展现状。

视频节目的传播媒介发生了改变,从大屏到小屏的改变势必对视频节目的风格提出了不一样的要求。受众已不满足于做信息的被动接受者,而想要参与进节目中,做主动的创作者。新媒体视频节目敏锐地捕捉到了受众的这一需求,有的节目甚至专门设计出需要受众参与才能进行的环节。如以往的电视新闻类节目,我们已经习惯了主持人的口播提要信息,然后看到编导为我们精心剪辑而成的视频,聆听配音员的配音。目前,用这样的方式收获信息已经无法满足受众的需求。如央视新闻抖音号,不仅通过短视频的方式对近期发生的新闻进行简要播送,还通过视频直播的方式对一些重要的新闻进行深入报道。受众可以在短视频账号的评论区参与互动,受众与受众之间通过点赞、评论、转发的方式让信息得到了更大范围的传播。视频直播时,受众通过弹幕、评论的方式实时与直播间进行互动。那么类似的节目就要求视频时长短,主持人语言亲切干练,视频更多地强调现场感、真实感。同时,播出时间、时长也不一定会受到限制,只需符合平台要求,符合受众需求即可。新理念下的视频节目对主持人的要求也有差异,下一节我们再来深入学习。

(二)新媒体视频节目的播出形式

2023年3月2日,中国互联网络信息中心(CNNIC)在北京发布第51次《中国互联网络发展状况统计报告》(以下简称《报告》)。《报告》显示,截至2022年12月,我国网民规模达10.67亿,较2021年12月增长3549万,互联网普及率达75.6%。十亿用户接入互联网,让我国形成了全球最为庞大、生机勃勃的数字社会。传统电视节目的播出形式是官方媒体制作并播出,受众通过电视进行收看。新媒体视频节目的播出形式,我们将从播放设备和平台两个维度进行展开。

新媒体视频节目,我们可以通过手机,也就是移动端进行收看。移动端的收看环境一般为上下班高峰期和晚间黄金时段,因为人们会选择在乘坐交通工具时进行收看,或者在晚餐后进行休闲娱乐活动。这是移动端的特点。

随着互联网的普及,2021年,中国智能电视保有量超过2.6亿台,渗透率达到59%,远超全球32%的平均渗透率。智能电视也是新媒体视频节目播出设备之一。智能电视可以通过生产厂商自研或合作的平台进行节目收看,也可通过下载App进行节目收看。如风云直播、VST全聚合、乐享直播等App。同时,不少观众会选择用手机进行投屏播放,目前手机端App大都提供投屏功能,但在实际操作过程当中应注意知识产权的保护。

计算机端(包括平板电脑)也是新媒体视频节目播放设备之一。其使用场景与智能电视端不同,相较于智能电视端更具有私密性。

目前,大家广泛使用的播放平台大都是致力于移动端进行研发的,因为移动端是新媒体视频节目最广泛的播出设备。如手机App,针对不同操作系统设计的App让不同品牌型号的手机都能收看视频节目。如iOS操作系统的哔哩哔哩App,该款App可在苹果商城免费下载。点击进入App则跳入推荐栏,App通过大数据计算并向用户推荐其可能喜欢的视频。点击视频进入播放页,可以开始观看视频并浏览到该视频节目的简介、评论,受众还可以进行关注UP主、点赞视频、投币、收藏、转发等操作,滚动屏幕还可以看到与该视频类似主题或该UP主其他视频的推荐。全屏播放视频,在视频左上角显示同时在线观看人数、UP主名称、即时活动,右边栏可以进行截屏、录屏、锁定屏幕等操作,视频下方可以进行弹幕发送、弹幕设置、倍速、清晰度的调整。这样的App一方面保证了视频节目的观看便利性,同时也强调了受众在收看视频节目时的互动体验。同样类型的App还有央视频、腾讯视频、爱奇艺、芒果TV、西瓜视频等。

除了App之外,也有选择网络页面进行视频节目收看的。在当今的碎片化时代,短视频拥有广泛的受众,以抖音和快手为代表的短视频平台以超乎想象的速度培育了一个涵盖多个年龄层次的短视频文化消费群体。抖音短视频平台充分发挥了自媒体的效能,随时都在创造热点,发现热点,延伸热点。抖音短视频节目的发展也涵盖了各个领域,但抖音视频节目受到时长的限制,目前来看,视频时长最长不超过15分钟,且15分钟视频的权限是需要向抖音平台进行申请的,同时视频大小不超过4GB。同时,在抖音平台也可进行视频节目直播。

三、新媒体视频节目主持基本方式

新媒体视频节目相较于电视节目有很大的不同,从主持人的视角来说,首先是角色定位的变化,如在网络综艺《乐队的夏天》中,主持人马东在节目里并没有明确的"主持人"的称谓,而是"超级乐迷"马东,这样的称谓和节目契合度更高,并且弱化了主持人的存在,也让马东在节目中的工作不仅仅局限于开场、串场、结束语、播报节目的工作,使其更多地参与到节目中来。其次是语言的变化,接下来会有详细的分析。最后是由于新媒体传播途径的特殊性,所以对主持人提出了更高的要求。

(一)新媒体节目主持的语言特征

1.接地气

在过去的电视节目中所强调的主持人语言要"接地气",指的是希望主持人能更轻松自然地说出已经写好的串词,而本文所强调的接地气,是指主持人自己要放低姿态,打破原来设立的人设和形象,突破自我,拉近与普通观众的距离。节目主持风格,是指节目主持人在长期的主持实践中所形成的,被受众接受并认可的,在节目中表现出的稳定的创作个性和艺术特色。节目主持风格受时代、社会、民族、阶级的制约,也受地域、语境的影响,既有其稳定性,又处于动态发展之中。电视节目主持人是向观众传情达意的主导人物,依靠在节目中展现自己的才华、气质和语言特色,从而产生独特的艺术魅力去吸引观众。而新媒体视频节目则包含着多种多样的艺术形式,主持人要依靠自己独特的主持风格,去吸引更多的观众,拉近受众与主持人、与节目的距离。

2. 辨识度高

决定主持人是否优秀的关键因素是主持人是否有个性。如果一档节目因为主持人或是他的语言而有着较高的辨识度，那么这个主持人无疑是优秀的。《开讲啦》是国内首档青年公开课节目，该节目一经播出，就受到了广泛的关注，并深受青少年的喜爱，收获了较高的收视率，而该节目之所以能够取得如此高的成就，与节目主持人撒贝宁风趣幽默且极富有个人特色的主持风格是密不可分的。

3. 风格突出

风格是主持人成于内而形于外的精神个性，风格因人、栏目而异，与节目主持人的思想、学识、修养、性格、气质等密切相关。随着广告赞助商的赞助费越来越高，很多主持人都无奈于变成了专业念广告的人，主持人在电视节目中角色的退化现象几乎成了一种常态。作为传媒人的我们一定要锤炼好基本功，努力丰富自己的内涵，让语言变得有个性，找准自己的定位，在新媒体时代网络发展的潮流中站稳脚跟。

（二）新媒体视频节目主持人的要求

1. 突破自我形象

一直以来，传统电视节目主持人的形象给观众的感觉就是高高在上、难以接近的，而传统综艺节目主持人较为亲近。但在网络综艺节目中，主持人应该改变之前的主持风格与自我形象，使自己更加亲民、接地气，这是网络综艺节目的性质所决定的。只有这样，节目才会更加吸引人，主持人的形象也才会更加多元。如主持人撒贝宁，我们最先了解的电视中的撒贝宁是《今日说法》中的模样，但是当撒贝宁出现在网络综艺节目时，并没有违和感，我们可以明显地发现他在语言、着装、化妆、行动等方面的变化，他突破了自我形象，甚至为了节目效果打造了全新的人设。

2. 把关节目内容

传播学的奠基人之一卢因曾提出"把关人"理论，指的是大众媒体所传播的一切信息，都要经过一些工作人员的过滤或筛选，才能同公众见面，在这些工作人员当中，主持人把的是最后一道关，也是最关键的环节，是名副其实的把关人。在信息爆炸且信源多元化的网络时代，新媒体视频节目主持人应该更加积极地担任起这一重要的角色，并在海量的信息当中，筛选出受众感兴趣的信息，并要注意避免"三俗"信息。这就要求主持人要加强思想政治素养。

3.了解受众需求

现如今,网民对于一档新媒体视频节目主持人的要求不仅是要能说会道,还要善于抓住大家关注的、感兴趣的热点,这样才能达到他们的心理预期并且提高节目的收视率。

4.参与节目互动

这一要求是由网络综艺节目的播出平台所决定的。网络平台本身就具有很强的交互性,在这种传播情境中,传播对象不再是单纯的接收者,他的一些信息会直接作为节目的传播内容;而传播者也不再仅仅只是传播者,他也会接收传播对象所发出的一些信息。

5.着装风格

新媒体节目主持要求主持人着装紧跟网络发展潮流,得体大方又具活力和特色。主持人在风格塑造时不仅要注意语言风格,还要注意着装风格。着装要以得体大方为基本原则,以活力和特色为目标,符合网络特征以及节目性质,才更能凸显节目的主题性质,有利于拉近与观众的距离。如《一年一度喜剧大赛(第二季)》《中国说唱巅峰对决2023》这类节目的主持人在着装风格方面与传统电视节目的主持人相比有较大变化,能很好地融入节目特色,贴近与选手的心理距离。这对于促进节目的开展、凸显节目的性质有很大帮助,同时能够帮助塑造个性化的主持风格。

(三)新媒体节目主持人应提升自我价值

主持人基本素养的培养至关重要,不管是传统媒体还是新媒体节目主持人都应具备基本的主持素养,主要表现在以下几个方面。

1.明确自身的传播者角色,要有一定的社会责任感

传统媒体和新媒体节目主持人作为信息的传播者,需要极强的社会责任感并且要肩负起对受众负责的光荣使命。作为主持人,除了要带动嘉宾和受众积极参与到节目中外,还需认真衔接节目发展的每个环节,要以客观的角度来看待整场节目的进程,这一点,《一年一度喜剧大赛》的主持人马东做得非常好,马东担任着主持和议长双重角色,时刻不忘在两个身份角色之间的切换,很好地把控了现场气氛。

2.丰富自身知识底蕴,积累经验

主持人是一档节目的品牌和标志,直接反映和决定着整个节目的质量。主持人自身知识的涉猎、经验的积累影响着节目主持人的说话气质及风格。因此,主持人除了需要具备较强的文化知识底蕴外,还需积累一定的经验。主持人在语言表达时需要注意情感活动的真实与合理,与嘉宾沟通时给予其真实的情感反馈,并通过语言创作引发观众的情感共鸣。正是由于撒贝宁在《经典咏流传》中的语言表达,使得节目更加精彩,丰富和增强了节目的可看性与感染力。

3.节目主持的语言使用规范

新媒体视频节目属于媒体,亦是为了传播信息,具有宣传、教育功能,理应同传统媒体电视节目一样遵循语言使用规范。主持人作为节目自身品牌的打造者,其言语均能代表其所在节目、媒体乃至社会水平,其传播对象是大众,那么语言也应当遵循语言使用规范,网络语可以有,但是主持人在使用时,必须把握好度,做到语尽其用。如《主播说联播》中,2023"巅峰使命"珠峰科考登山队员成功登顶。今年的"巅峰使命"珠峰科考应用了许多"黑科技"。看最近这几年的珠峰科考会发现,每年的科考都会用上一些黑科技。比如去年科考用到的浮空艇,到达了海拔9032米的高度,创造了浮空艇大气科学观测的世界纪录。今年也不例外,针对极高海拔地区仪器设备的电源问题,科考队和探月工程供电系统的研究人员合作,将月球上的供电系统技术成功应用到了极高海拔地区。航天科技用于珠峰科考,这样的"跨界"合作,就一个字:"高"。去年科考的时候,队员们在海拔8830米处成功架设自动气象站,这也是世界海拔最高的自动气象站。今年,队员们成功对气象站进行技术升级,数据通过气象站传回珠峰大本营。技术升级,能力提升。值得一提的是,今年也是人类首次登顶珠峰70周年。挑战地球之巅,人类脚步从未停止。而珠峰科考既是攀登自然界的世界之巅,也是在不断攀登科技的高峰。

第二节 新媒体视频节目创作

一、新媒体视频节目策划

内容策划是新媒体视频节目编辑围绕一定的主题和目标对现实社会中的资源进行挖掘与有效配置,结合不同媒体特点进行受众传达,以实现最佳传播效果的创造性活动。当今媒体产业竞争激烈,而这种竞争就集中表现在内容策划方面。传媒产业发展以受众需求为主导,内容策划水平的高低直接决定着该产品进入市场后的成败。

新媒体节目的内容策划主要包括:选题策划、结构创意与界面脚本编撰、素材采编策划、整合策划、导航系统策划。一个成功的新媒体节目的内容策划,需要针对节目自身的特点和要求,根据不同用户的需求,对节目的选题导向、选题类型和选题定位进行总体分析,并在此基础上,为节目内容信息的来源、采集、编辑和组织的策划提供依据,进而对表现手段、表现形式、使用需求、功能设计、播放设备和环境要求以及目标用户和消费形式等各种相关因素进行综合性分析论证,最后对节目内容做出一个可行性强的策划方案并付诸实施。

例如,知识型网络脱口秀节目内容策划依据。

节目类型定位要求:文化导向意识、正确的媒体舆论观、文化观。

宏观传播环境因素:网络媒体环境的要求、网络媒体用户的要求、传播方式的要求。

内容策划是一项系统的工作,包含多个模块,根据工作模块的先后顺序可分解为选题策划分析、内容结构创意、素材采编、界面脚本编撰、整合审查及导航系统设置等,每一期节目内容策划的常规流程也是按照上述顺序进行的。但在实际制作节目的过程中,因工作人员团队间的默契信任、分工合作或重叠同步作业等情况,在选题确定后,其他模块的工作也可同时开展。

例如,在知识型网络脱口秀节目的内容策划中,我们可以将主持人的个人IP资源直接引入宣传和内容创作上,直接以主持人的名字或围绕其名字中的某个字来命名节目,可使节目释放出强烈的人物色彩。一方面,借助主持人已有的影响力。另一方面,给予节目清晰的定位,意指这是某个人的说话节目。如抖音上的自媒体人"无穷小亮的科普日常",他是《博物》杂志副主编,中国国家地理融媒体中心主任,中国科普作家协会生态专委会委员,中国农业大学昆虫学硕士,2017中国科协十大科学传播人物。通过分享日常的科普,吸引人们的观看兴趣,增加人们的科普知识与科普技能。

知识型节目的主持人最关键的素养就是具备某一领域深厚的学识底蕴,有说服力、有话语权,能够使受众信服。

素材采编围绕主持人展开。节目的素材采编以主持人的表达风格、学识储备、理解力水平等方面为依据。

视角也称为叙述聚焦,是叙述语言中对故事内容进行观察和讲述的特定角度,其特征通常由叙述人称决定,不同的视角会产生不同的叙述方式和表达效果。知识型网络脱口秀节目主持人以"第三人视角"聚焦节目主题,以某一领域"意见领袖"的虚拟身份边讲述、边做出评论和判断,"第三人视角"也是旁观者的讲述立场。

知识型网络脱口秀节目的画面呈现形式是主持人端坐摄像机前,以讲述的方式完成整期节目,画面单一、机位少,视频后期剪辑人员根据主持人的讲述把视频剪辑流畅,若有商业广告的,再硬性植入少许广告产品画面。

(一)节目结构及视频界面的创意编排

节目制作者需要将节目内容信息有序地组织起来并完整地展现给用户,一般是从以下几个方面分阶段进行:一是要对内容信息的组织形式和媒体构成进行分析,并在此基础上编撰内容信息的界面脚本;二是征集已纳入节目的内容信息素材,并进行数字化采集和编辑;三是根据界面脚本将经过编辑加工的内容信息有序地组织起来,并建立能检索所有内容的导航系统,使其成为一件完整的可供用户交互使用的作品。

(二)节目整体结构板块的安排

脱口秀的"即兴"特征导致了节目形式的零散,不似其他类节目般有一个统一的主题贯穿始终。每季脱口秀节目可分为很多互不相关的板块,各板块之间常常根据观众要求和时事热点情况穿插播出。每期节目的内容结构,一方面由本期主题决定,另一方面取决于剪辑者对已录制素材的组接。知识型网络脱口秀节目一般每期总时长在30分钟至45分钟之间,包含两个及以上的同类或相关联的话题,每个话题持续10分钟至15分钟。

(三)视频界面的设计及镜头语言的拍摄组接

视频节目界面所呈现的信息必须与节目总体风格一致,片头、背景、主持人的外形及着装、镜头中展现的其他人物或物品都是组成节目内容信息的重要部分。优酷平台出品的节目使用的片头风格雷同,应是出自同一个制作组之手,这种无差别的雷同会让受众有粗制滥造之感,审美体验降低。节目制作人尤其是新媒体技术工作者必须具备打造精品的意识。

(四)内容的整合策划及导航系统策划

依据已完成拍摄脚本的内容信息,按照关联点暗含的顺序和内容间的承接关系,组接合成一个完整的节目。需审查总脚本包含的文字、图片、音频、视频、呈现方式、知识、标识、词汇等部分,不能有遗漏或缺失,确保所有素材都真实存在且符合节目的整体质量要求。网络媒体节目的重要的信息组织手段是超链,受众通过优秀的超链设置系统在汇编的节目体系中浏览,遍历所有的关键点。设计超链最重要的是知识链的长度、丰富度和完整性。良好的超链设计能够为节目带来其他平台上的流量。如《罗辑思维》的微信公众平台、微博账号等几大社交网站账户起到为该节目导流的作用,庞大受众群的建立得益于完善的超链导流信息系统。

导航是网络媒体节目中所有信息系统的总称。网络视频节目的导航系统主要体现在网页的主页展示、板块展示、搜索关键词设置等方面,搜索关键词的设置包括直接关键词设置和模糊关键词设置两种。

(五)知识型网络脱口秀节目内容策划的效果研究

知识型网络脱口秀节目的特征是以内容为重心,讲求内容为王、内容制胜。持续一档节目生命力的决定因素有很多,总体来看,知识型节目发展越来越好的核心是踏实做好优质内容,用文化知识的魅力吸引受众。

受众消费文化产品也检验文化产品,随着生产力的提升,文化产品的类别和数量呈现井喷式涌现,受众的选择多、要求高。受众的认可代表着市场的需求,因此,在激烈的市场竞争中,创作知识型网络脱口秀节目的首要工作就是做出精确的产品定位,一般包括观点独到、理性分析、具有深度,以及线上线下新鲜特别的互动玩法。产品定位的关键是正确定位目标受众群体。

主持人与节目之间是互相成就的关系,主持人的学识和明星光环能够为节目带来受众和流量,节目的成功也为主持人增强影响力。

网络视频节目产业链爆发的根本原因是各家新媒体网站在资本竞争的格局下迫切追求市场垄断的需求。一方面,自主研发的节目可以缓解视频网站烧钱向传统媒体购买节目版权的经济压力,脱口秀节目制作简便,对硬件和节目录制场面的要求不高,又极为适合网络视频用户的需求,能够为平台吸引更多的用户流量;另一方面,依靠知识型网络脱口秀节目打造独家内容是网络视频平台品牌战略和差异化定位的重要手段,一档成功的网络自制节目往往还能带动节目衍生品的开发、售卖等长远且宽泛的商业收益。

1. 节目的商业价值提升

节目的商业价值高低是衡量内容制作效果的标准之一,知识型网络脱口秀节目达到了网络自制节目投入回报比的新高度,成为视频播放平台重要的流量贡献者。私营商业体追逐资本的本能与普通受众越来越高的文化消费水平交织在一起,形成文化类网络节目的黄金时代。

(1)节目的植入广告升级。随着节目播放量的增加,广告商会愈加青睐,植入广告的规格就会升级。

(2)节目周边产品的研发增多。节目的周边产品,如网络平台付费可看的视频、付费收听的音频、同步节目内容的图书等。

(3)节目本身的品牌孵化功能强大。《罗辑思维》的团队借助节目影响力转战新领域,独立开发移动应用,扩大平台,给更多读书人传播知识的机会,去影响更多用户,进而影响整个社会。

2. 主持人的自身价值提升

(1)全面的知识储备。优秀的脱口秀节目主持人除了术业有专攻,还应该是对各种学科领域都有涉猎的杂家,灵活驾驭各种选题,稳定地把握节目的内容延续方向。主持人必须时刻保持学习的状态,吸收新知识、新观念,加强个人素养,灵活运用学识储备,才能在镜头前挥洒自如,游刃有余地应对节目进行中偶发的紧急状况。

(2)对自身个性的张扬和控制。新媒体视频节目主持人的外在人设非常鲜明独特,每一位主持人的特征与节目互相成就。主持人形象定位完成后,要严格遵循创作宗旨,根据节目风格做自我调整,以与节目的表现力相吻合。

(3)风趣幽默的语言能力。主持人的基本素养是掌握流利的语言表达技能。根据不同的节目风格,具体要求有较大差异。网络综艺类节目主持人不仅要妙语连珠,还要掌握网络语言风格,以便于营造轻松、欢快的节目效果。知识型网络脱口秀节目的观众文化水平较高,对主持的语言能力有较高要求。知识型节目主持人的主要任务是讲解知识,实现节目传播知识的功能,丰富观众的知识信息量。此外,在表达方式上,则要求知识型节目主持人的语言表达通俗易懂、趣味横生、夹杂诙谐幽默,把浅显的知识扩展外延,把深奥的知识化繁为简,能够举一反三,输送知识的同时又具备观赏性,带动受众进行互动,激起受众对节目的喜爱之情。

二、新媒体视频节目创作

(一)网络自制综艺节目的内容形式

随着网络技术的不断普及,人们在日常生活中利用网络手段丰富自己的生活内容。不断提高网络自制综艺节目的水平,才能为观众呈现更多精彩的节目。通常情况下,网络自制节目可以按照内容形式区分为网络微电影、网络自制电视剧和网络自制综艺节目。这些节目与传统的综艺电视节目相比,具有显著的不同,网络自制节目会选用新媒体作为背景进行支撑,实现更好的表达效果。同时,网络节目的内容形式更加多样,更能贴近观众的日常生活,满足大家的娱乐需要。网络节目的传播速度更快,宣传平台的影响力更广,使得网络自制综艺节目能够更快得到普及。

(二)网络自制综艺节目的运营状况

1.网络自制综艺节目形式比较多样

在当前新媒体背景下,网络综艺节目数量众多,这些节目能够从不同角度满足人们对综艺节目的需求。由于网络技术的支持,网络自制综艺节目的内容形式更加多样,表达形式更加丰富多彩,能够最大限度满足观众的要求。为了迎合大众对网络节目的要求,各种综艺节目平台都会制作更多的节目,呈现出多元化的发展趋势,这些节目都是大家能够普遍接受的节目,在设计过程中更多地考虑到人性化的要求,服务广大观众,贴近生活需要,能够引发一定的社会认知,增添更多的正能量,为社会的发展做出更多的贡献。

2.网络自制综艺节目更能符合观众心理

在新媒体背景下,观众愿意参与到节目的录制过程中,每个人都可以成为节目的参与者,这是网络自制节目的显著特色。网络平台能够为网络自制综艺节目提供更好的平台,为每一个受众的参与提供支持,使得节目与受众之间形成良好的互动关系,能更好地满足观众的心理需求,增强观众的满足感和获得感。在调查研究中发现,网络平台提供的互动功能对受众有极大的吸引力,是保障网络自制综艺节目收视率的一大"法宝"。这也激励了互联网视频平台进行了一些调整,优化网络综艺节目的引入和退出机制,以观众的支持率和收视率为指标。此外,互联网技术和大数据技术的发展,对于网络自制综艺节目进行节目定位、受众分析、数据评估等也有所助益。

3.网络自制综艺节目的剧情存在问题

在新媒体技术的影响下,网络自制综艺节目越来越受人关注,节目内容和形式更是丰富多彩。目前有很多的网络自制综艺节目不断脱颖而出,不过有些网络自制综艺节目的内容出现缺乏趣味、娱乐性不强、内容低俗等问题。同时,原创性内容太少,抄袭严重,没有独特的节目特点吸引观众的眼球,要想做出一档优秀的网络自制综艺节目,在一定程度上要抓住观众对节目的需求,开创一种全新的节目形式收获观众的喜爱,确保节目的收视率和口碑。如果还能将网络技术的优势充分发挥出来,那么对网络自制综艺节目未来的发展是十分有利的。

(三)网络自制综艺节目的发展探究

1.网络自制综艺节目注重原创性

从我国网络自制综艺节目前景来看,要保证节目内容一定是原创的,避免出现雷同的状况,这样才有利于网络自制综艺节目的健康发展。因此,在未来发展过程中,强调自制、原创,做出有品质的节目,要充分了解观众对网络自制综艺节目的喜好和需求,利用移动互联网技术与观众进行交流互动,节目内容要足够吸引观众,打造一个收视率高的原创性网络自制综艺节目。

2.网络自制综艺节目注重宣传方式和力度

网络自制综艺节目处在新媒体发展的大背景下,通过网络手段对节目进行宣传。目前,为了吸引观众的注意,在新节目上档之前,一些网络自制综艺节目会通过播放节目宣传片的方式对自己的节目进行宣传,不过宣传片都只有在自己的平台才能看到,不能在其他平台播出,无法发挥出网络技术的优势。在新媒体快速发展环境下,要将网络媒体的优势充分发挥出来,使用最合适的方式对节目进行宣传。如今,人们普遍都以网络的形式进行沟通交流,我们可以在网络上发起节目话题,吸引观众并让观众参与到话题中,同时与观众互动交流,从而使节目未播先火,这样一来节目播出后收视率才会稳定上升,最终达到理想的效果。

三、新媒体视频节目制作

(一)视听语言的叙事——画面与声音

影像作为传递信息和情感的载体,分为内容和形式两大方面。影像的内容包含上文讲到的叙事人物、叙事时空、叙事情节等。形式则是要通过某种方式去表达和传递主观的意象内容,这种叙事方式也就是话语。声音和画面组成了电视的叙事符号系统。电视叙事话语和视听语言有着密不可分的关系。电视节目中出现的所有画面和声音,都有其存在的价值,都包含了节目制作团队的思量,都有其传递的价值信息,承担着叙事的功能。

1.电视画面的叙事：中近景引领节奏

电视画面是电视节目叙事的重要符号,镜头语言是其主要的叙事话语。一档电视节目中嘉宾的动作和表情、服装和互动、环境的背景和光线、物品的摆设等都需要通过镜头语言来体现。电视节目虽然不像电影一样需要应用太多的蒙太奇手法,但它同样包含镜头运动(推、拉、摇、移、跟)、景别(远、全、中、近、特)和画面的切换与剪辑。在观察类综艺节目中,电视画面的叙事是对现场真实状态的直接呈现,但拍什么和不拍什么,以及运用什么样的镜头语言来拍摄是由镜头后的节目制作团队来决定的。他们通过巧妙的镜头语言决定着叙事的节奏和效果,预判着观众的反应,有重点、有省略地让观众跟着他们的思路走,看他们想让观众看的内容,被他们的主观价值所影响。如《女儿们的恋爱》中第一现场,明星情侣的状态拍摄大多采用中近景。由于这档观察类节目的主要观察对象是两个人,所以他们之间的互动和交流是记录的重点。中景和近景既能对环境略有交代,又能较为清晰地反映出两个人的关系,以及他们产生互动时的动作、神态等,尤其是恋爱中两个人肢体上的小互动、神态上的传情,都被中近景捕捉了下来。中近景是与真实生活状态最匹配的景别,能够让观众舒适自然地观看。节目根据不同的叙事要求变换不同的景别,并配以合适的镜头运动,既避免了电视画面符号的单调性,缓解了观众的视觉疲劳,又在向观众传递完整叙事故事的基础上,产生了不同的叙事节奏、叙事风格和叙事效果,准确地把握了叙事的情感和价值。

2.电视声音的叙事：四重符号的综合运用

声音与画面作为电视重要的叙事符号,能够共同帮助电视叙事的顺利展开。我们的现实生活中充斥着各种各样的声音,这些声音在电视叙事中同样存在。在观察类综艺节目中,主持人和嘉宾的言语和对话、旁白、音乐及现场音响构成了电视声音的叙事符号。

(1)主持人和嘉宾的言语和对话。在观察类综艺节目中,最为重要的声音叙事符号就是主持人和嘉宾的言语和对话。第二现场(观察室)的叙事模式非常类似于谈话类节目,没有场景的变换,没有大幅度动作的发生,主要就是靠"讲话"

来推动情节发展。主持人承担着引导嘉宾和把控全局的任务,嘉宾们则在合适的时间讲出合适的故事,对第一现场发生的情节进行补充和拓展。

(2)旁白。旁白分为参与叙事的人物旁白和没有参与叙事的人物旁白。参与叙事的人物旁白大多是嘉宾本身的旁白,对画面里没有的情节和细节进行补充,或者交代自己内心的真实想法。

(3)音乐。音乐作为声音叙事符号的另一重要组成部分,在节目中也是经常用到的,它与画面内容相互依托,调节或者烘托画面的气氛,催化感情,从而让观众的情绪跟随着节目情节的发展或开心或难过,达到情绪的一致和高潮。合适的音乐为叙事的成功展开起到了"增光添彩"的作用。

(4)音响。音响分为前期的现场音响和后期加入的特殊音响。由于观察类综艺节目的特点,所以大部分运用现场收音,记录现场的自然环境声音。各种动作和物品发出的声音还原真实,保持叙事的真实空间感,增加观众的信任程度。后期加入的特殊音响效果则一般配合着节目的后期,强化节目的特殊叙述表达,如搞笑或者煽情等,起到为"主菜"添加"佐料"的作用。画面和声音构成的多种视听语言作为叙事符号相互关系,服务叙事线索、把控叙事节奏、展现叙事主题、强化叙事风格,从而呈现出完整的、对观众极具吸引力和引导力的节目。

(二)视听语言的作用

"视听语言"这看似是一个词,但是对于综艺节目来说,视听语言的"视"是看见的意思,就是在听的同时也要看到节目表达的是什么主题,有什么样的动作和表情。如某某电视台策划的是一档什么类型的综艺节目,请来的是什么明星,明星的外貌是什么样的,能否吸引观众的眼球;"视"是以画面形式出现,观众看主持人和被主持的对象之间互动时,他们各自有什么样的表情,对事物有什么样的反应。这就必须得用"视"才能让人理解节目的主题,并看到综艺节目的趣味性。而节目的其他信息怎么才能让观众理解呢?这就解释了视听语言中的"听"表达的含义了,一般一档较好的综艺节目,必须得有主持能力强大的主持人,能遇事不惊,能言善语,能和嘉宾侃侃而谈,还要和嘉宾对答如流,当遇到突发事件时,主持人要能自圆其说,不能让节目出现尴尬的气氛,这对节目的收视率和好评率有着很重要的关系。这既展现了主持人的主持水平和能力,也让大家理解了其中这个"听"的含义。最后就是"语言",视听语言的"语言"是两个或者两个以上人在综艺节目中的交流,起到塑造人物背景,揭示人物之间的关系的作用。而主持人一般以第一人称旁白的交流方式,交代这档节目的意义。

1.如何用好视听语言

在视听语言的传播中,电视的画面展现和声音的播放是最重要的。语言、音响和音乐是电视综艺节目播放中的重要形式,其中音乐的作用:强化内容的情感,烘托气氛,提升人物情绪,作为编辑手段,整合整档节目的效果,给人一种焕然一新的感觉。在节目中间休息时,音乐可以缓解气氛。音响是实现节目叙事和营造环境立体空间逼真感的重要元素和手段。

2.视听语言中的镜头语言

综艺节目是给电视机前的亿万观众看的,那么应该怎么在电视机屏幕上向观众表达自身的内心感受呢?在这一点上,首先要求专业的摄影师,向观众表达直观的电视画面,利用高超的拍摄技巧来增强观众对现场的身心体验感,就像自己身临其境一样。让摄影师分布于现场多个角度,以拍摄出最好的画面传送给观众,从而使节目效果更加突出,达到理想的效果。

四、全方位概括综艺节目

(一)综艺节目的特点

各类不同的节目有各自不同的特点。综艺节目是根据自己所创建的节目主题思想,在各种不同的体裁中进行一场有机组合的创意节目,建立在大众的思想需求上,满足大多数人自我实现的心理需求和好奇欲望。综艺节目可以综合不同形式的艺术给观众观看,让观众领略另一番效果。如韩国的综艺节目则是利用综艺节目对明星进行宣传和包装,既可以提高节目收视率也可以让明星自己表态,节目方也能达到自己想要的结果。

(二)视听符号分析

(1)人物:冲破标准化束缚,提高节目可视性。影像的构成元素包括人、景、物、光、色,在这些视觉元素中,人是最主要的。网络综艺节目是通过具体的形象,尤其是人物形象直接作用于受众的视觉和听觉的,人物的外形、动作等都能给观众留下深刻的印象。

(2)场景:塑造节目整体形象,照应节目主题。网络综艺节目的视觉元素重心是人,但人不可能在真空中生活,正如黑格尔所说:"人要有现实客观存在,就必须有一个周围的世界,正如神像不能没有一座庙宇来安顿。"因此,为人物选择和创造的生存环境(场景),也是节目视听符号中极其重要的一大元素。

(3)色彩:加强造型表现力,触发受众情绪。作为一种造型元素,色彩不仅是形象的外衣,也是增强造型表现力的有效手段。因此,创作者在选择、处理色彩时,要在尽可能地还原原始色彩的前提下,充分发挥色彩在造型、感染受众情绪方面的作用,以创造出更好的审美效果与价值。

(4)镜头:传达节目内容信息,进行叙事与修辞。镜头即摄影机一次开机到停机间连续拍摄的影像片段。镜头是影视作品的核心,所有的视听语言都依靠镜头得以表现。镜头艺术效能的最终实现依赖于创作者对镜头元素(景别、角度、运动方式等)的创意性设计和运用。

第三节 新媒体视频节目主持要求

一、新媒体视频节目主持特征

(一)草根:形式多样与语义个性

草根主持人是指非科班出身、小团队和小资金运作、知名度不高的主持人。

一方面,草根主持人来源于社会大众,他们非科班出身,主持语言不一定规范,更加随意,容易亲民。这类主持人的主持风格多以幽默、风趣、毒舌为特点,且主持形式多样。草根新媒体视频节目主持人虽然可能在主持方面不够专业,但是主持形式多变,使得节目内容丰富有趣,十分吸引人。

另一方面,特定的语义环境会使人产生某种心理预期。草根新媒体视频节目主持人在节目中多利用语义环境特点,满足受众的某种感情需求。一般来说,新媒体视频节目的受众都较为年轻,追求新鲜事物、熟悉网络流行语,针对新媒体视频节目受众的特点,草根新媒体视频节目主持人往往迎合受众喜好,营造一种特定的语言风格,吸引特定目标群。

(二)多栖:风格定制与聊天互动

当前,越来越多的名人名家参与、主持新媒体视频节目,形成了一类特定新媒体视频节目主持人——多栖新媒体视频节目主持人。随着互联网的发展,明星名家逐渐向多元化方向发展,这些多栖新媒体视频节目主持人主持的节目个性鲜明,以聊天、互动为主要主持形式,可以说这类节目基本是为多栖新媒体视频节目主持人量身定制的。

一方面,多栖新媒体视频节目主持人原本在某个领域内就极负盛誉,跨界到新媒体视频节目中做主持,其主持规范程度自然比不上专业主持人,也缺乏深厚的主持功底,但是他们具有丰富的人生经历,他们将个人经历、所见所闻融入节目,反而成为吸引受众关注度的卖点。

另一方面,多栖新媒体视频节目主持人的主持方式多以聊天、互动为主,以一种朋友的身份出现在节目中,语言通俗易懂,给受众以一种闲话家常的感觉,让受众在观看节目时能够放松神经和心情,使受众能够感受到真实感和亲近感。多栖新媒体视频节目主持人大多是某一个领域或多个领域的名人,在一定程度上会让受众有一种差距感,产生抵触心理,而以朋友的形象主持节目,将主持人和受众放在同一位置上,可以消除这种差距感。

(三)虚拟:双重身份与现场互动

在多数情况下,网络多媒体电台主持人不会出现在节目中,只能听其声,不见其人,或者以虚拟形象出现在节目中。

一方面,虚拟新媒体视频节目主持人具有虚拟和现实两种身份,兼具网络化和人性化的双重特征。人性化特征使这类主持人方便与网友互动。而网络化特征使得这类主持人能够在不违背法律的前提下,尽情发挥,将现实中难以启齿的问题或者现象,以调侃的形式表达出来。

另一方面,传统媒体节目主持人与虚拟新媒体视频节目主持人相比,最大的劣势在于不能进行即时互动,且与受众的互动具有地域限制,仅能和节目现场观众进行互动,场外观众虽然能够通过电话、短信、微博等媒介与主持人交流,但是互动时间和内容十分有限。传统媒体节目主持人的劣势就是虚拟新媒体视频节目主持人的优势。互联网增强了人与人的沟通和联系,即使是地球两端的人也能通过互联网进行联系。虚拟新媒体视频节目也具有这个特点,受众可以通过计算机、手机等移动终端观看新媒体视频节目,并且能够与虚拟新媒体视频节目主持人实现实时互动交流。同时,虚拟新媒体视频节目主持人也能够在第一时间获得节目反馈,和受众一起探讨节目话题。

(四)业内:情感共鸣与跨界合作

随着互联网的发展,网络对人们生活、工作的影响越来越大,各行各业的发展也逐步与网络融合,一些传统媒体主持人也转战新媒体视频节目,这些主持人有专业的主持风采,增强了新媒体视频节目的专业性和规范性。

一方面,传统媒体节目主持人往往工作经验丰富,媒体嗅觉敏锐,且具有开阔的市场视野。在节目中,这类主持人非常重视与观众的共鸣感,并不断激发情感共鸣,从而吸引受众和凝结受众。

另一方面,在媒体融合发展的背景下,传统媒体与新兴媒体之间的联系和合作加强,传统媒体主持人也逐渐习惯运用新媒体,增强与受众的联系,同时利用新媒体增强节目品牌的影响力。网络改变了人们的生活方式,给予人们更多的话语权,自媒体时代,人人都可以成为主持人,展现自己的独特魅力。但是,在信息飞速传播的时代,人们对新媒体视频节目的要求越来越高,新媒体视频节目主持人只有不断提升自己的主持素养,呈现给人们高品质的网络视频节目,才能满足人们的需求。

二、新媒体视频节目主持人素养

(一)政治素养

对于新媒体视频节目主持人来说,政治素养必须放在综合素养的首位。作为主流媒体工作者,新媒体视频节目主持人也必须要有坚定的理想信念和正确的政治立场,自觉维护党和政府的形象。尤其是深度融合后的地方主流媒体,已实行采编播一体化,提升新媒体视频节目主持人的政治素养显得尤为重要。

《中国广播电视播音员主持人职业道德准则》第一条、第二条和第三条明确规定:广播电视播音员主持人所从事的事业,担负着传播先进文化,弘扬民族精神,维护国家利益,促进经济社会发展,推动人类文明的崇高使命和社会责任;热爱祖国和人民,珍视国家和人民赋予的权利,全心全意为人民服务,为社会主义服务,为党和国家工作的大局服务;忠诚党的新闻事业,坚持党性原则,坚定执行党的路线、方针、政策。这些是对节目主持人最起码的政治素养要求。

媒体是意识形态工作的主战场,网络时代舆论导向这根"弦"更不能松,这既需要记者、编辑有清醒的认识,也需要节目主持人了然于心。无论是媒介信息还是节目主持人的话语,都会直接影响受众的看法。而节目主持人实际上是媒介信息的最终传播者,他们的一言一行、一举一动,都会有意无意地影响人们对世间万物的看法和认知。当然,新媒体视频节目主持人的政治素养还应该包括政策水平。有的主持人对党和国家的政策不了解,在主持节目时说了一些违反政策的话,其人设也会坍塌。在传统媒体时代,电视节目主持人能时刻以正确的价值观为指导;进入网络时代后,也不能认为主持新媒体平台上的内容就可以突破限制。节目主持人象征着公共传播符号,他们所说的每一句话、表达的每一层意思,都不能违背主流意识形态,更不能让他们把自己的非理智意见通过媒介平台传播出去。这是因为新媒体视频节目主持人在主持节目时不仅是个人在发声,而且代表着主流媒体的立场,必须时刻坚持正确的舆论导向。因此,政治素养是所有节目主持人必须具备的综合素养之一。

(二)业务素养

在打造全能记者的过程中,许多电视节目主持人成了采编播一体化的复合型人才。然而,有的主持人在出镜报道时,只会念记者写好的现成稿子。原因是这些主持人平时基本不参与采编活动,新闻意识不强,脱稿解说能力很弱,临时上阵出镜时神态窘迫、表情迟滞、动作生硬、言语贫乏,根本不像一个记者,严重影响了新闻报道的真实性、客观性、严肃性、准确性和可看性。当然,节目主持人兼任出镜记者,并不是所有的主持人都可以,这要看其有没有较强的新闻专业素养。

节目主持人把节目内容传播给观众,与观众进行交流、沟通、互动,是为观众提供服务的重要角色。他们的业务素养高低,与节目收视率也有着很大关系。当然,新媒体视频节目主要是"内容为王",但主持人从事的是创造性劳动,他们对节目有一个再创作过程。许多节目内容,经过主持人的生动解读,能提高在观众中的到达率。有的节目主持人因业务素养缺失,一脱稿就无法主持。这实际上成了话筒架子,被业内人士戏称为"肉喇叭"。有的主持人,不但语音不准,还经常有读破句现象,如把"对已经露头的和尚未露头的腐败分子要严厉打击"念成"对已经露头的和尚,未露头的腐败分子要严厉打击",结果闹出大笑话。同样,对同一稿件或作品,不同的节目主持人会有不同的解读。这在一定程度上也取决于主持人业务素养的高低。主持人在主持节目时的语言是经过严格锤炼、约定俗成后的艺术语言,既要规范又要有亲和力。无论是照本宣科还是拿腔拿调,观众都会难以接受。进入全员媒体时代后,虽然大量的网络主播在专业素养方面不如电视节目主持人,但他们通过平易近人的语态和富有亲和力的交流,正逐渐得到观众的认同。这些"平民主播"的大量出现,对依然故步自封、安于现状的电视节目主持人构成了严峻的威胁。对此,电视节目主持人只有快速适应媒介生态变化,及时提升自己的专业素养,主动参与变革与创新,才不会被时代所淘汰。主持人的专业素养需要日积月累地提升,需要平时的学习,努力让自己既成为专家,也成为杂家。

新媒体视频节目主持与观众交流的主要手段是语言,语言表达水平如何,直接关系到节目的实际传播效果。主持节目是一个对节目的再创作过程,无论是有声语言还是形体语言,这不仅是艺术,更是专业素养的能动反映。尤其是在主持综艺节目时,主持人除了要具备扎实的文化素养外,还要具有强大的现场掌控能力与灵活的应变能力,而这些都需要在实践中不断学习与提高。

(三)道德素养

新媒体视频节目主持人是网络媒体与观众之间的桥梁,他们在主持节目时具有明显的人际传播特征。个体形象、职业形象和媒体形象密切相关,无论是在工作期间还是休息期间,主持人的言行都会影响其所服务媒体的形象。同时,节目主持人的道德素养也会直接影响其社会公众形象。

新媒体视频节目主持人的道德素养既存在于工作态度中,也反映在生活层面上。新媒体视频节目主持人由于出镜率高,在观众中眼熟,在社会上能产生明星效应。如果不加强道德素养,有人就会利用职业光环去做一些违法乱纪的事,结果会产生严重的负面效应,到时候受到形象摧毁的是他所供职的媒体。现在,个别主持人职业道德素养缺失,在上镜时着奇装异服,染着五颜六色的头发。除此之外,还绯闻不断。有的节目主持人通过主流平台有了很高知名度后,就违反职业道德到处圈钱,想方设法为自己牟取不当经济利益,出了问题后又往往由其供职的媒体单位来负责。从社会层面讲,新媒体视频节目主持人是集个人角色、媒体角色和公共角色三位一体的职业。他的语言风格会有人学,他的服饰和发型会有人模仿,他的为人处世也会有人把其当作示范。正因为新媒体视频节目主持人社会知名度高,所以更应该时刻保持谦虚谨慎、戒骄戒躁的作风,即使在业余时间,也要自尊自爱、举止文明,自觉接受社会监督。新媒体视频节目主持人要提升道德素养,加强自律,同时也要遵守他律。自律就是努力审视自己、严格要求自己、不断纠偏自己,注重自省与自我规范;他律是自己的言行不能突破规章制度和法律法规的约束。这样既能保持自己的职业形象,也能美化自己的社会形象。

三、新媒体视频节目主持人角色定位

(一)提升创新能力,打造有影响力的节目品牌

首先,在传统媒体与新媒体深度融合的背景下,主持人是否具备创新能力对于节目的制作与发展具有十分重要的作用。主持人只有充分发挥自身的创新能力,才能在新媒体时代顺利完成角色定位。主持人不仅要在主持风格、节目内容上进行创新,还要对节目的传播途径进行创新。如可以在新媒体平台创设个人账号,播放一些节目制作花絮、精选优质节目内容等,以此来吸引更多观众的注意力,提升节目的知名度和影响力。其次,主持人还要积极参与到节目的编排与制作中,对节目内容进行调整、创新,满足观众的需求,不断增强节目和观众的黏性,达到提升节目收视率的目的。再次,主持人要积极打破传统禁锢,积极挑战自我,提升自己独立思考和分析问题的能力,在同类型节目中展示出自身独特的主持特点,丰富节目内容,使其具有一定的深度与广度。最后,主持人在节目编排和制作的过程中要发挥出自身独特的优势,打造具有高辨识度、有广泛影响力的节目品牌;同时,还可以在主持的过程中融入个性化元素,不断提升自身对节目的掌控力,让节目深入人心。

(二)强化角色定位,加强同观众的互动

当前,我国正处于媒体融合的重要发展阶段,在此背景下,主持人对于自身的角色定位要在原有基础上进一步加强,在主持过程中必须要以端正的态度推动媒体融合。同时,主持人还要积极利用新媒体平台不断提升自身专业水平,综合分析自身的优势和不足,从自身文化技能、专业特长等方面制定长远发展目标,加强学习,将与主持领域相关的专业知识进行融合,严格要求自己。对于主持人而言,观众往往最容易记住的是主持人的语言风格。也就是说,一个优秀的主持人在语言表达方面要突出个性,具有鲜明的特征,这就要求主持人的语言表达要具备专业化特点,以达到进一步增强与观众深度交流和互动,提高节目影响力的目的。传统媒体主持人与观众互动交流的形式比较单一,而新媒体环境下主持人与观众之间可以实现零距离接触与实时互动,且使用新媒体可以进行多维度立体化互动。因此,主持人在进行角色定位时,可以利用新媒体平台,如在微博、抖音等平台上加强与观众的互动,在与观众的互动中明确自身定位,使自身更好地融入新媒体环境中。除此以外,节目内容要贴近观众的现实生活,深入

人心,增加一些能对节目内容进行评论的平台,激发观众参与互动的热情,增强观众的互动体验感;在节目形式上,要改变主持人在台上讲、观众在台下听的模式,可以引入多个主持人加入节目,通过多人互动为节目注入新鲜血液,增强节目活力;也可在节目中增加有奖问答、评论等环节,在保障节目质量的基础上,有效加强主持人与观众的互动。

(三)提高主持人入职门槛,加大对其综合能力的考察力度

由于目前一些电视台存在着招聘、管理制度不完善的问题,所以电视台要提升主持人的入职门槛,加大对其综合能力的考察力度。首先,在招聘环节就要严格把关,为确保主持人适应新媒体环境和有效进行角色定位提供必要条件。如在招聘新闻类节目主持人时应选择记者型节目主持人,即要同时具备主持人和记者的双重专业能力,还要具备良好的新闻价值观念,能完成新闻采集、编写、播报等全流程工作,尤其是要具备较强的信息整合能力和现场直播采访能力,这是新媒体环境下新闻类节目主持人所要具备的基本素养。其次,电视台要对主持人的考核方式进行改进和创新,增加对其现场综合能力的考察,以更好地了解应聘者的综合素养、临场应变能力、主持个性、风格特点等。

第四节　新媒体视频节目实例分析

一、新媒体视频节目实例

案例 10.1

《典籍里的中国》节选

地点:演播室

主持人:撒贝宁、王嘉宁(以下简称"主持撒、主持王")

嘉宾:演员男、女,讲解员王雪纯,国家图书馆常务副馆长张志清,预告片演员,历史人物饰演者

……

主持撒：惟殷先人，有册有典，在《典籍里的中国》第一季，我们和大家共同识读了十一部中华典籍。今天，我们将再度打开浩如烟海的古籍典藏，感受中华文明延绵不绝的历史，汲取先贤智慧，迈出自信步伐。

演员男：快点快点，展览要开始了。

演员女：我牛奶还没喝完呢。

演员男：看完展览再喝。珠还合浦，历劫重光，你看见没有，典籍里的光明在召唤咱们，咱们赶紧进去吧。

讲解员王雪纯：欢迎来到国家图书馆，请各位尽快落座，我们的《永乐大典》文献展即将开始。

主持撒：惟殷先人，有册有典。

预告片演员：禹敷土，随山刊木，奠高山大川，究天人之际，通古今之变，成一家之言。学而时习之，不亦说乎？有朋自远方来，不亦乐乎？人不知而不愠，不亦君子乎？兵者，国之大事。死生之地，存亡之道，不可不察也。路漫漫其修远兮，吾将上下而求索。上善若水，世人应该学习水滋润万物的美德。天行健，君子以自强不息；地势坤，君子以厚德载物。

讲解员王雪纯：距今六百多年前，明朝的修书人，将先贤智慧和无数典籍熔铸成了一部"万书之书"——《永乐大典》。《永乐大典》是中华民族历史上规模最大的类书，屡遭劫难，几经散佚。今天，我们就为大家讲述《永乐大典》珠还合浦，历劫重光的故事。

鲁迅（郭子豪饰）：《永乐大典》是中华典籍之精髓，是中华文脉之绵延。我辈必将为民族而保存之。

主持撒：1912年，在鲁迅等人的努力下，清末翰林院所藏《永乐大典》六十四册正式移交京师图书馆，也就是今天国家图书馆的前身。由此，《永乐大典》开启了珠还合浦，历劫重光的回归之旅。

张元济（申世杰饰）：保存吾国数千年之文明，不致因时势而失坠，此为应尽之责。今商务印书馆将所藏《永乐大典》二十一册捐献中央人民政府。

主持撒：1951年，在张元济先生的倡议下，商务印书馆将历经了抗日战争烽火，幸存下来的二十一册《永乐大典》捐献给了国家。

郑振铎（贾思宇饰）：为国家保存文化，如在战场上作战，只有向前，决不逃避。

主持撒：郑振铎先生一贯重视《永乐大典》的收集，自从他担任新中国第一任文物局局长以来，更是为国家征集大典、保存大典，所做功绩为世人所铭记。

周叔弢(姚未平饰):捐赠《永乐大典》之心,起于新中国诞生之时,珠还合浦,化私为公,此亦中国人民应尽之天责也。

主持撒:1951年,周叔弢先生以个人名义,将珍藏已久的《永乐大典》捐献出来,感谢先生大义。正是因为一代代中华藏书人、护书人的努力,《永乐大典》珍贵书册历劫重光,大典的珠还合浦仍在继续,今天就让我们一起识读中华典籍史上规模最大的百科全书《永乐大典》。

主持王:打开典籍,品读中国,欢迎走进《典籍里的中国》,典籍如灯照亮,照亮文化之路。典籍作舟,畅游文明之河。今天让我们与三位读书人一同品读典籍,走进合古今而集大成的《永乐大典》。几位老师好,在这全新一季节目当中,我们将继续以文化访谈、戏剧和影视化相结合的方式,让书写在典籍中的文字"活"起来。同时在本季节目中,戏剧演员会在观访间与我们一同聆听专家老师对于典籍的解读。刚才的开场戏剧演绎了《永乐大典》珠还合浦,历劫重光的故事。《永乐大典》从最初的几万册几经散佚,令人唏嘘。而目前中国国家图书馆是世界上《永乐大典》馆藏最多的地方,咱们现存是二百二十四册。

张志清(国家图书馆常务副馆长):对,镇馆之宝。

主持王:今天,张馆长将这部典籍的影印本带到了节目的现场,咱们一块来看看。

张志清(国家图书馆常务副馆长):今天给大家准备了两部,一部是"颂"字册,还有一部是"门"字册。

段奕宏:珍贵,太珍贵了。

张志清(国家图书馆常务副馆长):为了保护古代书籍,我们需要戴手套。

张志清(国家图书馆常务副馆长):咱们来看一下《永乐大典》的形制,可以看到它比一般的书都要宽大。

主持王:是。

张志清(国家图书馆常务副馆长):它的高度大概是半米的样子,宽度是将近30厘米。

毕彦君:张馆长这么拿在手里,这确实是一部大书。

段奕宏:体积大,内容也大。

主持王:《永乐大典》,永乐就是明成祖朱棣的年号,那么也就意味着这部书是成书于明代的永乐年间。

陈时龙(中国历史研究院古代史研究所研究员):永乐年间,明代国力强盛,明成祖朱棣下令修建了现在的北京故宫,疏通了大运河,还派郑和下西洋,开创了永乐盛世的局面,正是这样的一个盛世,才推出了这样的一部《永乐大典》。

蒙曼(中央民族大学历史文化学院教授):永乐皇帝勃勃雄心,他是这样讲的:唯有大混一之时,必有一统之制作。这个"一统之制作"是什么,就是《永乐大典》这样的一部百科全书。

主持王:《永乐大典》全书共二万二千八百七十七卷,凡例并目录六十卷,分装成一万一千零九十五册,全书约三亿七千万字。这么大的一部书,怎么用,从哪开始下手呢?

……

《典籍里的中国》是一档以中国传统文化为主题的纪录片节目,重点介绍和解读中国的经典著作和历史事件,深入挖掘中国传统文化内涵,具有较高的专业性和思想性。

1. 节目类型

本节目属于纪录片类型,既保留了纪实的特点,又运用电影拍摄的手法等多种表现方式,增强了可视性与感染力,使观众更好地理解和感知节目所传递的文化意义。

2. 节目策划

在节目制作前,节目团队需要进行充分的调研和准备,确定节目主题、风格、选题等方面内容,确保节目信息准确传达,节目效果优异。

3. 节目选题

节目选取了中国传统文化中的多个经典著作和历史事件,如《周礼》《仪礼》《易经》等,对每一个典籍或事件进行深入分析和解读,同时注重淡化学术性,贴近观众,更好地传递文化价值。

4. 节目创作及制作

本节目使用多种表现手法和形式,如通过镜头语言、音乐配乐、旁白讲解等方式将典籍中的思想和价值进行生动呈现。同时,节目制作也借鉴了其他节目的优点,如电影镜头的运用和音效处理,使得整个节目非常有感染力,并且能够引起观众共鸣。

5. 节目主持特征

本节目的主持人和传统综艺节目不同,需要更加注重学术性,并且具备扎实的文化知识功底和解读能力。在节目中,主持人不仅仅是主持人的角色,也是解说员和学者角色的完美结合。

6.节目主持人角色定位

节目主持人不仅要在节目中起到引导、解说的作用,还要表现出自己对中国传统文化的热爱和敬仰,并能够用生动的语言和方式引导观众进入文化世界,与观众建立情感联系。主持人的角色定位需要通过专业性、亲和力、敬业精神等多方面的表现来塑造。

通过上述分析,《典籍里的中国》这档节目在节目类型、节目选题、节目策划、节目主持特征等多方面都呈现出高度的专业性和艺术性,为观众提供了一个深入了解中国传统文化的平台,同时也促进了中华文化的传承与发展。

二、实操训练

(一)训练要求

(1)善于传递信息:主持人需要具备良好的口才和表达能力,能够清晰准确地传递信息给观众,并能够用简洁明了的语言抓住重点。

(2)与观众互动:与观众建立紧密的互动联系,回应他们的问题、意见和建议。通过社交媒体平台、直播互动等方式与观众保持沟通和互动。

(3)创造引人注目的内容:制作有趣、有深度的内容,吸引观众的注意力并保持观众的兴趣。寻找新鲜的话题、独特的角度和独到的见解。

(4)灵活应对技术要求:新媒体视频节目需要掌握一定的技术知识和操作技巧,包括摄影、剪辑、特效等。主持人要有一定的技术素养,能够熟练操作相关设备和软件。

(5)强大的演绎力和表现力:主持人需要有良好的演绎力和表现力,能够生动有趣地呈现节目内容,吸引观众的关注并保持他们的参与度。

(二)训练方法

(1)学习优秀节目:观看和分析优秀的新媒体视频节目,学习成功的案例和主持人的技巧。注意观察他们的台风、语言表达、互动方式等,并思考如何应用到自己的训练中。

(2)面对镜子练习:站在镜子前,模拟节目主持的场景,练习口才和姿态。注意观察自己的肢体语言、面部表情等,使其更加自然和生动。

(3)参与主持:积极参与各类新媒体视频节目的主持,例如在直播间担任嘉宾主持人、参与社交媒体平台的话题互动等。通过实际操作积累经验,提升自己的主持能力。

(4)多样化的练习:尝试不同类型和风格的节目主持,例如新闻报道、访谈节目、解说类节目等。通过多样化的练习,拓宽自己的能力边界,增强适应不同场景的能力。

在训练过程中,要保持积极的学习态度和耐心,不断反思和改进自己的表现。同时,多与行业内的专业人士交流和互动,借鉴他们的经验和建议,不断提升自己的专业素养。

思考题

(1)新媒体视频节目的特点有哪些?

(2)新媒体视频节目的主持方式有哪些?

(3)新媒体视频节目的策划从哪些方面着手?

(4)新媒体视频节目的主持特征有哪些?

(5)新媒体视频节目的主持人素养有哪些?

(6)请以《主播说联播》为例,分析一档新媒体视频类节目。

后 记

我们分别来自三所不同的高校,一直致力于电视播音主持相关课程的教学和研究。通过实践,我们深刻认识到,学生仅仅掌握基本的播音主持技巧和语言表达能力是不够的,在实际的播音工作中,往往需要更高层次的专业素养、科学技巧和全面的能力做支撑。因此,我们从多年的教学经验出发,集思广益,积极探索,梳理总结了大量教学内容和实践经验,编写了本教材。旨在为广大播音从业人员和学习者,提供一份全面、系统、实用的电视播音主持教材,以期能使电视播音主持学习者在学习中更加得心应手,电视播音主持人员在工作中表现更为出色。

本教材涵盖了电视播音主持的基本知识,如语言表达技巧、形体语言、语音、语调、情感表现等内容。同时,也包含了对主持人职业素养、形象建设等方面的介绍。我们坚信,《当代电视播音与主持》不仅仅是一本教材,还是当代播音主持教学实践的智慧结晶。

在教材的编写过程中,我们广泛借鉴了相关知识,依托丰富的实践经验,紧密合作,互相协作,克服了重重困难。在编写过程中我们对一些著名的电视节目主持人进行了实地访谈和交流,同时也邀请了马欣教授对本教材的编写进行了指导。我们对每个章节进行了精心的设计与构思,用通俗易懂的语言和生动形象的案例,把复杂的概念和技能讲解得简单化、可操作化。

本教材的基本分工:徐川主笔第一章、第五章、第六章的内容;晁骞主笔第二章、第三章、第四章、第十章的内容;张莹莹主笔第七章和第八章的内容;张琦主笔第九章的内容;最后由徐川、晁骞统稿。

本教材能够出版,首先要感谢主持人张世轩为本教材的编写提供了大量的行业内权威资料,使教材具有更强的实用性和权威性。还要感谢李可怡、唐文茜、毋文卓、周春丽在本教材的素材整理和文字编辑过程中提供的帮助。感谢出版社编辑团队的支持和帮助。最后,还要感谢广大读者对本教材的支持和信任,同时也欢迎读者提出宝贵意见和建议,以便我们在将来的修订过程中不断完善和改进。

编 者
2023 年 6 月 3 日